オーナー経営者の視点から

「株式分散」問題と集約をめぐる整理・対策ポイント

公認会計士・税理士　山田 美代子
司　法　書　士　小田桐 史治

清文社

はじめに

　日本の会社の99％が非上場の中小企業であり、そのうちの多くが所有と経営が一致しており"オーナー経営者"が会社を経営しています。

　このオーナー経営者の周りには、同じ思いを込めて創業した仲間や、自らの親戚（近い親戚や遠い親戚）、従業員、取引先関係者、そして金融機関等の担当者などがおり、多くの方々に支えられ、関係のあるものが株主となっている会社も多く見られます。

　オーナー経営者側にとって、株式が分散した状況でも今までは問題はなかったかもしれません。しかし、人とのつながりが希薄化していく様相の時代に、多くのオーナー経営者やその後継者達は、株式を分散させたままの状況には会社経営のリスクが潜在化していると気付いているようです。

　多くの非公開会社で実際に起こりうることですが、少数の株式を持っている株主が、会社に株式の譲渡承認請求を求め、最終的に会社側が高額な譲渡代金を支払うという事例があります。これをテーマにした小説（牛島信著『少数株主』幻冬舎、2017）も出版されており、少数株主（名義株）を放置しておくリスクを再認識させられます。また専門家である著者には、本書執筆中にも「銀行が、オーナー経営者が全株式を取得するためなら資金融資をするというので、特別支配株主の株式等売渡請求の利用を考えているがどうやって進めればよいか」「息子への事業承継のために、株式の整理をしたいが株式併合の長所や短所を教えて欲しい」等の相談が日々入ってきます。

　また法務面、税務面では、分散した株式（分散株式）を整理する方法の有効な手段として、平成26年会社法の改正で株式を強制的に買い取る方法（スクイーズ・アウト）の法整備が進み、さらに平成29年税制改正により税制面での整備も進んできました。平成30年税制改正による事業承継税制の改正で相続税・贈与税の納税の猶予が利用しやすくなったこともあり、事案によっては、節税目

的の株式を分散する必要がなくなり、再び株式を集約することも検討することも考えられます。

　本書は、新たな時代の局面から、中小企業のオーナーが経営する株式会社を想定し、分散株式の整理を中心とした実務に即した方法で読者がイメージしやすいように具体的な図表や事例で平易に解説していきます。

　まず、第1章で分散株式をめぐる問題を読者の方に理解していただくことから進めていきます。そして、第3章から第6章における分散株式の整理等の手続きの解説では会社法の条文を理解しながら進んでいくことになりますが、読者が会社法の基本的な知識を持たれていることを想定しています。多くの読者の方々は商法・会社法を改正のつど勉強されてきたと思いますが、改正を適時にキャッチアップできていなかったり、あるいは勉強したことも昔過ぎて忘れている状況では第3章から第6章をすぐに理解するのが難しく感じる方もおられるかもしれません。

　その点を踏まえて、本書では第2章で分散株式対策の検討前に知っておくべき会社法の11の知識を解説することにしました。この11の知識をベースにしていただくと第3章から第6章について読み進めやすくなります。

　本書のメインとなる内容は分散株式に関連する具体的な手続きと税務処理の解説です。具体的には、スクイーズ・アウトによる方法（第3章）、スクイーズ・アウト以外の任意の株式整理（第4章）、株式を分散させたまま会社経営する方法（第5章）、または、株式を分散させない方法（第6章）を解説することで、オーナー経営者側がそれぞれ会社や人との繋がりの状況に応じて、自らの会社で相応しい方法を選択していけるようにしました。さらに著者である司法書士が実務で使える書類の参考例を多数記載することで、法律の専門家でない読者の方が条文の記述を読むだけでは理解しにくい手続きをより具体的なイメージを持って、実際の手続きを行えるように配慮しました。最後に第7章で分散株式整理等の場合に一番悩ましいテーマでもある「株式の時価」を解説していきます。そして、本書の意見にわたる記述は著者の個人的な見解も含んでいることをご理解いただき、実務での参考となるように記述していることにご留意ください。

　本書は、オーナー経営者、税理士、金融機関の方々を主な対象に、税制はも

ちろん、会社法の基本事項の説明、書式の雛形などで、少数株式（名義株）整理や株式管理に関して、実務で生じる疑問点の解決に結びつく情報を多く掲載してあります。本書に記載した手続きは会社法に準じて正確に進めるべきものも多いため、実際に対応する場合には本書を参考にしながら、弁護士や司法書士などへ相談あるいは依頼して、事前に計画（スケジュール、税務処理と資金繰り等）を考えて、手続きの不備のないように進めてください。

　本書の執筆にあたって、お忙しい中をレビューしていただいた立正大学教授山下学先生、公認会計士・税理士森隆男先生、また企画からお世話になった清文社の中塚一樹氏には著者より心からお礼を申し上げます。そして、陰で支えていただいた清文社の方々、著者の事務所スタッフ達に心より感謝申し上げます。

　平成30年5月

司法書士　**小田桐 史治**

公認会計士·税理士　**山田 美代子**

目　次

第1章　株式会社の分散株式をめぐる問題

❶ 分散株式をめぐる問題とこの本のポイント …………………… 3
　　　(1) この本のここがポイント（分散株式とは）　3
　　　(2) この本のここがポイント（会社法の基本的な知識）　3
　　　(3) この本のここがポイント（分散株式を整理する方法）　3
　　　(4) この本のここがポイント（分散株式の整理のための株価）　4

❷ 専門家の視点から株式の分散化が引き起こした原因と問題点… 5
　①分散化が発生する主な原因　　　　　　　　　　　　　　　　5
　　１ 旧商法の株式会社の設立　5
　　２ 従業員、役員が経営に参画をするために株主とした場合　6
　　　(1) 従業員や役員による株式の取得　6
　　　(2) 事業承継対策としての株式の分散化　6
　　　(3) 従業員持株会　7
　　　(4) 共同経営者　7

　②分散株式をめぐる問題点　　　　　　　　　　　　　　　　　8
　　１ すべての会社で起こりうる問題点として　8
　　　(1) 相続による共有株式　8
　　　(2) 名義株　8
　　　(3) 株主の死亡後に相続人からの連絡がない　8
　　　(4) 会社の売却を考えているが買収先からの条件がある　9
　　　(5) 疎遠になってしまった親族が株式を保有している　9
　　　(6) 会社を辞めた役員から、株式の譲渡承認請求をされた　9
　　　(7) 会社が株主から自社株を買い取ろうとしたら、
　　　　　財源規制があると言われた　9
　　　(8) 自己株式のみなし配当課税の税務上のデメリット　10

⑼ スクイーズ・アウト制度の利用しにくさからの改善　10

⑽ 裁決事例や裁判から見た分散株式の問題点　10

② 早すぎた事業承継（後継者の急逝・離婚等）のケース　10

⑴ 後継者の急逝（親族）　11

⑵ 娘婿が後継者　11

⑶ 後継者の急逝（従業員）　11

③ 会社をめぐる状況の変化　12

⑴ 従業員や役員の心の変化　12

⑵ 親族との関係の変化　12

⑶ 会社の成長と株式の価格　13

3 中小企業もスクイーズ・アウト制度の積極的な活用へ ………… 14

第2章　分散株式対策の検討前に知っておくべき　　会社法の11の知識

1 知識1 株主の権利 ……………………………………………… 19

❶株主の権利とは　　　　　　　　　　　　　　　　　　19

❷自益権とは　　　　　　　　　　　　　　　　　　　　21

⑴ 自益権とは　21

⑵ 自益権の分散株式でのポイント「配当の重要性」　23

❸共益権とは　　　　　　　　　　　　　　　　　　　　23

⑴ 共益権とは　23

⑵ 共益権の分散株式でのポイント　25

2 知識2 株式の種類：普通株式、単元株式、　　単元未満株式、端株 ……………………………… 26

❶普通株式と種類株式　　　　　　　　　　　　　　　　26

① 普通株式　26

図表2－2 定款（例）（株式部分の抜粋）　26

② 種類株式　27

② 単元株式と単元未満株式　28

① 単元株式　28

② 単元未満株式　28

③ 端株（会社法改正前）　29

① 端株　29

② 端数の処理　30

④ 分散株式でのポイント　30

3 知識3 **株券の管理：株券発行＆不発行、株主名簿＆株主名簿記載事項証明書**……… 31

① 株券の発行と不発行　31

図表2－3 登記事項証明書（会社謄本）（例）　32

② 株券を発行する注意点　32

③ 株主名簿と株主名簿記載事項証明書　33

図表2－4 株主名簿（例）（質権設定ある場合）　34

図表2－5 株主名簿記載事項証明書（例）　35

④ 株券の分散株式でのポイント　35

4 知識4 **株式会社の機関**……………………………… 36

① 取締役会のある場合とない場合　36

図表2－6 非公開会社の定款（例）（取締役会設置会社 VS 取締役会非設置会社）　37

② 会社の機関の分散株式でのポイント　40

5 知識5 **株主総会の開催手続：決議の種類と定款、株主総会の決議の無効と取消の判例**……… 41

① 株主総会の決議の種類　41

① 株主総会の決議　41

　　　　② 株主総会決議の分散株式のポイント　45

　　　　　(1) 特別決議と定款　45

　　　　　(2) 特別決議とスクイーズ・アウト　46

　　　② 株主総会の決議の訴え　　　　　　　　　　　　46

　　　　① 株主総会の決議の訴え　46

　　　　② 株主総会の決議の訴えの分散株式でのポイント　48

6 知識6 **非公開会社と公開会社** ……………………………… 49

　　① 非公開会社と公開会社　　　　　　　　　　　　　49

　　② 公開会社と非公開会社の分散株式でのポイント　　49

7 知識7 **譲渡制限株式の意義とその手続き** ………………… 51

　　① 譲渡制限株式とは　　　　　　　　　　　　　　　51

　　　　図表2-9　譲渡制限株式の定款（例）　51

　　　　図表2-10　譲渡制限株式の登記事項証明書（会社謄本）（例）　52

　　② 譲渡制限株式の譲渡の手続き　　　　　　　　　　52

　　③ 譲渡制限株式の分散株式でのポイント　　　　　　52

8 知識8 **株式買取請求権：株主の権利である株式買取請求権と**
　　　　　その問題点 ……………………………………………… 54

　　① 株式買取請求権とは　　　　　　　　　　　　　　54

　　② 株式買取請求の手続きと注意点　　　　　　　　　55

　　　　① 会社の行為に反対する株主について（図表2-11②〜⑧）　55

　　　　② 株主が買取請求を撤回できる場合　55

　　　　③ 会社が買取をする場合　56

　　③ 株式買取請求権の分散株式でのポイント　　　　　56

9 知識9 **会社法による時価、公正な価格と**
　　　　　一切の事情を考慮した価格等 ……………………… 57

　　① 株式の譲渡価格の時価　　　　　　　　　　　　　57

10 知識10 **登記事項：登記の手続き、公告、通知、**
公正証書原本不実記載等罪──────── 59

①登記事項 59

②公告 60

③通知 60

④催告 60

⑤公正証書原本不実記載罪 61

⑥過料（かりょう） 61

11 知識11 **財源規制：配当、分配可能額** ──────── 63

①配当と分配可能額 63

1 配当とは何か？ 63

2 配当における分配可能額とは何か？ 63

⑴ 分配可能額の計算方法 64

3 分配可能額における違法配当による責任 66

②財源規制 67

1 分配可能額における財源規制 67

2 分配可能額における財源規制の分散株式のポイント 67

第3章 　株式会社の分散した株式を集約する
　　　　　（スクイーズ・アウトの方法）

1 **分散した株式の集約方法の比較** ──────── 71

2 **少数株主から強制的に株式を買い取る方法**
（スクイーズ・アウト）──────── 73

①スクイーズ・アウトに関する商法・会社法の主な変遷と
平成26年会社法の改正点 73

⑴ 商法・会社法の主な変遷 73

⑵ 最新スクイーズ・アウト手続の概要 74

② 全部取得条項付種類株式による方法　76

1 制度の内容　76

(1) 全体像　76

(2) 手続き前の事前の知識　77

2 具体的な手順と注意点　79

(1) 手続きの概要　79

(2) 具体的な手順　80

　図表3－2　取締役会設置会社の場合の
　　　　　　株主総会を招集するための取締役会議事録（例）　83

　図表3－3　取締役会非設置会社の場合の
　　　　　　株主総会を招集するための取締役決定書（例）　86

　図表3－4　全部取得条項付種類株式のための
　　　　　　定款変更の株主総会議事録（例）　89

　図表3－6　全部取得条項付種類株式の取得に係る事前開示書類（例）　95

　図表3－7　会社からの種類株式の取得に関する通知（例）　97

3 少数株主保護の手続き　99

(1) 株主の全部取得条項付種類株式の取得価格の決定の申立て（会社
　法172）　99

　図表3－8　反対株主（株主議決権のある株主）からの
　　　　　　種類株式取得反対通知並びに株式買取請求書（例）　101

4 実際に行われる手続きと登記　101

(1) 登記申請のポイントからの実務上の手続き　101

　図表3－9　全部取得条項付種類株式による方法の
　　　　　　①、②－1、③の決議のための株主総会議事録（例）　103

　図表3－10　全部取得条項付種類株式による方法の
　　　　　　②－2の決議のための種類株主総会議事録（例）　105

(2) 事後の手続き　107

(3) 登記申請手続　108

5 全部取得条項付種類株式による方法の留意点　108

(1) 全部取得条項付種類株式の取得の差止（会社法171の3）　108

(2) 財源規制　108

(3) 価格決定の問題　108

(4) 資金手当て　109

③ 株式併合による方法　109

　1 制度の内容　109

　　(1) 全体像　109

　　(2) 手続き前の事前の知識の整理　110

　2 具体的な手順と注意点　112

　　(1) 手続きの概要　112

　　(2) 具体的な手順　114

　　　図表3－12　株式併合に係る事前開示書類（例）　116

　　　図表3－13　会社からの株式併合に関する通知（例）　118

　　　図表3－14　株式併合のための株主総会議事録（例）　119

　3 少数株主保護の手続き（反対株主の買取請求）　122

　4 実務上の手続きとしての実際の登記手続　122

　5 株式併合の問題　123

　　(1) 株式併合の差止（会社法182の3）　123

　　(2) 財源規制　124

　　(3) 価格決定の問題　124

　　(4) 資金手当て　124

④ 相続人等に対する株式売渡請求による方法　125

　1 制度の内容　125

　　(1) 全体像　125

　　(2) 手続き前の事前の知識　126

　2 具体的な手順と注意点　127

⑴ 手続きの概要　127

⑵ 具体的な手順　127

> 図表3－15　相続人等への売渡請求を定める定款変更のための
> 株主総会議事録（例）　129

> 図表3－17　相続人等の株式売渡請求する株主総会議事録（例）　132

> 図表3－18　株式売渡請求書（例）　134

③ 登記手続の不要　134

④ 相続人等に対する株式売渡請求の留意点　135

⑴ 売渡請求の株主総会の議決権の行使　135

⑵ 財源規制　136

⑶ 価格決定の問題　136

⑷ 資金手当て　136

⑤ 平成26年会社法改正による特別支配株主の
株式等売渡請求による方法　　　　　　　　　　　　　136

① 制度の内容　136

⑴ 全体像　136

⑵ 手続き前の事前の知識　137

② 特別支配株主の株式等売渡請求制度の適用条件　138

⑴ 特別支配株主とは（会社法179）　138

⑵ 対象会社（特別支配株主が議決権を所有する会社）　138

⑶ 売渡請求の対象となるもの　139

⑷ 売渡株主（特別支配株主から売渡請求される株主）　139

③ 具体的な手順と注意点　140

⑴ 手続きの概要　140

⑵ 具体的な手順　142

> 図表3－20　特別支配株主からの
> 株式等売渡請求開始通知書兼承認請求書（例）　144

|図表3-21| 対象会社の特別支配株主の
株式売渡請求を承認する取締役議事録（例） 145

|図表3-22| 対象会社から売渡請求を承認する旨の通知（例） 147

|図表3-23| 対象会社から売渡株主への
売渡請求を承認する旨の通知（例） 148

4 少数株主の保護の手続き　151

(1) 売渡株式等の取得をやめることの請求（会社法179の7）　151

(2) 売渡株式等の売買価格の決定の申立て（会社法179の8）　151

5 登記手続の不要　152

6 株式等売渡請求に係る売渡株式等の課題　152

(1) 新しい制度のため事例がまだ少ない　152

(2) 特別支配株主が個人の場合　152

(3) 売渡価格について　153

(4) 財源規制にかからない　153

3 スクイーズ・アウトの税務上の留意点 ……………………………… 154

① スクイーズ・アウトにおける税務上の主な比較　154

② スクイーズ・アウトの手法の税務上の留意点　155

1 全部取得条項付種類株式による方式　155

(1) 株式発行会社　155

(2) スクイーズ・アウトにより残る大株主　155

(3) 反対せずに最後に
一株に満たない端数の株式を売却した株主　156

(4) 定款変更の株主総会において反対した株主の買取請求　156

(5) 株主が取得価格の決定の申立てを行った場合　156

2 株式併合　157

(1) 株式発行会社　157

(2) スクイーズ・アウトにより残る大株主　157

⑶ 反対せずに最後に
一株に満たない端数の株式を売却した少数株主　157

⑷ 株式の併合に反対した株主　158

③ 相続が発生した個人株主の株式を会社が強制買取をする場合　158

⑴ 株式発行会社　158

⑵ 相続が発生した個人株主の株式を売り渡した株主　158

⑶ 裁判所に価格決定の申立てを行った株主　159

⑷ みなし配当課税としないための手続き　159

④ 特別支配株主の株式等売渡請求制度　160

⑴ 株式発行会社　160

⑵ 特別支配株主（株式の買主）⇒個人及び法人　160

⑶ 少数株主（株式の売主）　160

⑤ 平成29年度の税制改正による影響
（全部取得条項付種類株式の方法）　161

⑴ 全部取得条項付種類株式発行のための定款変更に
反対した株主が買取請求を行った場合　161

⑵ 平成29年税制改正が与える影響　161

第4章　株式会社の分散した株式を集約する（スクイーズ・アウト以外の方法）

1 株式の譲渡 ………………………………………………………… 165

① 株式の譲渡による分散株式を集約する前の知識　165

1 株式の譲渡の意義　165

2 株券の発行と不発行の相違点　166

⑴ 株券不発行会社の場合　166

⑵ 株券発行会社の場合　166

② 株式の任意取得による方法　167

1 株式の譲渡制限に関する規定があって、譲渡承認する場合　167

　　　　図表4－3　株式譲渡契約書（例）　169

　　　　図表4－4　株式贈与契約書（例）　171

　　　　図表4－5　株式譲渡承認請求書（例）　173

　　　　図表4－6　株式譲渡承認の取締役会議事録（例）　174

　　　　図表4－7　株式譲渡承認の代表取締役決定書（例）　175

　　　　図表4－8　株主名簿記載事項証明書（例）（株券不発行会社）　176

　　　　図表4－9　株主からの株券交付請求書（例）　177

　　2 株式の譲渡制限に関する規定がなく、譲渡する場合　178

　　3 株式の譲渡制限に関する規定があって、譲渡不承認をする場合　178

　　　⑴ 分散株式の場合にどの会社にも起こるリスク　178

　　　⑵ 会社が株式の譲渡承認をしない場合の手続き　179

　　　　図表4－11　株式譲渡不承認に関するご通知（例）　180

　　　⑶ 会社が株式の譲渡承認をしない場合のポイント　181

　③ 株式譲渡に関する税務上の留意点　　　　　　　　　　　183

　　1 譲渡株主　183

　　　⑴ 個人株主　183

　　　⑵ 法人株主　183

　　2 譲受株主　183

　　3 税務上の問題点　184

　　　⑴ 譲渡した価格による問題　184

2 名義株の整理 ……………………………………………… 186

　① 名義株とは　　　　　　　　　　　　　　　　　　　　　186

　② 名義株を調査する手続き　　　　　　　　　　　　　　　187

　③ 合意による名義株の解消　　　　　　　　　　　　　　　187

　　　　図表4－14　名義株及び名義変更の同意書（例）　188

④ 名義株の整理前に検討しておくこと　189

　① 株主リストと株主名簿　189

　　(1) 株主名簿の重要性　189

　　(2) 平成28年商業登記規則改正による株主リスト　190

　　(3) 株主リスト又は株主名簿を利用する名義株の整理　190

⑤ 名義株式に関わる税務上の留意点　193

　① 実際の株主と名義株主　193

　　(1) 株主名簿と法人税別表2の利用　193

　　(2) 実質株主との判断　194

3 自己株式の取得 ……………………………………………… 196

① 自己株式とは　196

② 自己株式取得の4つのケース　196

　① 株主との合意による取得（無償取得）　197

　② 株主との合意による取得（会社法156）　197

　　(1) 株主との合意による取得の手続き　198

　　　図表4−19　株主との合意による取得のための株主総会議事録（例）　199

　　　図表4−20　株主との合意による取得のための取締役会議事録（例）　200

　　　図表4−21　株主との合意による取得のための取締役決定書（例）　202

　　　図表4−22　会社からの自己株式取得に関する通知書（例）　203

　　　図表4−23　株主からの株式譲渡申込書（例）　204

　③ 特定の株主からの自己株式の取得（会社法160）　205

　　(1) 内容　205

　　(2) 手続き　205

　　(3) ポイント　207

　　　図表4−25　売渡追加請求権の不適用の定款（例）　208

4 相続発生時の「合意」による自己株式取得（会社法162） 208

(1) 相続人としての株主の問題点 208

(2) 相続発生時の「合意」による取得 209

(3) 相続人との合意による自己株式の取得の手続き 209

図表4-27 相続人から合意による
自己株式の取得のための株主総会議事録（例） 210

図表4-28 相続人から合意による
自己株式の取得のための取締役会議事録（例） 212

図表4-29 相続人へ自己株式取得に関する通知書（例） 213

図表4-30 相続人から自己株式譲渡申込書（例） 214

(4) 注意すべき事項 214

(5) 相続発生を知るポイント 215

③ 自己株式の税務上の留意点 216

1 自己株式を取得した会社の会計処理と税務 217

(1) 取得時の会計処理 217

(2) 取得した期の法人税申告の税務調整 217

(3) 取得時の支払調書の提出 218

(4) 自己株式を取得、譲渡（処分）及び
消却した会社の法人税申告の税務調整事例 219

2 株主の税務（個人、法人） 223

第5章 株式を分散したままで
株式会社の経営を行うときに利用する方法

1 種類株式 …………………………………………………………… 227

① 種類株式を利用する方法 227

② 取得条項付株式 228

1 取得条項付株式とは 228

② 一般的な導入手続　228

(1) 普通株式のみ発行している会社が、
　　新たに取得条項付株式を発行する場合　229

図表5－1　取得条項付株式発行のための
　　　　　　定款変更の株主総会議事録（例）　229

(2) 普通株式のみ発行している会社が、
　　普通株式の一部を取得条項付株式に内容変更する場合　231

(3) 2つのケースの比較　232

③ 配当優先無議決権株式　233

① 配当優先無議決権株式とは　233

② 一般的な導入手続　233

(1) 普通株式のみを発行している会社が、
　　新たに配当優先無議決権株式を発行する場合　234

図表5－3　配当優先無議決権株式発行のための
　　　　　　定款変更の株主総会議事録（例）　234

(2) 普通株式のみ発行している会社が、
　　普通株式の一部を配当優先無議決権株式に内容変更する場合　236

(3) 2つのケースの比較　236

④ 拒否権付株式　236

① 拒否権付株式とは　236

② 一般的な導入する手続き　237

(1) 普通株式のみ発行している会社が、
　　新たに拒否権付株式を発行する場合　237

図表5－4　拒否権付株式発行のための定款変更の株主総会議事録（例）　237

(2) 普通株式のみ発行している会社が、
　　普通株式の一部を拒否権付株式に内容変更する場合　239

(3) 2つのケースの比較　239

⑤ 属人的株式　239

① 属人的株式とは　239

② 一般的な導入手続　240

図表5-5　属人的株式の定款（例）　240

⑥ 種類株式を導入した場合の注意点 241

2 単元株制度 …………………………………………………………………… 242

① 単元株式とは 242

② 一単元の株式の数の制限 242

③ 一般的な導入手続（種類株式発行会社ではない場合） 243

① 単元株式を設定する場合　243

(1) 原則として定款変更による株主総会手続　243

図表5-6　単元株式設定のための定款変更の株主総会議事録（例）　244

(2) 例外として定款変更による取締役会決議等による手続き　245

② 変更（増加）の場合　245

③ 変更（縮小）又は廃止の場合　245

④ 少数株主の保護 246

3 従業員持株会 …………………………………………………………………… 247

① 従業員持株会とは 247

② 一般的な導入手続 248

① 従業員持株会の形態　248

② 手続きと運用　248

(1)　株主リスト　249

③ 従業員持株会の留意点 250

① 導入時のポイント　250

② 判例（額面額での買戻しの有効性）　250

③ 事務運営の煩雑さ　250

④ 税務上のポイント 251

① オーナー経営者一族から株式の移動に関する税務　251

2 従業員持株会の税務　251

4 信託 ……………………………………………………………… 252

① 民事信託とは　252

② 民事信託（自己信託）を使うスキーム　252

③ 導入する場合のポイント　254

第6章　株式会社の株式を分散させないために

1 株主間契約 ……………………………………………………… 257

① 株主間契約とは　257

② 株主間契約作成のポイント　258

1 定款と株主間契約　258

2 記載する注意点　258

> 図表6－1　株式を買戻すための株主間契約書（例）　259

> 図表6－2　株式を買戻すための株主間契約書（例）
> （当初口頭で約束していたものを後日書面にするケース）　260

2 株式の譲渡制限に関する規定の設定 ………………………… 262

① 株式の譲渡制限とは　262

② 株式の譲渡制限に関する規定を採用する場合の手続き　263

1 新規設定の場合　263

> 図表6－3　株式譲渡制限規定を設定するための定款変更の株主総会議事録（例）　264

2 変更又は廃止の場合　265

③ 導入する場合のポイント　265

> 図表6－4　株式譲渡制限の定款（例）（みなし規定あり）　266

3 行方不明（所在不明）株主対策 ……………………………… 267

① 会社通知の省略　267

② 株式の競売、売却　267

１ 競売による売却　268

　　　２ 裁判所の許可による売却（会社が自己株式を買取する場合）　268

　　　　⑴ 取締役会決議　268

　　　　⑵ 公告と催告　268

　　　　⑶ 裁判所に対して売却許可の申立て　269

　　　　⑷ 売却代金の支払　269

４ 株券不発行の定め ……………………………………………… 271

　① 株券不発行の定めとは　　　　　　　　　　　　　　　　271

　② 株券不発行の定めを採用する場合の手続き　　　　　　　271

　　　１ 定款変更　272

　　　２ 公告及び通知　272

　　　　　図表６−５　株券不発行の定款変更のための株主総会議事録（例）　272

　　　３ 変更登記　274

　③ 株券紛失等のリスク　　　　　　　　　　　　　　　　　274

５ 遺言書 ……………………………………………………………… 275

　① 遺言書の活用　　　　　　　　　　　　　　　　　　　　275

　② 相続と共有株式　　　　　　　　　　　　　　　　　　　275

　　　１ 相続による共有株式の問題点　275

　　　　　図表６−６　株式の相続による共有の定款（例）　276

　③ 遺言書の作成（自筆証書と公正証書）　　　　　　　　　277

　　　１ 自筆証書遺言　277

　　　　　図表６−７　遺言書（例）（最低限の記載内容）　278

　　　２ 公正証書遺言　278

　　　　　図表６−10　遺言書（例）（公正証書遺言の場合）　279

　　　３ 遺言書作成上の注意点「遺留分の減殺請求」　280

④ 遺言書の活用状況（統計）　281

第7章　株価の決定方法

1 分散株式を整理する方法とその株価 ………………………………… 285

① 分散株式を整理する方法　285

1 贈与、あるいは、相続　285

2 任意の売買　285

3 スクイーズ・アウトによる強制の買取　286

4 その他　286

② 分散株式を整理する時の株価　286

1 分散株式を整理する方法と株価　286

2 分散株式の整理時に合意する場合の価格　288

3 分散株式の整理時に合意できない場合の価格　289

2 税法による株価の計算方法 ………………………………… 291

① 税務の株価計算の方法　291

1 税法の計算方法の比較　291

2 税法による株価計算とは　296

⑴ 税法による株価計算とは　296

⑵ 分散株式の整理からのポイント　297

② 分散株式の整理の視点からみた評価明細書の分析　297

1 第1表の1　評価上の判定及び会社規模の判定の明細書　298

⑴ 明細書上の重要な点　298

⑵ 第1表の1　「評価上の株主の判定及び
会社規模の判定明細書」の記載例　300

2 第1表の2　評価上の株主の判定及び
会社規模の判定の明細書（続）　303

③ 第2表　特定の評価会社の判定の明細書　306

(1) 分散株式を整理する場合の株価計算の留意事項　308

④ 第3表　一般の評価会社の株式及び
株式に関する権利の価額の計算明細書　310

⑤ 第4表　類似業種比準価額等の計算明細書　311

(1) 種類株式を評価する場合　312

(2) 第4表の「類似業種比準価額の計算」について　314

⑥ 第5表　1株当たりの純資産価額
（相続税評価額）の計算明細書　316

(1) 第5表の計算方法　317

(2) 分散株式を評価するときの注意点　327

3 企業価値評価による株価を計算する方法……………………………… 328

① 企業価値評価による株価とは　　　　　　　　　　　　　　　328

② 企業価値評価の方法と分析　　　　　　　　　　　　　　　　330

① 評価の方法　330

② 裁判例の分析　332

(1) 裁判例の分析　332

(2) 主な裁判例のポイント　334

③ 株価算定する前に　　　　　　　　　　　　　　　　　　　　336

① 前提　336

(1) 最初に読んでおく資料　336

(2) 公平な視点からの株価算定を行う　336

(3) 色々な方法のやり方で計算してみる　337

(4) 株主が入手できる資料と株式評価で利用できる資料　337

④ 株価算定書の参考例　　　　　　　　　　　　　　　　　　　339

図表7-11 株式鑑定書参考例　341

1 株価算定書を作成するにあたってのポイント　345

　(1) 計算書の名称　345

　(2) 算定の目的　345

　(3) 前提となる条件：対象となる株主と株数　346

　(4) 前提となる条件：対象となる会社　346

　(5) 評価基準日と評価を行った日　346

　(6) 評価方法としての取引事例法のポイント　347

　(7) 評価方法としてのインカム・アプローチの DCF 法と
　　　収益還元方式によるポイント　347

　(8) 評価方法としての配当還元方式のポイント　352

　(9) 評価方法としての純資産方式のポイント　353

　(10) 株式算定価格の併用方式による評価額　356

(注)　本書の内容は平成 30 年 4 月 1 日現在の法令等によっています。

第 1 章

株式会社の分散株式を
めぐる問題

中小企業のオーナー経営者達にとって、株式は厄介な問題をもちます。それは、会社法には債権者だけでなく株主の権利を守るために規定されている条文も多数あり、その株主の権利として代表される2つを経営権（共益権）と財産権（自益権）といいます。例えば、オーナー経営者以外の株主が会社経営に参加することを主張することがあります。また、経営に参画することが難しくても、株主は投資資本を回収するために株式を現金化することを会社に要求することも少なくありません。

　この章では、100％株式を保有していないオーナー経営者が、巻き込まれる可能性がある問題について専門家の観点から解説しながら、この本のポイントについてもわかりやすく説明していき、2章以降でこの章に記載された問題点を解決するための手法を記述していきます。オーナー経営者とその顧問税理士等が現在あるいは将来の自社が抱える問題点をクリアにしながら、会社が進むべきステップを検討できるようにしていきます。

分散株式をめぐる問題とこの本のポイント

本書では、「分散株式あるいは株式分散」とは中小企業の株式会社においてオーナー経営者以外の株主がおり、株式会社の株式がオーナー経営者とそれ以外の株主に分散されている状況を言います。

(1) この本のここがポイント（分散株式とは）

この本では、分散株式の場合に起こる問題点を分析した上で、名義株主の整理、種類株式の活用、会社法改正によるスクイーズ・アウト等によって分散した株式を取得する方法等を説明します。最新の株式を使った節税策には注意すべき点もあり、中小企業の事業承継対策や安定株主による円滑な経営のための株式を活用する際のポイントを解説していきます。

(2) この本のここがポイント（会社法の基本的な知識）

分散株式を理解するためには中小企業のオーナー経営者や税理士にも最新の会社法の基礎知識が必要になりますが、会社法を理解することは範囲も広く内容も複雑でとても大変です。著者である税理士と司法書士の視点から主に非公開会社の中小企業の場合にここだけは理解していただきたい会社法の知識を簡潔に説明します。法律が複雑で深い事案になれば、弁護士に相談する際の予備知識として、理解しておいたほうが良い点もご説明します。

(3) この本のここがポイント（分散株式を整理する方法）

会社法が改正されてきて、いわゆるスクイーズ・アウト（Squeeze Out）という手法がクローズアップされてきました。スクイーズ・アウトとは会社法を

利用して、株主を大株主のみとするために、少数株主に対して金銭等を交付しつつ株式を強制的に買い取り、株主を会社から排除することを言います。スクイーズ・アウトはかなり強引な手段であることから専門的な知識を理解するだけでなく専門家の協力も必要となる場合もあります。この本では分散株式の整理は十分で緩やかに進めていく手法から最終的にスクイーズ・アウトに至るまでのそれぞれの手続き、書式、税務上のポイント等を説明しつつ、それぞれの会社の現況からどの手法が良いのかを考えるための手助けとなるように記述します。

（4）この本のここがポイント（分散株式の整理のための株価）

　株価の計算としての「時価」はひとつではなく、色々な場面で株価の計算方法も異なります。税理士が良く知る株価算定方法は税法に基づく方法です。その税法でも原則として時価を利用しますが、その時価を計算する方法の一つとして財産評価基本通達を利用することもできます。実際に分散株式の整理を緩やかに進めていく手法として、名義株式の整理又は株式の譲受等の同族会社間で利用する株式時価は財産評価基本通達で計算された時価（税法で利用されることの多い時価）を利用されていることが多いと考えられます。また、会社法を利用した手法（例えばスクイーズ・アウト等）でオーナー経営者と株主との協議がうまく進めば、同じように税法で計算された時価を利用する場合も少なくありません。一方で、株主の権利として裁判所へ売買価格決定の申立て等をする際の時価は税法上の時価を利用されにくい傾向となっています。

　また、同族会社の場合、当事者間で合意する時価で株式の買取等を進めていく中で注意する点は他人間の売買と異なり、同族会社の同族関係者の売買、贈与並びに相続については税金の視点からも考える必要があることです。同族会社の場合、売買当事者の両者が合意した時価であっても税務上で計算される時価と異なる場合には税務否認される恐れもあるため、税法の時価も比較しながら、売買後の税金計算をする際に税務上の調整が必要ないかを検討します。

2 専門家の視点から株式の分散化が引き起こした原因と問題点

1 分散化が発生する主な原因

1 旧商法の株式会社の設立

　平成2年の商法改正により会社の設立には発起人の人数についての制限がなくなりましたが、旧商法時代は最低7人の発起人が必要でした。

　7人の発起人が必要とされたのは、会社の設立を確実にして会社債権者保護のためにも7人以上の発起人が存在した方が良いと考えられたからです。しかし、実際には1人又は一部の発起人しか出資をしないにもかかわらず、発起人が7名必要ということで、出資金を出していない親族、従業員、知人などが名義上の発起人や株式引受人になることを行ってきました。そして、会社設立後に株式をオーナー経営者に集中させて株主を1人（又は数人）にしていく例が多く見受けられました。最低7人の発起人が必要だったことがいわゆる名義株の発生する理由のひとつであり、そのままにしている会社も少なくありません（名義株の解決方法は、第4章2を参照）。

2 従業員、役員が経営に参画をするために株主とした場合

（1）従業員や役員による株式の取得

　オーナー経営者の意向で、従業員や役員に株式を持たせることがあります。従業員に株式を持たせるケースでは、承継対策や相続税対策という意味もありますが、社長が従業員に対する日頃の業務や愛社精神への感謝を形にしたり、あるいは、積極的に会社の業務に取り組んでもらいたいというオーナー経営者の思いが強くみられます。この場合、従業員や役員の退職時、死亡時の株式分散の事前及び事後の対策が大変重要になります。

　上場を目指している中小企業では従業員や役員に対して（税制適格）ストックオプション（自社株を一定の価格で購入する権利）を付与している場合があります。実務上、従業員や役員の退職時にストックオプションの放棄証書を求めることやストックオプションの相続を認めないという仕組みに設計することで、退職や死亡した従業員又は役員のストックオプションの個数を減らすことができますが、株式の場合にはこのような手続きをとることができません。そのため、株式では、株主との株式の買取協議、株主総会等の決議や買取価格が問題となってきます。

（2）事業承継対策としての株式の分散化

　会社経営をする、つまりは会社を支配するためには、株主総会での決議をコントロールできるだけの株式を持つこと、代表取締役の地位を有することの2つが必要となります。一般的に、事業承継はオーナー経営者の晩年期の大仕事になりますが、生前から少しずつ株式を親族に贈与している例を見受けます。しかし、後継者に対しての贈与であれば良いのですが、会社経営に関係のない親族にまで贈与していることもしばしば見受けます。オーナー経営者側からすると、相続財産の中で相続税評価額が高くなる自社株を譲渡することで、自己の相続財産を減らすことになり、相続税対策として有益なものとなりますが、

気がついたときには10人以上の親族が株主となる例もあります。

会社の業績が一時的に悪化している、多額の借入れを起こした、退職金の支払い時など自社株評価が下がった状況で、親族に一気に贈与をするようなスキームを組むこともありますが、後継者に株式が集まらないような贈与をするのは結果的に好ましい方法ではないことが多いです。

（3）従業員持株会

従業員持株会（社員持株会）は従業員の福利厚生や資産形成に寄与するとともに、従業員の経営参加意識の向上を図る制度です。

オーナー経営者側からすると、前記（2）と同様に相続財産の中でも相続税評価額が高くなる自社株を従業員持株会に譲渡することで、自己の相続財産を減らすことになり、相続税対策として有益なものとなります。

しかし、株式分散リスクを防ぐために、従業員持株会規約において、従業員以外の者に株式を譲渡できないことや従業員退職時には理事長が買い取ること等の規定を置く必要があります。

従業員持株会の場合、従業員が退職する時に、従業員持株会あるいはその持株会の理事長に対して自分が取得した価額と同額で株式を売却しなければならないという条項（売渡強制条項）を設けることがありますが、売買価格の有効性が問題となる場合もあるため、法律上問題のないような規約を明確に定めるなどの手当が必要となります。

（4）共同経営者

事業を開始する経緯から、共同経営者と一緒に事業を開始することも多いですが、共同経営することが難しくなる場合も少なくありません。敵対しているわけでなくても共同経営者が所有する株数が多いため、買取資金の余裕がなく、株式の問題が解決しない場合があります。

第1章　株式会社の分散株式をめぐる問題　　7

2 分散株式をめぐる問題点

1 すべての会社で起こりうる問題点として

次のような事例を問題点として考えてみます。

（1） 相続による共有株式

遺言書がなく遺産分割協議が完了していないため、死亡した株主の株式の帰属が決まらず、株式が相続人の準共有のままの状況になり、株主総会での議決権の行使ができない状態が続き会社経営に支障をきたすこともあります。

（2） 名義株

法人税申告書の別表2「同族会社の判定に関する明細書」に記載されている株主と株主名簿で把握している株主が異なりますが、税務上の観点から、別表記載の株主を実際の株主として扱うことになると今後の事業承継に問題が生じないか不安が残ります。

（3） 株主の死亡後に相続人からの連絡がない

株主が亡くなったという連絡のみで、それ以降相続人から会社へ連絡がありません。

オーナー経営者は、被相続人と友好関係にありましたが、相続人とは一度も会ったことがないため、株主として残ってほしくないと考えています。株式の相続は会社の承認手続も不要で相続人に相続されると聞いてますが、今後、相続人からどのような要求があるか不安を抱えています。

（４）会社の売却を考えているが買収先からの条件がある

　会社に行方不明株主や名義株主がいます。経営者が高齢化して、子供も別の仕事に従事しており、同業他社へ売却を検討しています。買収予定先より、オーナー経営者一族が100％の株式を所有したうえで買い取る旨を条件にされることが多くあります。

（５）疎遠になってしまった親族が株式を保有している

　先代の社長が親族に株式を贈与で分散させてしまったため、会社経営と関係ない親族が株式を保有していますが、今では疎遠となり、株式の買取を相手側と交渉することに躊躇しています。

（６）会社を辞めた役員から、株式の譲渡承認請求をされた

　業績が悪化したときに責任を取って、ある役員が退職しました。退職時に会社が株式を取得価額で役員から買取する約束を口頭でしていましたが、退職時にその役員は会社へ株式譲渡をしないままに退職となってしまいました。数か月後その役員の代理人弁護士から「株式の譲渡承認請求」の書面が送られてきた結果、オーナー経営者も納得いかずに、裁判も長く続きました。結局想定した以上の高い価格で買い取ることになり、その裁判費用や弁護士費用も負担することになってしまいました。

（７）会社が株主から自社株を買い取ろうとしたら、財源規制があると言われた

　会社が株主から自己株式を買い取ろうと考えましたが、株主が同意する買取価額が高額となってしまいました。結局、会社がその高額な価格で自社株の買取手続を進めようとしたところ、財源規制にかかり自社株の買取を行うことができなくなってしまいました。

（8） 自己株式のみなし配当課税の税務上のデメリット

　分散株式を整理する場合に会社が自己株式の買取をしようと考えたときに、株主と任意買取で進めた場合に、みなし配当も発生するため、個人は時に税負担が重くなります。会社法と税制が改正されて、強制買取の場合のほうが税務上の優遇があると聞いたため、強制買取を検討しています。

（9） スクイーズ・アウト制度の利用しにくさからの改善

　分散株式を整理する場合に会社と株主との話し合いが上手くいかない時には強制的に株式を買い取らなくてはならないケースもあります。この強制的な買取としての「スクイーズ・アウト」が徐々に会社法改正で整備されて、利用しやすくなってきました（第3章 2 ①参照）。

（10） 裁決事例や裁判から見た分散株式の問題点

　株式に関する問題には、株式を持つことによる経営権の争いと株式の価値をめぐる争いがあり、会社や株主が当事者となります。その上で、株式の売買や相続・贈与には税金がかかることもあり、税務上の処理方法のいかんでは裁判の当事者が国税庁になる場合もあります。

　また、少数株主の保護を目的とした会社法の規定も多いため、分散株式を整理する法的な手続きの際に裁判所が係ってくるケースも少なくありません。

2 早すぎた事業承継（後継者の急逝・離婚等）のケース

　オーナー経営者が株式の後継者への引き継ぎが完了した、又は進めていた段階で、後継者たる親族や従業員の急逝、後継者とした娘婿（義理の息子）が離婚をするなどで、当初の事業承継計画が崩れてしまうこともあります。当面の経営者の選定が火急の検討事項となりますが株式についても以下のリスクが生じます。

（1） 後継者の急逝（親族）

　相続人が複数いる場合、遺言書がなければ遺産分割協議をして株式の後継者を決める必要があります。しばしば一般の方は勘違いをされて、相続される株式が300株で、法定相続人が３名とすると、「各相続人は100株ずつ相続をする」と思いこんでいることがあります。しかし、正しくは「300株の株式全部が３名の共有状態にある」となります（会社法106）。

　株式の帰属が決まらないと株主総会で議決権を行使することができません。株主総会を控えている場合や、新たに取締役を選任しなければならない場合等の局面で、会社運営に支障をきたす場面が出てくることになります。

（2） 娘婿が後継者

①　急逝

　娘婿を後継者とする例もしばしば見受けられます。

　もし、娘婿夫婦に子供がいない場合は、配偶者である娘とともに、娘婿の親や兄弟が相続人となり、遺言書がないと遺産分割協議が難航する場合も考えられます。株式が他家（娘婿側）に相続されるリスクが高くなるため、オーナー経営者一族としてはこれは避けたいところです。

②　離婚

　オーナー経営者が後継者と考えていた娘婿と娘の離婚が避けられなくなった時には、離婚による財産分与が絡んだり、既に一部の株式を娘婿が所有していたりする場合には、他人となった元娘婿が株式を持ったままでは会社運営に支障をきたす場面が生じる恐れがあります。

（3） 後継者の急逝（従業員）

　親族が会社を承継しない場合、会社に長く勤務している従業員を後継者に指名することがあります。この後継者へ株式が移動してしまった後に、この後継者であった従業員が亡くなった場合において、この後継者に相続人が複数いる時は、遺言書がなければ遺産分割協議をして株式の相続人を決める必要があり

ます。上記（1）もあわせてご参照ください。

3 会社をめぐる状況の変化

（1）従業員や役員の心の変化

　従業員の会社に対するロイヤルティ（loyalty）の意識も時と共に変わることもあります。オーナー経営者の下で仕事をしてきた人にとっては、現在のオーナー経営者と自分達がこの会社を大きくしてきたという気持ちがあります。そして、後継者にオーナー経営者の子供が指名されていく状況で会社の変化に順応できないことがあります。

　別のケースでは、会社経営をオーナー経営者と一緒に進めてきた役員がいますが、担当部門の業績の悪化により、その担当役員として責任を取らされるようになり、オーナー経営者と担当役員の仲が悪くなっていくこともあります。

　また、従業員が会社を辞める時に株式を持ったままになっています。その後、会社の業績が驚くほど良くなっていましたが、今、元従業員は借金でお金に困っています。

　これらのケースで、株式の取得時に従業員や役員は特に問題のない友好的な株主であったとしても現状で株主がどのような気持ちにあるかを考えてみると、役員や従業員の心の移り変わりのリスクが残ります。

（2）親族との関係の変化

　従業員や役員だけでなく、親族との関係も変化していきますが、例えば、次のケースが考えられます。

　祖父が社長、祖父の弟が副社長で、兄弟が仲良く経営を行っていました。株式は兄弟の2人で持ち、それぞれに子供が3名います。時が過ぎ、兄弟が相次いで亡くなり、遺言書もなかったので結局、合計6名の株主がいることになった会社を想定してみます。

　現在、祖父の長男だけが会社に関わっており、その長男の子である自分が後

継者として指名を受けていますが、どのように株式を整理していけばよいのか思案しております。そろそろ、父のいとこも高齢化しており、その子供達へ株式が相続されていくようになってきました。

　現在の希薄になりつつある親戚関係で、どれだけの方がいとこの子供の『はとこ』とお付き合いを続けられて、株式の譲渡等の話を直接にできる関係にあるのかと思います。

（3）会社の成長と株式の価格

　上手に会社を経営してきた優秀なオーナー経営者だからこそ、将来の事業承継と相続税負担が重荷になってしまうことも少なくありません。経営者やその家族にとって、事業承継と相続税の負担の心配から節税のコンサルタントによる複雑な提案を受け入れてしまって、却って会社経営が複雑化し、さらに株式の分散化が進むことになってしまうことがあります。

　また、事業承継や相続税のコンサルタントから、従業員持株会の導入や種類株式の発行、中小企業投資育成会社の支援を会社が受け入れても、その継続的な維持をするためには手間がかかるだけでなく自社内にそれをしっかり管理できる人材が必要となり、もしいなければ継続的なコンサルティング報酬等の費用もかかります。

3 中小企業もスクイーズ・アウト制度の積極的な活用へ

　いわゆるスクイーズ・アウトによる少数株主からの強制買取の方法が、会社法や税法の改正による整備が進み、中小企業でも使いやすくなってきました。それは、従来からよく利用されてきた「全部取得条項付種類株式による方法」と「株式併合による方法」の問題点でもあった少数株主の保護の手続きが新たに追加されました。また、従来の方法ではスクイーズ・アウトの手続きが株主総会の開催等もあり、かなり時間もかかる方法となっていました。そこで、平成26年会社法改正の新しい制度として「特別支配株主の株式等売渡請求制度」が導入されたことで、今までの方法と異なり、会社法として強制買取が制度化されることになりました。

　また、税務についても自己株式の買取は原則「みなし配当」となるため、発行会社が優良企業で利益剰余金が潤沢にある場合には、株式を譲渡する場合特に、個人株主にとっても税負担が大きくなることもありました。自己株式の強制買取の手続きの局面では、平成29年税制改正により「みなし配当」が原則なくなり、自己株式の任意買取の手続きより、強制買取のほうが税務上優遇される場合も多く、スクイーズ・アウトの手続きがしやすい法制度になってきました。

　このような法制度の整備により、中小企業にとっても分散株式の整理を前向きに検討する時に今、なってきました。

図表1-1　強制買取の方法と譲渡株主の税務の改正

強制買取の方法		譲渡株主の税務	
全部取得条項付種類株式による方法	従来からの方法→平成26年改正会社法による一部見直し	自己株式の買取	みなし配当+株式譲渡損益→平成29年税制改正により、株式譲渡損益のみ
		金銭給付	株式譲渡損益
株式併合による方法	従来からの方法→平成26年改正会社法による一部見直し	自己株式買取・金銭給付	株式譲渡損益
相続が発生した個人株主の株式を会社が強制買取する方法	従来からの方法のまま	自己株式の買取	株式譲渡損益
特別支配株主の株式等売渡請求制度	平成26年改正会社法による新しい制度	自己株式の買取	株式譲渡損益

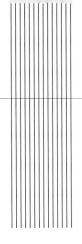

第2章

分散株式対策の検討前に知っておくべき会社法の11の知識

この本は中小企業のオーナー経営者とそれを支える税理士及び司法書士の視点から分散株式対策をなるべくわかりやすく記述することに努めていますが、会社法の専門用語を利用した説明もあります。読者の中には会社法を知らない方や旧商法時代に勉強しても会社法はあまりブラッシュアップされていない方もいらっしゃるかと思います。そして、分散株式を勉強する前に会社法を少し勉強しておこうかと思われた場合でも手にとった会社法の本を見てちょっと途方にくれてしまうこともありそうです。それは、会社法は世界的な上場企業から売上が少ない社長一人の会社までのすべての会社を規定する法律であり、会社法をテーマにした本は中身も広く深くなるため、分厚い本となってしまうからです。

　この本を読み進めるために必要で基礎的な箇所を理解してもらう目的で、この章では「分散株式対策の検討前に知っておくべき会社法の11の知識」を説明します。また、オーナー経営者が100％未満の株式を所有している場合に発生する事項について会社法の関連する条文にも触れるようにしておきます。もちろん、実際に分散株式についての対策を実行される時にはもう少し深く勉強して知識を深めなければなりませんし、さらに法律の専門家である弁護士・司法書士からのアドバイスを受けることも大切です。

知識1　株主の権利

 株主の権利とは

　株式会社は所有と経営が分離した仕組みを持った法人の組織です。出資者である株主（社員）を集めて法人を作り、その株主たる地位を株式といい、株主の責任は出資の限度に制限されています。

　株主の責任と権利は次の条文となります。

[　]の箇所は条文に補足して説明しています。

（株主の責任）
第104条　株主の責任は、その有する株式の引受価額を限度とする。

（株主の権利）
第105条　株主は、その有する株式につき次に掲げる権利その他この法律の規定により認められた権利を有する。
　一　剰余金の配当を受ける権利［＝自益権］
　二　残余財産の分配を受ける権利［＝自益権］
　三　株主総会における議決権［＝共益権］
2　株主に前項第1号及び第2号に掲げる権利の全部を与えない旨の定款の定めは、その効力を有しない。

　つまり、株主は株式の引受価額（出資額）を限度として責任を負うことになるため、例えば株式会社の業績が悪化しても、株主は出資した額を超えて責任

第2章　分散株式対策の検討前に知っておくべき会社法の11の知識　　*19*

は負わないということになります。

　また、株主は自分の貴重な財産から株式を引受（出資）したため、その権利として配当や分配等を受ける権利に加えて、株主総会の議決権等があります。

　それでは、所有と経営を分離している会社はどれだけあるのでしょうか？

図表 2 - 1 　規模別の企業数と常時雇用者数

	企業数（構成率）	常時雇用者数（構成率）
中小企業	3,809,228社（99.7%）	24,466,676人（60.25%）
（うち小規模）	3,252,254社（85.13%）	5,920,617人（14.6%）
大企業	11,110社（0.3%）	14,146,587人（39.75%）
合計	3,820,338社（100.0%）	40,612,263人（100.0%）

※： 　1．総数には会社以外の法人及び農林漁業は含まれていない。
　　 　2．企業の区分については、下記の通り。（中小企業基本法（昭和38年法律第154号）
　　　　 に基づく。）
　　　　⑴　大企業　　　　総数のうち⑵及び⑶に該当しない企業
　　　　⑵　中小企業
　　　　　ア　製造業、建設業、運輸業その他の業種：資本金３億円以下又は常用雇用者
　　　　　　 規模300人以下　　※ゴム製品製造業は、常用雇用者規模900人以下
　　　　　イ　卸売業：資本金１億円以下又は常用雇用者規模100人以下
　　　　　ウ　サービス業：資本金5000万円以下又は常用雇用者規模100人以下
　　　　　　 ※ソフトウェア業、情報処理・提供サービス業は、資本金３億円以下又は常
　　　　　　　 時雇用者規模300人以下
　　　　　　 ※旅館・ホテル業は常時雇用者規模200人以下
　　　　　エ　小売業：資本金5000万円以下又は常用雇用者規模50人以下
　　　　⑶　小規模企業
　　　　　ア　製造業、建設業、運輸業その他の業種：常用雇用者規模20人以下
　　　　　イ　商業、サービス業：常用雇用者規模５人以下
　　　　　　 ※宿泊業・娯楽業は、常用雇用者規模20人以下
　　　　　ウ．数値は、2014年７月時点のものである。
（中小企業庁：都道府県・大都市別企業数、常用雇用者数、従業者数（民営、非一次産業、
2014年）より）

　上の表のように日本の企業の99.7％が中小企業であり、そのうち小規模企業は85.13％となっており、実際にはその多くはいわゆるオーナー経営者の会社として所有と経営は一致している会社と考えられます。

20　　［1］　知識1　株主の権利

2　自益権とは

（1）自益権とは

　株主の権利の一つは自益権ですが、株主のそれぞれが持つ財産に関する権利をいい、財産権の一種となります。

　自益権として、株主の主な権利は次のようなものがあります。

① **剰余金の配当請求権**（会社法453）

　株主（当該株式会社が株主の場合を除きます）は会社から剰余金の配当を受けることができます。

② **残余財産分配請求権**（会社法504）

　株主は清算の時には残余財産の分配を受ける権利があります。

　そして、清算株式会社は、残余財産の分配をしようとするときは、清算人の決定（清算人会設置会社にあっては、清算人会の決議）によって、次に掲げる事項を定めなければなりません。

　・残余財産の種類

　・株主に対する残余財産の割当てに関する事項

③ **株式買取請求権**（株式買取請求は、**8**を参照）

　＊会社法上の株式買取請求権

　　会社が行う一定の組織再編・事業譲渡や定款変更等に反対する株主や単元未満株主等には、会社に対し、その株式を公正な価格で買い取るよう請求する権利（いわゆる株式買取請求権）が認められています。

　＊株式の譲渡制限による株式買取請求

　　株主は、原則として株式を自由に譲渡することができます（会社法127）。しかし、株式会社を運営する上で株主の個性が重要となる場合も多く、誰でも株主になれるということでは会社の経営に支障をきたす恐れがあります。そこで、株式の取得に関して会社の承認を必要とする旨を定款

で定めておき、株式に譲渡制限を設けることを認めています。株式を譲渡する際に会社の承認を必要とする株式を譲渡制限株式といいます（会社法2十七、107①一、108①四）。

④　**株主名簿の名義書換請求権**（会社法130①、133①）

株主名簿には株式を譲渡した場合、次の事項を記載します。

・株式を取得したものの氏名又は名称、その住所を株主名簿に記載しなければ、第3者に対抗できません（会社法130①）。

・株式を譲渡するときには、株式の譲受された者（自己株式を除く）は株式会社に対して、当該株式に係る株主名簿記載事項を株主名簿に記載し、又は記録することを請求することができます（会社法133①）。

⑤　**株券発行請求権**（会社法215①〜③）

株券を発行する定款の定めがある時には、株券の発行を請求できます。

・会社は、その株式（種類株式発行会社にあっては、全部の種類の株式）に係る株券を発行する旨を定款で定めることができます（会社法214）。

・会社は次の場合に株式に係る株券を発行しなければなりません（会社法215①〜③）。

　◆株式を発行した日

　◆株式の併合をしたとき

　◆株式の分割をしたとき

・株券発行会社でも公開会社でない場合、株主から請求がある時までは、上記の規定（会社法215①〜③）の株券を発行しないことができます（会社法215④）。

⑥　**募集株式の割り当てを受ける権利**

・株式会社は株主に株式の割当てを受ける権利を与えることができます（会社法202）。

（2） 自益権の分散株式でのポイント「配当の重要性」

　中小企業では配当を継続的に実施している会社は少ないと思います。上場企業でも米国等に比較するとかなり配当性向は低くなります。その配当性向が低い理由は企業の機動的な事業展開をするための投資余力を保つために配当せずに内部留保させるためと会社は説明します。また、企業の財務状態によって配当金額の枠が決定しているため（会社法446）、株主に配当したくてもできない場合もあります。

　一方で、少数株主は会社の経営に参画するだけの株数を保有していないため、日常の場面では少数株主の権利は配当を受けることだけが主な権利でもあり、分散株式という視点からも配当を実施するという会社の行為は大変重要です。

　例えば、株式の適正な価格としての企業評価による方法（第7章 3 参照）の場合、もし、配当を行っている会社であれば、配当還元法を利用できますが、一方で配当がなければ、配当還元法は利用しにくくなります。

　また、名義株主の存在を明確にする一つの方法として、実際の株主に配当を継続的に実施していきます。これ以外にも色々と配当を実施することのメリットがあります。

　結果として、株主側の視点から、配当を実施することで株主が利益の分配を受けられるだけでなく、オーナー会社側の視点からも、配当が利益の流出となっても分散株式の整理というメリットがあります。100％未満の株式を所有するオーナー会社では、計画的に配当を実施できるかを検討してみてください。

③　共益権とは

（1） 共益権とは

　株主が会社経営に関与することを目的とする権利を共益権といいます。経営に関与するということは株主総会の議決権を持つだけでなく、会社運営につい

第2章　分散株式対策の検討前に知っておくべき会社法の11の知識　*23*

て監督是正する権利も含まれています。

① **単独株主権**

すべての株主が持つことができる権利として次のようなものがあります。

・株主総会の議決権（会社法308①、325）

・株主総会決議取消訴権（会社法831）

・取締役の違法行為の差止請求権（会社法360）

・閲覧謄写請求権

   ◆ 株主総会議事録（会社法318④）

   ◆ 取締役会議事録（会社法371②）

   ◆ 定款、株主名簿、社債原簿の書類（会社法31②、125②、684②）

   ◆ 計算書類閲覧（会社法442③）

② **少数株主権**

株主の株数や議決権等の割合に応じて、株主が持つことができる権利に次のようなものがあります。これらの権利は他の株主にも影響を与えることにもなり、また株主の一部にだけ与えられる権利になります。

ここで後述の「議題」と「議案」の違いを簡単に説明しておきます。「議題」は株主総会の会議の目的であり、「議案」は「議題」を具体的に説明した事項です。例えば、議題は「定款の変更の件」となり、議案は「株式の併合に関する具体的な定款の変更……」のような決議する事項の具体的な内容となります。

＜総株主の議決権の100分の1以上又は300個以上＞

   ・株主総会議題の提案権（会社法303）

   ・取締役の議案の提案権（会社法305）

＜総株主の議決権の1％以上議決権を持つ株主＞

   ・株主総会検査役選任請求権（会社法306）

＜総株主の議決権の100分の3以上又は発行済株式総数の3％以上＞

   ・検査役選任請求権（会社法358）

   ・会計帳簿等閲覧謄写請求権（会社法433①）

＜総株主の議決権の100分の3以上＞

   ・取締役等の責任軽減への異議権（会社法426⑦）

・株主総会の招集権（会社法297）

＜総株主の議決権の100分の10以上又は発行済株式総数の10％以上＞

　・解散判決請求権（会社法833①）

（2）共益権の分散株式でのポイント

　オーナー企業では所有と経営が一致していることになりますが、もし100％の株式をオーナー経営者である代表締取役が持っていない場合に、オーナー経営者以外の株主も前述の共益権を当然に持ちます。

　オーナー経営者一族以外に株主がいる会社の中小企業でも、会社法どおりの企業運営を行ってないことも実務では少なくありません。しかし、いつもは無言の株主であっても、何か問題が起きたときなどには、次のような共益権をいつでも主張することができます。

　・会社の定款に記載される株主総会や取締役会等の会議体がきちんと開催されているか。

　・その運営手続きは会社法に従っているか。

　・その会議の議事録が残されているか。

　実際の判例を見ても、たとえ少数株主側が共益権を主張しても、その株主が思うような方向へ裁判が進んでいくとは限りませんが、少数株主による共益権の主張に対応するだけでも会社にとっては大きな負担となります。株主は同族株主だけで「うちの会社は大丈夫」と思っていても、相続で争いが起こってしまったり、2分に1組が離婚するような時代でもあり、オーナー経営者以外に株主がいる場合には、株主の権利に関連する問題はいつでも起こり得るリスクがあります。

知識2　株式の種類：普通株式、単元株式、単元未満株式、端株

　普通株式と種類株式

1 普通株式

　普通株式とは、株主に対して与えられる権利内容について、何ら制約（限定）のない標準となる株式のことをいいます。参考として、次の定款の例では普通株式を記載しています。

図表2−2　定款（例）（株式部分の抜粋）

　　　　　　　　　　　第2章　株　式
第5条　当会社の発行可能株式総数は、○万株とする。
第6条　当会社の株式を譲渡するには、取締役会の承認を受けなければならない。
第7条　当会社は、相続その他の一般承継により当会社の株式を取得した者に対し、当該株式を売り渡すことを請求することができる。
第8条　株式の取得により株主名簿記載事項の記載を請求するときは、当会社所定の書式による請求書に記名押印し、これに取得の原因を証する書面を添えて提出しなければならない。
第9条　当会社の株式に関する名義書換の手続き及びその手数料については、取締役会の定めるところに依る。

2 種類株式

　種類株式とは普通株式と異なり、株主に対して与えられる権利内容に限定があある株式を言います。すなわち、会社や株主からの多様な要求に基づいて、株主の権利が異なる内容の株式を種類株式といいます。

　種類株式は次の会社法第108条に記載されていますが、2種類以上の種類株式を発行しない場合でも譲渡制限・取得請求権・取得条項の3つの事項は普通株式も含めたすべての株式を対象として定めることができます（会社法107）。

（異なる種類の株式）
第108条　株式会社は、次に掲げる事項について異なる定めをした内容の異なる二以上の種類の株式を発行することができる。ただし、指名委員会等設置会社及び公開会社は、第9号に掲げる事項についての定めがある種類の株式を発行することができない。
　一　剰余金の配当
　二　残余財産の分配
　三　株主総会において議決権を行使することができる事項
　四　譲渡による当該種類の株式の取得について当該株式会社の承認を要すること。
　五　当該種類の株式について、株主が当該株式会社に対してその取得を請求することができること。
　六　当該種類の株式について、当該株式会社が一定の事由が生じたことを条件としてこれを取得することができること。
　七　当該種類の株式について、当該株式会社が株主総会の決議によってその全部を取得すること。
　八　株主総会（取締役会設置会社にあっては株主総会又は取締役会、清算人会設置会社（第478条第8項に規定する清算人会設置会社をいう。以下この条において同じ。）にあっては株主総会又は清算人会）において決議すべき事項のうち、当該決議のほか、当該種類の株式の種類株主を構成員とする種類株主総会の決議があることを必要とするもの
　九　当該種類の株式の種類株主を構成員とする種類株主総会において取締役（監査等委員会設置会社にあっては、監査等委員である取締役又はそれ以外の取締役。次項第9号及び第102条第1項において同じ。）又は監査役を選任すること

第2章　分散株式対策の検討前に知っておくべき会社法の11の知識　　27

2 単元株式と単元未満株式

1 単元株式

　単元株式とは、株主総会での議決権行使や株式売買を円滑にするために必要な一定数（一単元）の量の株式数をいいます。

（単元株式数）
第188条　株式会社は、その発行する株式について、一定の数の株式をもって株主が株主総会又は種類株主総会において一個の議決権を行使することができる一単元の株式とする旨を定款で定めることができる。

---

2 単元未満株式

　単元未満株式とは単元株制度のもとで1単元の株式数に満たない株式のことをいいます。会社法では1株未満の株式を発行することができないため、単元株制度では、単元未満株式でも1株の整数倍の株式となるため、1.1株のような小数点以下の株式はありません。単元株制度の例外としての単元未満株式は、株式分割や会社の合併、減資、子会社化、1単元の変更、持株会社への移行、新株予約権付社債などにより発生します。

　例えば1単元を10株と設定すると、1株から9株を所有する株主は単元未満株式を所有する株主となります。

（単元未満株式についての権利の制限等）
第189条　単元株式数に満たない数の株式（以下「単元未満株式」という。）を有する株主（以下「単元未満株主」という。）は、その有する単元未満株式について、株主総会及び種類株主総会において議決権を行使することができない。
2　株式会社は、単元未満株主が当該単元未満株式について次に掲げる権利以外の権利の全部又は一部を行使することができない旨を定款で定めることができる。
　　一　第171条第1項第1号に規定する取得対価の交付を受ける権利
　　二　株式会社による取得条項付株式の取得と引換えに金銭等の交付を受ける権利
　　三　第185条に規定する株式無償割当てを受ける権利
　　四　第192条第1項の規定により単元未満株式を買い取ることを請求する権利
　　五　残余財産の分配を受ける権利
　　六　前各号に掲げるもののほか、法務省令で定める権利
3　株券発行会社は、単元未満株式に係る株券を発行しないことができる旨を定款で定めることができる。

3　端株（会社法改正前）

1　端株

　旧商法で1株に満たない端数株式を端株といいます。平成18年の会社法施行により端株制度はなくなりましたが、会社法施行時にあった旧株式会社の端株は、なお従前の例によるとされており（会社法の施行に伴う関係法律の整備等に関する法律（以下、会社法整備法）86①）、端株は会社によっては残っており、端株原簿で管理します（旧商法による端株制度をそのまま利用）。

　注意点としては、ここでの「1株未満の端株」は前述の「単元未満の1株の整数倍の単元未満株式」とは異なります。

すなわち、単元未満株式は1株の整数倍であり、端株は1株未満という意味です。

2 端数の処理

分散株式の整理方法として、1株未満の端数が生じた場合には（会社法235）、会社は競売又は売却による端数の株式の売却代金を分配したり、あるいは自己株式買取を行うことができます。

4 分散株式でのポイント

分散株式を整理する手続きでは、全部取得条項付株式や株式併合によるスクイーズ・アウトを利用する時にこの 2 での知識が必要となります。

知識3 株券の管理：株券発行＆不発行、株主名簿＆株主名簿記載事項証明書

 株券の発行と不発行

　平成18年会社法施行から、株券の不発行が原則となり、株券を発行する場合には定款に株券を発行する旨を定めて、登記することになります。

（株券を発行する旨の定款の定め）
第214条　株式会社は、その株式（種類株式発行会社にあっては、全部の種類の株式）に係る株券を発行する旨を定款で定めることができる。

　会社法施行前から存続する株式会社は、旧商法では株券発行会社が原則となっているため、平成18年会社法施行時点で会社が株券不発行会社として登記手続をしていない場合、自動的に「株券発行会社」とみなされ、職権でその旨の登記がなされています。会社が株券を発行する会社であるか一度登記を確認してみてください。

第2章　分散株式対策の検討前に知っておくべき会社法の11の知識　*31*

図表 2 - 3　登記事項証明書（会社謄本）（例）

株券を発行する旨の定め	当会社の株式については、株券を発行する 平成17年法律第87号第136条の規定により平成18年5月1日登記

②　株券を発行する注意点

　非公開会社の場合、株券を発行する会社であっても、株主が株券の発行を請求しない限り、会社は株券を発行しないことができます（会社法215④）。

（株券の発行）
第215条　株券発行会社は、株式を発行した日以後遅滞なく、当該株式に係る株券を発行しなければならない。
2　株券発行会社は、株式の併合をしたときは、第180条第2項第2号の日以後遅滞なく、併合した株式に係る株券を発行しなければならない。
3　株券発行会社は、株式の分割をしたときは、第183条第2項第2号の日以後遅滞なく、分割した株式に係る株券（既に発行されているものを除く。）を発行しなければならない。
4　前3項の規定にかかわらず、公開会社でない株券発行会社は、株主から請求がある時までは、これらの規定の株券を発行しないことができる。

　ただし、株主が株券を必要とする場合があり、株式を譲渡する際には株券の交付が必要となります（会社法128①）。

3 株主名簿と株主名簿記載事項証明書

　株主名簿とは株式会社が株主を把握するために作成される名簿のことをいいます。株主名簿記載事項は次の会社法第121条に記載されているように、①株主の氏名又は名称及び住所、②株数、③株式取得日、④株券発行会社の場合は株券の番号となります。

（株主名簿）
第121条　株式会社は、株主名簿を作成し、これに次に掲げる事項（以下「株主名簿記載事項」という。）を記載し、又は記録しなければならない。
　一　株主の氏名又は名称及び住所
　二　前号の株主の有する株式の数（種類株式発行会社にあっては、株式の種類及び種類ごとの数）
　三　第１号の株主が株式を取得した日
　四　株式会社が株券発行会社である場合には、第２号の株式（株券が発行されているものに限る。）に係る株券の番号

（株式の譲渡の対抗要件）
第130条　株式の譲渡は、その株式を取得した者の氏名又は名称及び住所を株主名簿に記載し、又は記録しなければ、株式会社その他の第三者に対抗することができない。
　2　株券発行会社における前項の規定の適用については、同項中「株式会社その他の第三者」とあるのは、「株式会社」とする。

　株主は財産である株式を担保に差し入れすることもできるため、株式を質権設定した場合には、株主名簿に、①質権者の氏名又は名称及び住所、②質権の目的である株式を株式名簿に記載すること、又は記録することを請求できます（会社法148）。
　株主名簿は、①紙に記載する、あるいは②電磁的記録をするという2つの方

第2章　分散株式対策の検討前に知っておくべき会社法の11の知識　*33*

法が認められています。

図表2－4　株主名簿（例）（質権設定がある場合）

<table>
<tr><td colspan="7" align="center">株式会社清文商事　株主名簿</td></tr>
<tr><td colspan="7" align="right">平成○○年○○月○○日現在</td></tr>
<tr><th>番号</th><th>氏名又は
名称</th><th>住　所</th><th>株式の
種類</th><th>株式数</th><th>株式取得年月日</th><th>備　考</th></tr>
<tr><td>1</td><td>神田太郎</td><td>東京都千代田区内神田6丁目6番6号</td><td>普通
株式</td><td>500株</td><td>平成2年3月4日</td><td>設立発行／株券不発行</td></tr>
<tr><td>2</td><td>神田花子</td><td>東京都千代田区内神田6丁目6番6号</td><td>普通
株式</td><td>250株</td><td>平成2年3月4日</td><td>設立発行／株券不発行</td></tr>
<tr><td>3</td><td>神田三郎</td><td>東京都千代田区内神田7丁目7番7号</td><td>普通
株式</td><td>150株</td><td>平成10年10月10日</td><td>神田一郎から相続により取得／株券不発行</td></tr>
<tr><td>4</td><td>甲野一郎</td><td>東京都千代田区内神田5丁目5番5号</td><td>普通
株式</td><td>100株</td><td>平成5年6月7日</td><td>甲野太郎から贈与により譲受／株券不発行
平成○○年○○月○○日：質権設定
質権者：東京都豊島区池袋8-8-8株式会社豊島印刷質権の目的：普通株式100株（※）</td></tr>
<tr><td></td><td></td><td></td><td>普通
株式</td><td>株</td><td>平成　年　月　日</td><td></td></tr>
<tr><td></td><td></td><td></td><td>普通
株式</td><td>株</td><td>平成　年　月　日</td><td></td></tr>
<tr><td></td><td></td><td></td><td>普通
株式</td><td>株</td><td>平成　年　月　日</td><td></td></tr>
<tr><td></td><td></td><td></td><td>普通
株式</td><td>株</td><td>平成　年　月　日</td><td></td></tr>
<tr><td></td><td></td><td></td><td>普通
株式</td><td>株</td><td>平成　年　月　日</td><td></td></tr>
<tr><td></td><td></td><td></td><td>普通
株式</td><td>株</td><td>平成　年　月　日</td><td></td></tr>
<tr><td></td><td></td><td></td><td>普通
株式</td><td>株</td><td>平成　年　月　日</td><td></td></tr>
</table>

※：質権の設定も記載することができます（会社法148）。

　株券不発行会社の株主は会社の株主名簿に記載され、もしくは記録された株主名簿記載事項を記載した書面の交付又は当該株主名簿記載事項を記録した電磁的記録の提供を請求することができますが、これを株主名簿記載事項証明書といいます（会社法122）。

図表 2 － 5　株主名簿記載事項証明書（例）

株主名簿記載事項証明書

甲野　一郎　殿

当社の株主名簿に下記のとおり記載されていることを証明します。

記

番号	氏名又は名称	住　　　所	株式の種類	株式数	株式取得年月日	備　　考
3	神田三郎	東京都千代田区内神田7-7-7	普通株式	150株	平成10年10月10日	株券不発行

平成○○年○○月○○日

東京都千代田区内神田8-8-8
株式会社清文商事
代表取締役　神田太郎　　印

4　株券の分散株式でのポイント

　オーナー経営者以外の株主がいる場合には株券と株主名簿の取扱いも大切であり、スクイーズ・アウト等の手続きを行う時も株券や株主名簿の知識が必要となります。

知識4　株式会社の機関

 取締役会のある場合とない場合

　旧商法では、株式会社の機関設計として、取締役3人以上、監査役及び取締役会の設置義務等の規定があったため、「株式会社」は会社の規模に関わらず、ある程度の規模のある企業をイメージした会社の機関（＝組織）でした。ところが、会社法が制定されて、それぞれの会社が会社法に規定されている機関から自社に合わせて自由に決めることができるようになりました（自由な機関設計）。

　実務では中小企業の機関は取締役会を設置するかどうかがポイントとなってきます。最近の小規模会社は取締役を集めるのが大変なため、取締役会のない会社（取締役会非設置会社という）を設立することが多くなってきました。取締役会非設置会社の場合、株主総会は、会社の組織・運営・管理その他一切の事項を決議することができる機関となります。また、すべてを株主総会で決めるわけではなく、取締役が決めたことを取締役決定書という形で書面に残しておくこともあります。一方で従来どおりの取締役会のある会社（取締役会設置会社という）の場合には株主総会は会社法又は定款で規定されている事項についてのみ決議をすることができる機関となります（会社法295②）。

　次に定款の例で両方を比較してみます。

図表2－6　非公開会社の定款（例）（取締役会設置会社VS取締役会非設置会社）

取締役会設置会社	取締役会非設置会社
第3章　株主総会	第3章　株主総会
第14条　株主総会は、会社法に規定する事項及び本定款で定めた事項に限り決議することができる。 第15条　当会社の定時株主総会は、毎事業年度終了後3ケ月以内に招集し、臨時株主総会は、必要のあるときに随時これを招集する。 ②　株主総会を招集するには会日より5日前までに各株主に対してその通知を発するものとする。 第16条　株主総会は、取締役社長がこれを招集し、議長となる。 ②　取締役社長に事故があるときは、取締役会においてあらかじめ定めた順序に従い他の取締役が株主総会を招集し、議長となる。 第17条　当会社の定時株主総会の議決権の基準日は、毎年9月30日とする。 第18条　株主総会の決議は、法令又は本定款に別段の定めある場合を除き、出席した議決権を行使することができる株主の議決権の過半数で行う。 第19条　株主は、当会社の議決権を有する他の株主を代理人として、その議決権を行使することができる。 ②　株主又は代理人は、株主総会ごとに代理権を証明する書面を当会社に提出しなければならない。 第20条　株主総会の議事録は、法令で定めるところにより書面又は電磁的記録をもって作成する。	第14条　当会社の定時株主総会は、毎事業年度末日の翌日から3か月以内に招集し、臨時株主総会は必要に応じて招集する。 ②　株主総会を招集するには、会日より5日前までに、各株主に対して、その通知を発するものとする。 第15条　株主総会は、議決権を行使することができる株主の全員の同意があるときは、招集手続を経ることなく開催することができる。 第16条　株主総会は、法令に別段の定めがある場合を除くほか、社長たる取締役が招集する。 ②　株主総会の議長は、社長たる取締役がこれに当たる。 第17条　株主総会の普通決議は、法令又は定款に別段の定めがある場合を除き、出席した議決権を行使することができる株主の議決権の過半数をもって行う。 ②　会社法第309条第2項に定める株主総会の特別決議は、議決権を行使することができる株主の議決権の3分の1以上を有する株主が出席し、その議決権の3分の2以上をもって行う。

取締役会設置会社	取締役会非設置会社
第4章　取締役及び取締役会	第4章　取締役

第21条　当会社の取締役は、10名以内とする。

第22条　取締役は、株主総会の決議によって選任する。

②　取締役の選任決議は、議決権を行使することができる株主の議決権の過半数を有する株主が出席し、その議決権の過半数をもって行う。

③　取締役の選任決議は、累積投票によらないものとする。

第23条　取締役の解任決議は、議決権を行使することができる株主の議決権の過半数を有する株主が出席し、その議決権の過半数をもって行う。

第24条　取締役の任期は、選任後1年以内の最終の事業年度に関する定時株主総会終結の時までとする。

②　補欠として又は増員により選任された取締役は、前任者又は他の在任取締役の任期の残存期間と同一とする。

第25条　当会社は、取締役会を置く。

第26条　代表取締役は、取締役会の決議によって選定する。

②　取締役会の決議によって、取締役会長、取締役社長各1名、専務取締役、常務取締役各若干名を選定することができる。

第27条　取締役会は、取締役社長がこれを招集し議長となる。

②　取締役社長に事故があるときは、取締役会においてあらかじめ定めた順序に従い、他の取締役が取締役会を招集し、議長となる。

第28条　取締役会の招集通知は、会日の3日前までに各取締役及び各監査役に対し

第18条　当会社の取締役は1名以上とする。

第19条　当会社の取締役は、株主総会において議決権を行使することができる株主の議決権の3分の1以上を有する株主が出席し、その議決権の過半数の決議によって選任する。

②　取締役の選任については、累積投票によらないものとする。

第20条　取締役の任期は、その選任後10年以内に終了する事業年度のうち最終のものに関する定時総会の終結の時までとする。

②　補欠として又は増員により選任された取締役は、前任者又は他の在任取締役の任期の残存期間と同一とする。

第21条　当会社の取締役が2名以上ある場合は、そのうち1名を代表取締役とし、取締役の互選によってこれを定めるものとする。

②　代表取締役は社長とし、会社の業務を執行する。

第22条　会社法第361条第1項に定める取締役の報酬等は、株主総会の決議をもって定める。

取締役会設置会社	取締役会非設置会社
て発する。ただし、緊急の必要があるときは、この期間を短縮することができる。 ② 取締役及び監査役の全員の同意があるときは、招集の手続きを経ないで取締役会を開催することができる。 第29条 取締役会の決議は、議決に加わることができる取締役の過半数が出席し、その過半数をもって行う。 第30条 当会社は、取締役会の決議事項について、取締役（当該決議事項について議決に加わることができるものに限る）の全員が書面又は電磁的記録により同意の意思表示をしたときは、当該決議事項を可決する旨の取締役会の決議があったものとみなす。ただし、監査役が当該決議事項について異議を述べたときはこの限りではない。 第31条 取締役会の議事録は、法令で定めるところにより書面又は電磁的記録をもって作成し、出席した取締役及び監査役は、これに署名もしくは記名押印し、又は電子署名を行う。 第32条 取締役会に関する事項は、法令又は本定款のほか、取締役会において定める取締役会規程による。 第33条 取締役の報酬、賞与、退職慰労金その他の職務執行の対価として当会社から受ける財産上の利益は、株主総会の決議によって定める。 第34条 代表取締役は、取締役会の決議に従い法令に定めるものの外、下記の 職務及び権限を有する。 　1．会社の業務の統轄 　2．取締役会の招集及び主宰 　3．取締役会に対する業務の報告	

2 会社の機関の分散株式でのポイント

　分散株式を整理する手続きでは、会社の機関である会議体の決議が必要となる場面が多くあるため、会社の機関とその決議方法を理解することが重要です。

40　　④　知識 4　株式会社の機関

知識5 株主総会の開催手続:決議の種類と定款、株主総会の決議の無効と取消の判例

株主総会の決議の種類

株主総会の決議

　株主総会の決議が必要となる事項は、会社の機関によって色々なケースがありますが、株主の権利を守るために普通決議以外に議決権割合が高くなる決議も行わなくてはならない場合があります。ここでは決議に関する条文を読んでみましょう。

図表2-7　決議の種類の比較

[　] の記載箇所は、内容を補足説明しています。

決議の種類	条文
普通決議 (会社法第309条第1項) (定足数) 定款に別段の定めがある場合を除き、議決権を行使できる株主の議決権の過半数を有する株主の出席 (決議要件) 出席株主の議決権の過半数	定款に別段の定めがある場合を除き、議決権を行使することができる株主の議決権の過半数を有する株主が出席し、出席した当該株主の議決権の過半数をもって行う

第2章　分散株式対策の検討前に知っておくべき会社法の11の知識　*41*

決議の種類	条文
特別決議 （会社法309条2項） （定足数）株主総会で議決権を行使できる株主の議決権の過半数（3分の1以上の割合を定款で定めた場合は、その割合以上）を有する株主が出席 （決議要件）出席株主の議決権の3分の2（これを上回る割合を定款で定めた場合は、その割合）以上。（決議の要件に加えて、一定の数以上の株主の賛成を要する旨その他の要件を定款で定めることも可能）。	前項の規定にかかわらず、次に掲げる株主総会の決議は、当該株主総会において議決権を行使することができる株主の議決権の過半数（3分の1以上の割合を定款で定めた場合にあっては、その割合以上）を有する株主が出席し、出席した当該株主の議決権の3分の2（これを上回る割合を定款で定めた場合にあっては、その割合）以上に当たる多数をもって行わなければならない。この場合においては、当該決議の要件に加えて、一定の数以上の株主の賛成を要する旨その他の要件を定款で定めることを妨げない。 一　第140条第2項［譲渡制限株式の買取］及び第5項［譲渡制限株式の指定買取人の指定］の株主総会 二　第156条第1項の株主総会（第160条第1項の特定の株主を定める場合に限る。）［特定の株主からの自己株式の有償取得についての事項］ 三　第171条第1項［全部取得条項付種類株式の取得に関する決議］及び第175条第1項［相続人等に対する株式売渡請求に関する事項の決定］の株主総会 四　第180条第2項［株式併合に関する事項の決定］の株主総会 五　第199条第2項［募集株式の募集事項の決定］、第200条第1項［募集事項の決定の委任］、第202条第3項第4号［募集株式の割り当てに関して前号の規定がない場合の決定］、第204条第2項［譲渡制限株式の場合の募集株式の割り当ての決定］及び第205条第2項の株主総会 六　第238条第2項［新株予約権の募集事項］、第239条第1項［新株予約権の募集事項の決定の委任］、第241条第3項第4号［前号に定めのない場合、株主に新株予約権を与える事項に関する決定］、第243条第2項［新

決議の種類	条文
	株予約権の目的である株式が譲渡制限株式である場合の決定事項] 及び第244条第3項 [募集新株予約権の申込みの総数を引き受ける場合] の株主総会
	七　第339条第1項 [役員及び会計監査人の解任] の株主総会（第342条第3項から第5項までの規定により選任された取締役（監査等委員である取締役を除く。）を解任する場合又は監査等委員である取締役もしくは監査役を解任する場合に限る。）
	八　第425条第1項 [役員の損害賠償責任の一部の免除] の株主総会
	九　第447条第1項 [資本金の額を減少する決議] の株主総会（次のいずれにも該当する場合を除く。）
	イ　定時株主総会において第447条第1項各号に掲げる事項を定めること。
	ロ　第447条第1項第1号の額がイの定時株主総会の日（第439条前段に規定する場合にあっては、第436条第3項の承認があった日）における欠損の額として法務省令で定める方法により算定される額を超えないこと。
	十　第454条第4項 [配当財産が金銭以外の場合] の株主総会（配当財産が金銭以外の財産であり、かつ、株主に対して同項第1号に規定する金銭分配請求権を与えないこととする場合に限る。）
	十一　第6章から第8章までの規定 [第6章：定款の変更、第7章：事業の譲渡等、第8章：解散] により株主総会の決議を要する場合における当該株主総会
	十二　第5編 [組織変更、合併、会社分割、株式交換及び株式移転] の規定により株主総会の決議を要する場合における当該株主総会

決議の種類	条文
特殊決議1 （会社法第309条第3項） （定足数）記載なし （決議要件）次の頭数と議決権の両方が必要となります。 <頭数> 株主総会で議決権を行使できる株主の半数以上（これを上回る割合を定款で定めた場合は、その割合以上） <議決権> 株主総会で議決権を行使できる株主の議決権の3分の2（これを上回る割合を定款で定めた場合は、その割合）以上。	3　前2項の規定にかかわらず、次に掲げる株主総会（種類株式発行会社の株主総会を除く。）の決議は、当該株主総会において議決権を行使することができる株主の半数以上（これを上回る割合を定款で定めた場合にあっては、その割合以上）であって、当該株主の議決権の3分の2（これを上回る割合を定款で定めた場合にあっては、その割合）以上に当たる多数をもって行わなければならない。 一　その発行する全部の株式の内容として譲渡による当該株式の取得について当該株式会社の承認を要する旨の定款の定めを設ける定款の変更を行う株主総会 [譲渡制限株式へ定款を変更する場合] 二　第783条第1項の株主総会（合併により消滅する株式会社又は株式交換をする株式会社が公開会社であり、かつ、当該株式会社の株主に対して交付する金銭等の全部又は一部が譲渡制限株式等（同条第3項に規定する譲渡制限株式等をいう。次号において同じ。）である場合における当該株主総会に限る。）[吸収合併契約等の承認] 三　第804条第1項の株主総会（合併又は株式移転をする株式会社が公開会社であり、かつ、当該株式会社の株主に対して交付する金銭等の全部又は一部が譲渡制限株式等である場合における当該株主総会に限る。）[新設合併契約等の承認]
特殊決議Ⅱ （会社法第309条第4項） （定足数）記載なし （決議要件）頭数と議決権の両方が必要となります。 <頭数> 総株主の半数以上（これを上回る割合を定款で定めた場合は、その割合以上）	前3項の規定にかかわらず、第109条第2項の規定による定款の定めについての定款の変更（当該定款の定めを廃止するものを除く。）を行う株主総会の決議は、総株主の半数以上（これを上回る割合を定款で定めた場合にあっては、その割合以上）であって、総株主の議決権の4分の3（これを上回る割合を定款で定めた場合にあっては、その割合）以上に当たる多数をもって行わなければならない [株

決議の種類	条文
＜議決権＞ 総株主の議決権の４分の３ （これを上回る割合を定款で 定めた場合は、その割合）以 上。	主の権利について株主ごとに異なる取扱いを 行う旨の定款の変更あるいは廃止]

2 株主総会決議の分散株式のポイント

（1）特別決議と定款

　株式会社に関する事がすべて会社法で決まっている訳でなく、それぞれの会社の自治で決めることもでき、その基本的な事項が定款に記載されます。①で解説したように普通決議だけでなく、特別決議も必要になるケースが分散株式を整理する時には多いということも確認していただけたかと思います。

　ところで、定款の変更のために株主総会の特別決議を行わなくてはならないことはどんな会社でも起こります。例えば、事業年度や本店の場所が定款に記載されている場合、会社にとってはこれらの変更がすなわち定款の変更となり、株主総会の特別決議による承認に必要な「定足数」と「決議要件」となる議決権の株式数を集める必要があります。

　会社設立時には定款を作成しなければならないため、どの会社も設立時の原始定款はありますが、現時点の定款を保管していないことが少なくありません。例えば、次の点などを確認してください。

  ・司法書士へ依頼して登記に必要な定款変更の場合には変更後の定款を作成
    してもらえるか。
  ・定款そのものの変更は会社が行うため、修正を忘れていないか。

　いざとなって、定款を確認していただくと、変更が反映された定款がない会社が結構ありますので、必ずフォローアップして最近の定款を保管しておきましょう。

第2章　分散株式対策の検討前に知っておくべき会社法の11の知識　*45*

（2）特別決議とスクイーズ・アウト

分散株式を整理するために、特別決議が必要な次のような方法を利用することがあります（会社法309②）。

① 会社法第140条第2項と第5項［譲渡制限株式の買取］及び［譲渡制限株式の指定買取人の指定］の株主総会

② 会社法第156条第1項の株主総会（第160条第1項の特定の株主を定める場合に限る。）［特定の株主からの自己株式の有償取得についての事項］

③ 会社法第171条第1項［全部取得条項付種類株式の取得に関する決議］及び会社法第175条第1項［相続人等に対する株式売渡請求に関する事項の決定］の株主総会

④ 会社法第180条第2項［株式併合に関する事項の決定］の株主総会

以上のようなスクイーズ・アウトをするためには株主総会の特別決議が必要となります。もし、オーナー経営者が2/3超の議決権の株式数を集めることができない場合には会社経営の重大な危機となることもありますから、先ずは議決権数が2/3を超えるように株式の譲渡等を行って株式数を増やすことを行ってください。

2 株主総会の決議の訴え

1 株主総会の決議の訴え

株主総会は重要な会社の機関でありますが、非公開会社では株主総会開催の手続き等の知識の欠如や経営者間の争いや少数株主の権利を軽視する等々で株主総会を開催しても法律的に問題を抱えるケースがあります。決議についての争いは次のような方法があります。

図表 2 − 8　決議の訴えの比較

	決議不存在確認の訴え	決議無効の訴え	決議取消の訴え
条文	会社法第830条第1項	会社法第830条第2項	会社法第831条第1項
提訴できる場合	決議が存在しないことの確認するとき。	決議の内容が法令に違反することを理由とするとき。	一　株主総会等の招集の手続又は決議の方法が法令もしくは定款に違反し、又は著しく不公正なとき。 二　株主総会等の決議の内容が定款に違反するとき。 三　株主総会等の決議について特別の利害関係を有する者が議決権を行使したことによって、著しく不当な決議がされたとき。
提訴権者	誰でも（※1）	誰でも（※1）	株主・取締役・監査役・清算人
期間	いつでも（※2）	いつでも（※2）	株主総会等の決議の日から3か月以内に訴えをもって当該決議の取消しを請求することができる。（※3）

※1：訴えを確認できることで利益がある者
※2：もともと決議不存在あるいは無効であることを確認するための訴え
※3：訴えることで決議を取り消しできる

［決議の訴えの参考例］

　実際に発生しそうなケースについて、簡便に結論だけを記載しておきますので、詳細は判例等で実際の事例をご確認ください。

・取締役会の決議無く、かつ、代表取締役以外が、株主総会を招集した場合（最高裁判例　昭和45年8月20日）

　　⇒決議が不存在とされる事由

・取締役会で招集の決定がないにも拘わらず、代表取締役が招集した場合（最高裁判例　昭和46年3月18日＆多数説）

⇒違法がそこまで重大ではないとして、決議取消事由
・招集通知が発送されなかった場合や記載に誤りがあった場合
　　　⇒総会招集手続きに瑕疵があったものとして決議取消事由に
・４割くらいの株主に対して招集通知を発送しなかった（最高裁判例
　昭和33年10月３日）
　　　⇒決議の不存在事由。

２ 株主総会の決議の訴えの分散株式でのポイント

　分散株式の整理をするために株主総会の決議を必要とすることが多くなりますが、もし、株主総会手続きに不備があると法的なリスクが残ります。特に決議不存在確認の訴えと決議無効の訴えはいつでも誰でも裁判を起こすことができるため、将来に向かってリスクが残ることになります。また、決議から３か月以内に決議取消の訴えを提訴されて裁判が一旦始まると裁判が終わるまでにはかなりの時間が経過して，会社としての対応に手間取ります。

　したがって、実際に株主総会の決議を必要とする分散株式の整理をする方法では、手続きの不備がないように法律の専門家のサポートを受けながら、手続きを実施していくことが大切です。

知識6　非公開会社と公開会社

　非公開会社と公開会社

　会社法では株式譲渡自由の原則として、株主はその有する株式を自由に譲渡することができますが（会社法127）、この会社を公開会社（会社法2五）といいます。一般的に上場企業を公開会社と呼びますが、会社法ではたとえ上場していない場合でも株式の譲渡制限のない会社は公開会社となります。

　そして、非公開会社とは株式を自由に譲渡できない会社をいい、日本の9割を越す会社が非公開会社になります。株式の譲渡制限について詳しくは7をご覧ください。

2　公開会社と非公開会社の分散株式でのポイント

　歴史の古い会社は株式の譲渡制限規定の有無を確認しておきましょう。それは、商法の昭和25年改正で株式の譲渡を制限することが禁止され、職権で株式の譲渡制限規定は登記を抹消されました。次に昭和41年の改正により株式の譲渡制限が復活した時に定款変更を決議して譲渡制限を新たに設けて登記しなければ、譲渡制限のない会社のままとなります。

　100％未満の株式を所有するオーナー会社の場合、もし公開会社となってい

第2章　分散株式対策の検討前に知っておくべき会社法の11の知識　　*49*

た場合には株主は自由に株式を譲渡することができるため、思いがけない時に新たな株主に株主名簿の記載をして欲しいと要求される可能性があります。公開会社を非公開会社にするには定款を変更する必要性がありますが、これは株主総会の特別決議でなく、さらに議決権割合が高くなる特殊決議が必要となります。詳しくは第6章2をご参照ください。

知識7　譲渡制限株式の意義とその手続き

 譲渡制限株式とは

　譲渡制限株式とは　株式会社がその発行する全部又は一部の株式の内容として、株主が譲渡による当該株式の取得について当該株式会社の承認を要する旨の定めを設けている場合における当該株式をいいます（会社法2十七）。

　でご説明したように、株式が自由に譲渡できる場合には公開会社であり、譲渡制限株式である場合は非公開会社といいます。

図表2-9　譲渡制限株式の定款（例）

取締役会設置会社	取締役会非設置会社
第6条　当会社の株式を譲渡するには、取締役会の承認を受けなければならない。	第6条　当会社の株式を譲渡するには、株主総会の承認を受けなければならない。

図表 2 - 10　譲渡制限株式の登記事項証明書（会社謄本）（例）

＜取締役会設置会社＞

株式の譲渡制限に関する規定	当会社の株式を譲渡するには、取締役会の承認を受けなければならない。

＜取締役会非設置会社＞

→　上記の定款例とは別の会社になります。すなわち株主総会の決議でなく代表取締役が株式の譲渡承認する定款例となります。

株式の譲渡制限に関する規定	当会社の株式を譲渡により取得するには、代表取締役の承認を受けなければならない。

注：取締役会非設置会社で代表取締役の承認となっている理由

　　　原則は株主総会の承認ですが、定款に別段の定めがある場合にはこの限りではありません（会社法139①）。したがって、定款で「第5条　当会社の株式を譲渡により取得するには、代表取締役の承認を受けなければならない。」と記載しておけば、代表取締役が株式譲渡の承認をすることができます。ただし、代表取締役自身が株式譲渡の当事者となる場合に、承認につき利害関係人に該当するため、代表取締役を承認機関とすることは好ましくないとの見解もあります。

2　譲渡制限株式の譲渡の手続き

　譲渡制限株式の譲渡の手続きについては、第4章■にて詳細に記載していますのでご参照ください。

3　譲渡制限株式の分散株式でのポイント

　オーナー経営者が100％株式を所有していない場合には、友好的な株主からでも友好的かわからない株主からでも譲渡承認手続きを請求されることはあり、それは株主にとって投下した資本を回収するための一番やりやすい方法だからです。オーナー経営者にとっては譲渡された株主が見知らぬ人や友好的でない人（あるいは友好的でなくなる恐れのある株主）であれば株主として会社

経営に参加してほしくないのが普通であり、譲渡を承認しないケースがあります。

　もし、株主からの譲渡承認請求が突然届いた時に譲渡不承認とする手続きの場合は、その期限内に、会社法に従って有効な方法で進める必要があります。もし、不承認の場合は、実務的には原則として会社は「（一株当たり簿価純資産）×（自社又は買取人が買い取る株数）」の金額を供託します。もし、資金の準備ができずに供託ができなければ、譲渡を承認する旨の決定をしたものとみなされます。また、最終的に売買の価格についても双方で協議がうまくまとまらない場合、価格決定について裁判所に20日以内に申立てを行いますが、申立てをしなければ供託された1株当たり純資産価額に決まることになります。

　このような手続きが何とか終了した場合にここで決定した売買価格が時価の一つに考えられており、この価格を知った別の株主から株式の譲渡承認請求されることもあります。

　この譲渡制限株式の譲渡承認手続きがどの会社にも発生の可能性の高いリスクであると考えられる一方で、少数株主にとって株主の権利を主張しながら、非上場株式を資金化できるため使いやすい手続きでもあります。

第2章　分散株式対策の検討前に知っておくべき会社法の11の知識　　*53*

知識8　株式買取請求権：株主の権利である株式買取請求権とその問題点

1　株式買取請求権とは

　株式買取請求権とは、投下資本の回収ができるように、原則として公正な価格で株式を買い取ることを請求する権利をいいます。

図表2-11　株式買取請求権のケース

内容	請求者	買取者
① 株式の譲渡制限⇒譲渡不承認の場合（会社法116①）	譲渡承認請求者（公正な価格）	会社又は指定買取人
② 株式に全部取得条項を付す場合（会社法116①）	反対株主（公正な価格）	会社
③ 種類株式の内容として、種類株主総会の決議を要しないと定められた種類株主に損害を及ぼすとき（会社法116①）	反対株主（公正な価格）	会社
④ 株式併合により単元未満株式を生じる株主（会社法182の4）	反対株主（端株になる株のみ対象）（公正な価格）	会社
⑤ 会社が事業譲渡を行う場合（会社法469）	反対株主（公正な価格）	会社

⑥ 吸収合併・吸収分割・株式交換 （会社法785、797）	反対株主（公正な価格）	会社
⑦ 新設合併・新設分割・株式移転 （会社法806）	反対株主（公正な価格）	会社
⑧ 単元未満株主の株式買取請求権 （会社法192） （単元未満株式は会社からの売渡 請求もある（会社法194））	単元未満株主 （いつでも） （両者が協議する価格）	会社

2　株式買取請求の手続きと注意点

1　会社の行為に反対する株主について（図表2-11②～⑧）

会社の行為に反対する株主は、次の手続きを行います。

① 株主が株主総会に先立ち、当該行為に反対する旨を会社へ通知する。

② 株主は株主総会で議案に反対する。

③ 会社へ株式買取の請求をする。

　＊会社の各行為の効力発生日の20日前から前日までの間

　＊その買取請求に係る株式の種類・数を明示する

④ 会社は株主から適正な価格で買い取る必要が発生するため、買取価格を協議する（効力発生日から30日以内）。

⑤ 協議が成立しなかったら、裁判所に対して株式買取価格決定の申立て（効力発生の期間満了日から30日以内）。

2　株主が買取請求を撤回できる場合

　株主が会社に株式を買取請求した後に、取り消すことができるのは次の場合になります。

＊会社の承諾を得た場合

＊会社の効力発生日から30日以内に協議が調わない場合において効力発生の期間満了日から30日以内（原則60日以内）に裁判所に対する価格決定の申し立てが行われなかった場合（会社法117③、470③、786③、798③、807③）

3 会社が買取をする場合

株式買取請求権は、会社にとっては自己株式の買取となるため、**7**の譲渡制限株式の会社の買取の場合と同じく、会社法が定める分配可能額の範囲内でなければなりません（会社法446①）。この場合、譲渡制限株式と異なり、買取人は会社のみとなるため、反対株主は株式買取請求権を行使できないこともあります。

③ 株式買取請求権の分散株式でのポイント

会社の重要な意思決定に少数株主が反対しても株主総会の決議が可決された場合には、その決議に反対する株主からの株式買取請求が起こる事があります。このような状況では法律行為として複雑な手続きになるために、反対する株主側も代理人弁護士が係わってくることも多く、短期間ではなかなか終わらず、時間と手間とお金もかかってきます。

知識9　会社法による時価、公正な価格と一切の事情を考慮した価格等

1　株式の譲渡価格の時価

　株式の譲渡価格は原則として売買当事者が合意した時価になりますが、この本で検討するには2つのポイントがあります。まず、1つ目は分散株式を整理するための株式の売買は法律行為となりますが、同族会社並びに同族関係者が当事者になった場合に税法や財産評価基本通達等によった株式の価格をまずは検討しなくてはならない点です。この点は税理士も顧問先のオーナー経営者からご相談を受けた場合に税法上の株価を意識したアドバイスをされると思います。

　2つ目のポイントは分散株式を整理するために株主からの株式譲渡あるいは買取請求が法律行為となっても、1つ目のポイントのように、株式の売買や買取請求の「当事者間」が「合意」すれば、税法による株価を時価とすることもできます。

　しかし、合意ができなかった場合に裁判所に価格決定の申立てをされると、後述する「資産状態その他一切の事情を考慮した価格」や「公正な価格」による価格決定されるようになります。これらの最近の裁判例で裁判所の価格決定になると税法で計算された株価はあまり認められなくなりました。オーナー経営者にとっては、相続税や贈与税を申告する場合に利用する税務上で計算された株価でも高すぎると思われます。さらに、同族の個人株主の株式の売却によ

る譲渡所得や法人株主の株式の売却に利用される通達による株価は相続・贈与による税制上の株価より高くなりやすいです。そして、裁判所が決定した価格の方がこれらの税務上で計算された価格より高くなる傾向にあります。

　税法による株価計算は財産評価基本通達によれば、誰が計算しても原則として同じ結果で計算される仕組みとなっていますが、裁判所の価格決定でよく利用される企業価値評価による株価算定は色々な評価方法があるため、株価算定する者の判断により、結果として、色々な計算結果になる傾向があります。

　　裁判所は、次の場合には株式会社の資産状態その他一切の事情を考慮しなければならない
＊会社法第144条第3項　　　譲渡制限株式の買取請求
＊会社法第177条第3項　　　相続人等に対する売渡請求
＊会社法第193条第2項3　　単元未満株式の買取価格の決定
＊会社法第194条第4項　　　単元未満株主の売渡請求

　また、次のケースでは、反対株主は、株式会社に対し、自己の有する当該各号に定める株式を公正な価格で買い取ることを請求することができます。

＊会社法第107条第1項第1　全部の株式を譲渡制限株式とする定款の変更
＊会社法第108条第1項第4　種類株式を譲渡制限株式とする定款の変更
＊会社法第108条第1項第7　種類株式を全部取得するとする定款の変更
＊会社法第116条第3項　　　種類株主が損害を及ぼす恐れがあるとき（株式併
　　　　　　　　　　　　　　合・分割、株式無償割り当て、単元株式数の定款
　　　　　　　　　　　　　　変更等）
＊会社法第172条第1項　　　全部取得条項付種類株式の取得に反対する株主
＊会社法第469条第2項（事業譲渡等）、765条1項（吸収合併等）、806条2（新
　　　　　　　　　　　　　　設合併等）に反対する株主

知識10　登記事項：登記の手続き、公告、通知、公正証書原本不実記載等罪

1　登記事項

　登記事項（登記すべき事項）とは、商業登記法などにより登記すべき事項として定められているものをいいます。つまり、登記事項証明書（会社謄本）に商号、本店、目的、発行済株式の総数、資本金の額、役員などが記載されています。会社謄本又は登記簿謄本は登記事項証明書と同じものですが、今の正式名称としては登記事項証明書となります。

　登記は公示のための制度であり、登記事項証明書（会社謄本）は誰でも取得して内容を確認することができます。

　一方、株式会社の根本規則である定款は株式会社の内部的な定めであり、そのすべてが登記事項証明書（会社謄本）に記載されるわけではありません（定款記載事項の一部は登記事項証明書に記載されています）。例えば、役員の任期、決算期（事業年度）などは登記事項ではなく、定款変更をして役員任期や決算期を変更しても登記申請をする必要がありません（そもそも登記事項でなければ登記はできません）。

　株式会社の株主及び債権者は、株式会社に対して定款の閲覧請求をすることができます（会社法31）。しかし、株式会社とこれから取引予定の者や、融資をする金融機関などは定款の閲覧請求をする権利はなく、会社に定款の提出を任意で求めることになります。どちらにしても会社は最新内容の定款を準備しておく

必要があります。

2 公告

　公告とは、ある事項を広く一般の人に知らせることをいい、公告をするべき
ケースが法令で義務づけられています。

　株式会社の行う公告には、2つの方法があって、1つ目は合併公告、資本金
の額の減少公告、解散公告のように会社法で「官報」に掲載することが定められ
ているものと、2つ目は決算公告、株券提供公告、基準日設定公告などのよ
うに、「官報」「時事に関する事項を掲載する日刊新聞」又は「電子公告」のい
ずれかに掲載するものがあります。後者の公告方法は定款記載事項であり、登
記事項証明書（会社謄本）の記載事項にもなっています。

3 通知

　通知とは、公告と同じようにある事項（事実、処分、意思等）を知らせるも
のですが、公告とは異なり特定の人に知らせるものになります。

　会社法には、取締役から株主への通知、株式会社から株主への通知、など多
くの通知に関する規定が定められています。

4 催告

　催告とは、相手方（株主や債権者）に対して一定の行為をすることを請求す
るものです。会社法には、会社から株主への催告、会社から債権者への催告な
ど多くの催告に関する規定が定められています。

60　　10　知識10　登記事項：登記の手続き、公告、通知、公正証書原本不実記載等罪

5 公正証書原本不実記載罪

　公正証書原本不実記載罪とは、公務員に対し虚偽の申立てをして、登記事項証明書（会社謄本）、戸籍簿その他の権利・義務に関する公正証書の原本に不実の記載をさせる犯罪、あるいは権利・義務に関する公正証書の原本として用いられる電磁的記録に不実の記録をさせる犯罪です（刑法157①）。

　ここでの公正証書原本不実記載罪としては、公務員である法務局の登記官に対し虚偽の申立てをして、公正証書の原本又はその電磁的記録に不実の記載をさせることです。

　この典型例は架空増資登記や議事録や辞任届を偽造した役員選任（退任）登記などがあります。

　公正証書原本不実記載罪は、未遂も罰せられます（刑法157③）。

6 過料（かりょう）

　会社法第915条には、登記事項に変更が生じたときは、2週間以内に、その本店の所在地において、変更の登記をしなければならないと規定されています。

　そして、2週間以内に登記申請をしないことは登記懈怠となり、過料の対象となります（会社法976①）。なお、過料は、罰金や科料（かりょう）のような刑罰ではなく、行政罰であり行政上の義務違反に対して科せられるものです。

　登記官は、登記懈怠により過料に処せされるべき者を知ったときは、遅滞なく、その事件を申請義務者である会社代表者の住所地を管轄する地方裁判所に通知しなければなりません（商業登記法規則第118条）。その通報を受けた裁判所は、相当であると認めるときは、当事者の弁解等陳述を聴かないで直ちに過料の裁判をすることができることになっています（非訟事件手続法122①）。

　ただし、実務的には2週間以内に登記申請をしない会社が必ず過料の制裁を

受けるわけではありません。例えば、役員変更登記の申請を失念し、1年経って登記申請をして、登記懈怠の過料の通知が来る場合もあれば来ない場合もあります。実際のところ、どのような基準となっているのか明確ではありませんが、地域により運用に差もあるではないかと言われています。

　なお、過料の通知は裁判所から代表取締役等の会社代表者個人の住所に送られてきます。会社には送られて来ませんので、過料のリスクがある場合は、代表取締役への報告もしておいた方が無難です。

　過料を避けるためにも、登記事項に変更が生じた時には2週間以内に、もしやむなく遅れても可及的速やかに登記申請をするように心がけてください。

知識11　財源規制：配当、分配可能額

1　配当と分配可能額

1　配当とは何か？

1で説明しました「自益権」のうちの一つが剰余金の配当請求権（会社法453）であり、株主は会社が営利を目的とした活動により得た利益から配当を受ける権利があります。また、会社は原則、株主総会の決議により、剰余金の配当ができます（会社法454）。また、取締役会設置会社は定款に定めがある場合には取締役会の決議によって中間配当をすることもできます（会社法454⑤）。

会社法により、利益の配当だけでなく、資本も手続きを踏むことで剰余金として配当を行うことができるようになりました。この剰余金の配当の原資は、その他資本剰余金と利益剰余金になります。

2　配当における分配可能額とは何か？

株主は出資した範囲で責任を負うことになりますが、もし、配当により会社財産が流出していくと、会社が負うべき債務の支払いが滞ることがあるかもしれません。会社法では債権者の保護を目的として、剰余金の配当は分配可能

額を超えてはならないと規定されています（会社法461）。

（1）分配可能額の計算方法

分配可能額は条文を読むとなかなか複雑です。検討しなくてはならない会社が次の項目にチェックして該当するかどうかを確認してください。

＜チェック項目＞

Yes	No		項　目
		①	最終事業年度の末日に自己株式を所有してますか？
		②	最終事業年度の末日以降に自己株式の処分しましたか？
		③	最終事業年度の末日以降に資本金の減少しましたか？ →資本金から剰余金の振替
		④	最終事業年度の末日以降に自己株式の処分しましたか？ →準備金から剰余金の振替
		⑤	最終事業年度の末日以降に自己株式の消却しましたか？
		⑥	最終事業年度の末日以降に剰余金の配当がありますか？
		⑦	最終事業年度の末日にのれん又は繰延資産がありますか？
		⑧	最終事業年度の末日にその他有価証券差損額がありますか？
		⑨	最終事業年度の末日に土地差損額がありますか？
		⑩	最終事業年度の末日に（純資産額－剰余金）が300万円未満ですか？
		⑪	最終事業年度の末日後に組織再編を実施しましたか？
		⑫	最終事業年度の末日以降にその他資本取引がありましたか？

① 以上の表にすべてNOである場合の分配可能額

分配可能額

＝最終事業年度の末日のその他資本剰余金$^{(※1)}$の額＋その他利益剰余金$^{(※2)}$の額

※1：その他資本剰余金とは、資本金及び資本準備金以外の資本剰余金をいいます
※2：その他利益剰余金とは、任意積立金と繰越利益積立金をいいます

非公開会社のオーナー企業の場合に、資本取引、自己株式の保有や中小企業会計基準により会計処理を行っていなければ、ほとんどの会社がチェック項目がNOとなる①のケースと考えられます。

② 以上の表に１個でもYes がある場合の分配可能額

分配可能額は次のように計算しますが、複雑なため、注意が必要です。

（加算）＋	①	最終事業年度末日における剰余金の額
	②	最終事業年度末日後の自己株式処分損益
	③	最終事業年度末日後の減資差益
	④	最終事業年度末日後の準備金減少差益
（減算）－	⑤	最終事業年度末日後の自己株式消却額
	⑥	最終事業年度末日後の剰余金の配当額
	⑦	法務省令で定める各勘定科目に計上した額の合計額（※1）
差し引き	⑧	分配時点における剰余金の額
（減算）－	⑨	分配時点の自己株式の帳簿価額
	⑩	事業年度末日後に自己株式を処分した場合の処分対価
	⑪	その他法務省令で定める額（※2）
差し引き	⑫	分配可能額

※1：会社計算規則第150条に定める事項を調整します。
　1）最終事業年度末日後の剰余金から資本金の額又は準備金への振替額
　2）最終事業年度末日後に剰余金の配当を実施した場合の準備金積立額
　3）最終事業年度末日後に吸収型再編行為を実施した場合に処分する自己株式の処分差額
　4）最終事業年度末日後に吸収分割又は新設分割を実施し剰余金の額を減少した場合の当該剰余金減少額
　5）最終事業年度末日後に吸収型再編受入行為を実施した場合のその他資本剰余金及びその他利益剰余金の増減額
※2：会社計算規則第158条に定める事項を調整します。

1）最終事業年度の末日におけるのれん等調整額。
2）最終事業年度の末日における貸借対照表のその他有価証券評価差損
3）最終事業年度の末日における貸借対照表の土地再評価差損
4）株式会社が連結配当規制適用会社であるときの連結配当規制控除額。
5）2回以上臨時計算書類（株主総会承認済）を作成した場合の直前臨時決算年度以外の臨時損益計算書の損益計算書に計上された純利益等
6）剰余金の配当後に純資産が3百万円を下回る場合の資本金及び準備金等の調整額
7）臨時決算期間中の吸収型再編受入行為又は特定募集に際して処分する自己株式の対価の額
8）最終事業年度の末日後に不公正発行に伴う支払義務の履行により増加したその他資本剰余金の額及び最終事業年度がない株式会社が成立の日後に自己株式を処分した場合における当該自己株式の対価の額
9）最終事業年度末日後に株式会社が自己株式を取得対価として該株式会社の株式を取得した場合における、当該取得した株式の帳簿価額から当該取得した株式の株主に交付する自己株式以外の財産の帳簿価額を減じた額
10）最終事業年度の末日後の吸収型再編受入行為又は特定募集に際して処分する自己株式の処分対価の額

3　分配可能額における違法配当による責任

違法配当とは会社が分配可能額を超えて、配当を行ったことを言います。

①　株主の責任

違法な配当で金銭等の交付を受けた株主は会社に対して、当該金銭等の帳簿価額に相当する金銭の支払いをする義務を負うことになります（会社法462）。

②　役員の責任

違法配当にかかわった業務執行者、議案提案取締役等は、会社に対して連帯して、その金銭等の帳簿価額を支払う責任を負います（会社法462）。

また、株主総会における「違法な配当」の決議に関連して、取締役、会計参与、監査役、執行役又は会計監査人は、その任務を怠ったときは、株式会社に対し、これによって生じた損害を賠償する責任を負います（会社法423）。

違法配当については、上場企業でも粉飾決算を行った場合に違法配当による損害賠償の訴訟がよく見られます。違法配当であることを証明することで、役員や会社に対する責任を追求しやすい方法の一つであることは間違いありません。

2 財源規制

1 分配可能額における財源規制

分配可能額は配当だけを規制していることではなく、会社法第461条では次のように規制されています。

株主に対して交付する金銭等（※1）の帳簿価額の総額は、当該行為がその効力を生ずる日における分配可能額を超えてはならない事項

①	譲渡制限株式の譲渡不承認の場合の自己株式の取得	会社法第138条第1号八、第2号八
②	株主との合意による自己株式の取得	会社法第156条第1項、第163条、第165条第1項
③	株主との合意の都度の決定による自己株式の取得	会社法第157条第1項
④	全部取得条項付種類株式の取得（※2）	会社法第173条第1項
⑤	相続人等に対する売渡しの請求による株式の買取	会社法第176条第1項
⑥	株式を競売する代わりの株式の買取	会社法第197条第3項
⑦	一に満たない端数の処理による株式の買取	会社法第234条第4項、会社法第235条第2項
⑧	剰余金の配当	会社法

※1：金銭等には、当該会社の株式は含まれていません。
※2：当該会社の株式を交付する場合には財源規制にかかりません。

2 分配可能額における財源規制の分散株式のポイント

分散株式を整理する場合には、その手法の中で会社が自己株式を取得するケースが多くなります。その場合の自己株式の取得のうち、ケースによっては分配可能額を超えてはいけないという規制があります。

分散株式を整理する手法を考えていく場合に、分配可能額がいくらになるかをまずは検討しておく必要があります。

　もし、分配可能額を超えて、自己株式を取得した場合には、違法配当と同じように責任を負う必要があります。すなわち、自己株式を譲渡した株主は当該金銭等の帳簿価額（自己株式の譲渡額）に相当する金銭の支払いをする義務を負うことになります。また、会社債権者は直接株主に対して自己株式の譲渡額を自己の債権額の範囲内で支払うように請求できます（会社法463②）。

　この自己株式の取得にかかわった業務執行者、議案提案取締役等は、会社に対して連帯して、その金銭等の帳簿価額（自己株式を取得額とする）を支払う責任を負います（会社法462）。なお、取締役が責任を履行した場合に、求償できるのは悪意（このことを知っていた）の株主に対してのみです（会社法463①）。

　また、株主総会におけるこの決議等に関連して、取締役、会計参与、監査役、執行役又は会計監査人は、その任務を怠ったときは、会社に対し、これによって生じた損害を賠償する責任を負います（会社法423）。

　総株主の同意があれば分配可能額を限度として、支払義務を免除することもできます。

　前述の違法配当のように、自己株式の取得も分配可能額を超えているかを決算書で計算できるために、分散株式を整理する場合にも事前に十分な注意をする必要があります。

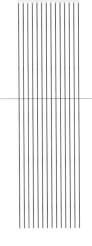

第3章

株式会社の分散した株式を集約する（スクイーズ・アウトの方法）

分散株式を強制的に買い取ることを「スクイーズ・アウト」と記載していますが、最近では平成26年の会社法の改正やそれに応じた平成29年の税制改正により「スクイーズ・アウト」を利用しやすくなったといわれています。この章では、スクイーズ・アウトの方法より、非上場会社でも利用しやすい4つの方法を比較しながら、制度の概要・具体的な手順・少数株主保護の手続き等についての具体的参考例を示して、イメージしやすく説明していきます。

　そして、この章で「スクイーズ・アウト」の手順等を知ることで、非上場会社にとってはその手続きの負担やそのリスクがあることも理解いただきます。最終的には、それぞれの会社が分散株式を検討する場合に、3章のスクイーズ・アウトによる株式の強制的な買取、4章のスクイーズ・アウト以外の方法による任意の株式の集約、あるいは、5章で株式を買い取らずに会社運営のうちから、オーナー経営者が自ら採用する方法を決定しなければなりません。

1 分散した株式の集約方法の比較

　分散した株式を集約する方法を簡単に平成26年会社法の改正を中心とした重要な点から比較をしてみます。

　従前から利用されることがあった「スクイーズ・アウト」の方法には、法的な問題点として情報開示の不十分さや少数株主の権利を害するような事ができる状況だったため、平成26年改正会社法で見直しがされました。また、特別支配株主の株式等売渡請求制度も新設されることとなりました。さらに会社法の整備がされた後に税法においても整備が行われ（ 3 にて詳細を記述)、スクイーズ・アウトによる強制的な分散株式を整理する方法も使いやすくなってきました。

図表 3 - 1　分散株式の集約方法の比較と平成26年改正会社法による影響

方　法		平成26年改正会社法による影響	売却株主の税務	
任意的	株式譲渡	従来からの方法のまま	相対による売買	株式譲渡損益
			自己株式買取	みなし配当+株式譲渡損益
強制的	全部取得条項付種類株式による方法 →株主総会特別決議必要	従来からの方法 →平成26年改正会社法による見直し	自己株式買取	みなし配当+株式譲渡損益 →平成29年税制改正　株式譲渡損益のみ
			金銭給付	株式譲渡損益
	株式併合による方法 →株主総会特別決議必要	従来からの方法 →平成26年改正会社法による見直し	自己株式買取・金銭給付	株式譲渡損益
	相続が発生した個人株主の株式を会社が強制買取する方法 →株主総会特別決議必要	従来からの方法のまま	自己株式買取	株式譲渡損益
	特別支配株主の株式等売渡請求制度 →株主総会特別決議不要	平成26年改正会社法による新しい制度	株主間売買	株式譲渡損益

2 少数株主から強制的に株式を買い取る方法（スクイーズ・アウト）

 スクイーズ・アウトに関する商法・会社法の主な変遷と平成26年会社法の改正点

（1）商法・会社法の主な変遷

平成13年商法改正
　① 株式併合導入

平成18年会社法施行
　① 種類株式の増加による改正（全部取得条項付種類株式）
　② 相続人等に対する株式の売渡請求制度導入

平成26年会社法改正
　① 特別支配株主の株式等売渡請求制度導入
　② 株式併合・全部取得条項付種類株式の見直し

　中小企業がスクイーズ・アウトの方法を選択する場合には経営者やその回りを囲む専門家達が任意の株式の買取等は難しいと判断している時と考えられます。このように任意買取が難しい時に会社法や税法の制度も整備されてきて、会社法によるスクイーズ・アウトの強制買取を利用しやすい状況になってきました。ここでの留意すべき点は、会社法による法的手続きを正しく踏むことで成立するスクイーズ・アウトによって少数株主を排除できるため、法務や税務

第3章　株式会社の分散した株式を集約する（スクイーズ・アウトの方法）　　73

会計の視点から専門家のアドバイスを受けて、会社法や税法の手続きの不備がないように進める必要があります。

（2）最新スクイーズ・アウト手続の概要

手続きの概要の比較は次のとおりです。

スクイーズ・アウト手続の概要			
全部取得条項付種類株式による方法		株式併合による方法	
ステップ1：定款変更の手続き		ステップ1：株式併合による手続き	
（A）	事前検討	（A）	事前検討
（B）	「株主総会」と「普通株主の種類株主総会」を招集する手続き	（B）	株主総会招集する手続き
（C）	株主総会による定款変更 →反対株主による買取請求	（C）	事前開示手続
ステップ2：全部取得条項付種類株式の取得のための手続き		（D）	株主に対する通知・公告
（A）	株主総会招集する手続き	（E）	株主総会による定款変更 →反対株主による買取請求
（B）	事前開示手続	（F）	株式併合する手続き
（C）	株主に対する取得する通知・公告	（G）	事後開示手続
（D）	取得のための株主総会決議		
（E）	取得の手続き		
（F）	事後開示手続		
少数株主保護の手続き		少数株主保護の手続き	

スクイーズ・アウト手続きの概要	
相続人等に対する株式売渡請求による方法	特別支配株主の株式等売渡請求による方法
ステップ1：定款変更の手続き	**ステップ1：特別支配株主の株式等売渡請求の手続き**
（A）事前検討	（A）当別支配株主の事前検討
（B）株主総会招集する手続き	（B）特別支配株主が決定しておくべき事項
（C）株主総会による定款変更	（C）特別支配株主から対象会社へ通知
ステップ2：相続人等に対する株式売渡請求するための手続き	（D）対象会社が承認・不承認を決める
（A）株主総会招集する手続き	（E）対象会社が特別支配株主へ決定内容を通知
（B）売渡請求のための株主総会決議	（F）対象会社が承認した場合に売渡株主へ通知
（C）売渡請求の価格決定	（G）事前開示手続
（D）売渡請求の実施	（H）売渡株式等の取得
	（I）事後開示手続
	少数株主保護の手続き

第3章　株式会社の分散した株式を集約する（スクイーズ・アウトの方法）　75

2 全部取得条項付種類株式による方法

1 制度の内容

（1）全体像

　種類株式のうち「全部取得条項付種類株式」を利用する強制的な買取で分散株式を整理する方法について説明します。

　まずは　次のケース（イ）でこの方法の全体像を確認しましょう。

　オーナーである株主のAは単独で発行済株式総数100株のうち75株を所有しています。Aの妻のBは15株、同族でないCが8株、Dが2株を所有しています。これらの株式は普通株式ですが、「種類株式」を発行できるように定款を変更し、A、B、C、Dが持つ普通株式を「全部取得条項付種類株式」に変更します。そして、このケースでは「全部取得条項付種類株式の15株」と「その他種類株式の1株」を交換します。その場合に、CとDは一に満たない端数の株式を持つことになるため、議決権もなくなってしまうのです。そして、「一に満たない端数の株式」は会社側が競売、売却あるいは自己株式の買取の方法で処分することができるため、CとDは、株主でなくなるようなスキームを作ることができます。

ケース（イ）：全部取得条項付種類株式によるスクイーズ・アウト

株主	普通株式	株式取得前 （全部取得条項付 種類株式に変更）	株式取得後 （全部取得条項付種類 株式15株→他の種類株 式1株とする）	議決権
A	75株	75株	5株	5個
B（Aの妻）	15株	15株	1株	1個
C	8株	8株	0.5333株	0個
D	2株	2株	0.1333株	0個
合計	100株	100株	6.6666株	6個

（2） 手続き前の事前の知識

① 種類株式

第2章2では種類株式を説明しましたが、全部取得条項付種類株式は種類株式の一つで会社が株式の全部を取得することができることを内容とする株式をいいます。この場合、2以上の種類の株式を発行することができる株式会社であることが前提となります。

② 全部取得条項付種類株式制定の経緯

旧商法時代、企業再生等の私的整理の局面で、いわゆる100％減資が行われることがありましたが、株主全員の同意を要するなど決して利用しやすい方法ではありませんでした。そこで、実務界の要請もあり、会社法で株主総会の決議によって、株式の全部を会社が取得することができる全部取得条項付種類株式の制度が制定されました。全部取得条項付種類株式は100％減資の手段に限られているものではなく、MBOやスクイーズ・アウトの手段としても利用されています。全部取得条項付種類株式を利用することで少数株主が1株未満の端株を持つことになりますが、会社法では1株未満の端数が生じるような会社の行為がなされた場合に1株未満の端数となる株式を処分して株主へ代金を金銭で支払いをすることで（会社法234①）スクイーズ・アウトが行われます。また、少数株主は全部取得条項付種類株式に関連する株主総会の決議に反対する時に株式の買取請求を会社へ行うこともできます。

③ 定款の変更

本スキームのためには、種類株式発行会社になる必要があります。そのために、以下の2つの定款変更の決議を行います（第2章5参照）。

　イ　株主総会で種類株式を発行できるように定款変更し、種類株式にはA種類株式、甲種類株式など適宜の名前を付します。本例ではA種類株式とします。A種類株式はスクイーズ・アウトに利用するものなので、その内容にこだわる必要はありませんが、本例では「残余財産分配」に関する種類株式とします。A種類株式を実際に事前に発行しておく必要はありません。

第3章　株式会社の分散した株式を集約する（スクイーズ・アウトの方法）　77

ロ　同じ株主総会で既に発行している普通株式に「全部取得条項」を付して、「全部取得条項付種類株式」とします（イとロは別の株主総会で決議をしても構いません）。

　なお、普通株式に「全部取得条項」を付すためには、別途、「普通株主」による「種類株主総会」が必要になります（会社法111②、324②一）。

④　**取締役会設置会社と取締役会非設置会社の会社経営の意思決定について**

　取締役会設置会社の場合には、会社法に従って取締役会を開催して会社経営の意思決定を行います。取締役会非設置会社の場合には、「取締役が二人以上ある場合には、株式会社の業務は、定款に別段の定めがある場合を除き、取締役の過半数をもって決定する（会348②）」という条文があるので、取締役が二人以上ある場合には、過半数の決定により、「取締役決定書」という書面で記録します。また、取締役が代表取締役1名であれば、当該代表取締役が決定し、「代表取締役決定」という書面で記録します。上記「定款に別段の定め」とは、「要件を過半数より加重する」「株主総会の決議を要する」などと考えられています。

⑤　**一に満たない端数の株式**

　全部取得条項付種類株式のスクイーズ・アウトを利用することになり、少数株主は一に満たない端数の株式を持つことになります（第2章 **2** 参照）。

⑥　**少数株主の権利**

　ケースAの少数株主のCとDは、結果的にスクイーズ・アウトにより株主でなくなりますが、強制的な買取の方法であるために、会社法では少数株主の権利を保護するための規定が整備されています。

　全部取得条項付種類株式については、少数株主の排除とされる株主総会の決議に反対する株主が、会社へ株式を買取請求する場合にみなし配当となるという課税上の課題がありましたが、平成29年税制改正によってみなし配当に該当しなくなりました。

2 具体的な手順と注意点

（1）手続きの概要

全部取得条項付種類株式による方法
ステップ1：定款変更の手続き
（A）　事前検討
（B）　「株主総会」と「普通株主の種類株主総会」を招集する手続き
（C）　株主総会による定款変更 →反対株主による買取請求
ステップ2：全部取得条項付種類株式の取得のための手続き
（A）　株主総会招集する手続き
（B）　事前開示手続
（C）　株主に対する取得する通知・公告
（D）　取得のための株主総会決議
（E）　取得の手続き
（F）　事後開示手続
少数株主保護の手続き

（2）具体的な手順

全部取得条項付種類株式によるスクイーズ・アウトは、2つのステップに別れており、ステップ1「定款変更の手続き」とステップ2「全部取得条項付種類株式の取得のための手続き」です。

まず、ステップ1で全部取得条項付種類株式を設定するためには定款を変更する必要があります。定款の変更ができたら、ステップ2で種類株式を利用しながら、「全部取得条項付種類株式の取得のための手続き」で、少数株主から強制的な買取を実際に実施する手続きとなります。

① ステップ1　定款変更手続

全部取得条項付種類株式による方法	
ステップ1：定款変更の手続き	
（A）	事前検討
（B）	「株主総会」と「普通株主の種類株主総会」を招集する手続き
（C）	株主総会による定款変更 →反対株主による買取請求

（A）事前の検討

この本では非公開のオーナー企業を前提にしていますが、分散株式を整理をするにあたって、強制の買取としての全部取得条項付種類株式による方法を実行する前に、まずは　法律、会計そして税務の視点からシミュレーションを行って、分散株式の整理を行う様々な方法を比較して、分散株式を整理する方法をどの方法にするかを決定しなければなりません。また、法律的な手続きを適時適法に行えるように準備しておく必要もあります。分散株式の整理は会社経営

にとっても重要なことになりますから、この事前検討を十分に行ったうえで、全部取得条項付種類株式の方法を利用するかどうかを決定していきます。

（B）定款変更：「株主総会」と「普通株主の種類株主総会」を招集する手続きと開催

定款変更をするためには株主総会の特別決議が必要です。まずはここで、株主総会を招集する手続きのうち、<u>「株主総会招集手続の機関による手続きの相違点」</u>を検討してみます。

なお、本例では普通株式に「全部取得条項」を付す定款変更決議に関して、普通株主による「種類株主総会」も必要になります。原則として、招集手続きや議事録の作成方法などは、会社法の株主総会の規定が種類株主総会に準用されます。議事録例については図表3-10を参照ください。

【株主総会の開催の手続きの注意点】

＊株主総会招集手続の機関による手続きの相違点

　　会社法が施行されてから、会社の機関はいろいろな形をとっているために、定款に記載されている機関に応じて、株主総会の招集手続きを実施しなくてはなりません。取締役会非設置会社も多くなってきましたので、取締役会設置会社と取締役会非設置会社のケースにおいて、留意するべき事項を記載します。

【補足説明】

　　以下、株主総会を招集するための「図表3-2　取締役会議事録例（例）」と「図表3-3　取締役決定書（例）」を記載します。

　　この「図表3-2」と「図表3-3」は、スクイーズ・アウトのスキームが複雑なため、かなり長い雛形となっていますが次の理由からです。

　　株主総会で「種類株式発行会社となる定款一部変更」と「普通株式に全部取得条項を付す定款一部変更」の2つの定款一部変更決議を行うことが目的のためです。

　　定款変更は株主総会でその賛否を決議されるものですが、会社の業務執行を行う取締役会において事前に定款変更内容を承認しておきます（取締役会

第3章　株式会社の分散した株式を集約する（スクイーズ・アウトの方法）　*81*

議事録と取締役決定書の第1号議案、第2号議案）。その決議を受けて、第3号議案で株主総会の招集議案を決議するという内容になっています。そして、取締役会決議あるいは取締役決定後、株主に招集通知を発送します。

　1つめのポイントは、「普通株式に全部取得条項を付す定款一部変更」については、通常の「株主総会」だけではなく、「普通株主による種類株主総会」の決議も必要となる点です。普通株式に全部取得条項を付されると、普通株主は会社に株式を取得されてしまい株主で無くなる不利益を受ける可能性があります。前議案で、「種類株式発行会社となる定款一部変更」決議をすることで当該会社は種類株式発行会社（内容の異なる2つ以上の種類の株式を発する会社（会社法2十三））になっているので、不利益を受ける可能性のある「普通株主による種類株主総会決議」も必要となります（会社法111②、324②一）。「A種類株式」などと明示していないのでわかりにくいのですが、実は、普通株式も「普通株式」という種類株式の1つとなります（結果として、当該会社は「A種類株式（残余財産配当優先株式）」と「普通株式（全部取得条項付株式）」の2つの種類の種類株式を発行する種類株式発行会社となります）。

　2つめのポイントは、本事例では、「株主総会」と「普通株式による種類株主総会」に出席する株主は全く同一ですので、2つの総会を開催する意味があるのか？ということです。これについては、「普通株式のみを発行している会社では、株主総会の決議のみをもって、普通株主による種類株主総会の決議があったものみなす取扱はできない」とされています。そのため、臨時株主総会と同日で「普通株主による種類株主総会」を開催するために、第3号議案に「臨時株主総会招集」と「普通株主による種類株主総会招集」の2つの総会の開催内容が記載されています。

【取締役会設置会社の場合の注意点】

　取締役会で全部取得条項付種類株式を設定するための定款変更の内容の決定とそれを議案とする株主総会を招集するための取締役会を開催します。

　取締役会設置会社の非公開会社の場合には株主総会の招集通知は書面投票

又は電子投票を定めない場合には原則として1週間前までに書面で発送します。原則として書面には株主総会招集通知と参考書類（さらに書面投票があれば議決権行使書）を送付します（会社法299①②）。

図表3－2　取締役会設置会社の場合の株主総会を招集するための取締役会議事録（例）

取締役会議事録

　平成○○年○○月○○日午前10時00分より当会社本店会議室において取締役会を開催した。
　　取締役の総数　　3名　　出席取締役の数　　3名
　　監査役の総数　　1名　　出席監査役の数　　1名

上記のとおり出席があったので、本取締役会は適法に成立した。
定刻、代表取締役神田太郎は議長となり、開会を宣言し、直ちに議事に入った。

第1号議案　定款一部変更の件
　議長は、種類株式発行会社となるためにA種類株式を発行するため下記のとおり定款の一部を変更したい旨を述べ、議場に諮ったところ、全員異議なくこれを承認可決した。
記
省略

第2号議案　定款一部変更の件
　議長は、普通株式に全部取得条項を付すために下記のとおり定款の一部を変更したい旨を述べ、議場に諮ったところ、全員異議なくこれを承認可決した。
記
省略

第3号議案　臨時株主総会及び普通株主による種類株主総会の招集について
　議長は、臨時株主総会及び普通株主による種類株主総会を下記の要領で招集したい旨を述べ、その賛否を議場に諮ったところ、満場異議なくこれを承認可決した。

記

【臨時株主総会】
　1．日　　時　　平成○○年○○月○○日（○曜日）　午前10時
　2．場　　所　　当社本店会議室
　3．株主総会の目的事項
　第1号議案　定款一部変更の件
　（1）変更の理由
　　　今般、当社が種類株式発行会社となるためにA種類株式を発行するため定
　款の一部を変更するものであります。
　（2）変更の内容
　　　定款変更案の内容は次のとおりであります。
　　　（発行可能株式総数と種類）
　　　第○条　当会社の発行可能株式総数は、4,000株とする。
　　　2．当会社の発行可能種類株式総数は次のとおりとする。
　　　　　　普通株式　　　　　　　　　　　　　3,000株
　　　　　　A種類株式（残余財産配当優先株式）　1,000株
　　　（A種類株式の内容）
　　　第○条の○　当会社の発行するA種類株式（残余財産配当優先株式）の内
　　容は次のとおりとする。
　　　　　　当会社の残余財産を分配するときは、A種類株式を有する株主に対し、
　　　　　普通株式を有する株主に先立ち、A種類株式1株につき1,000円を支
　　　　　払う。

　第2号議案　定款一部変更の件
　（1）変更の理由
　　　既に発行してある普通株式に全部取得条項を付すために定款の一部を変
　更するものであります。
　（2）変更の内容
　　　定款変更案の内容は次のとおりであります。
　　　（全部取得条項）
　　　第○条の○　当会社が発行する普通株式は、株主総会の決議によってそ
　　の全部を取得できるものとする。
　　　2．当会社が前項の規定に従って普通株式の全部を取得する場合、普通
　　株式の取得と引換えに、普通株式1株につきA種類株式を15分の1株の割
　　合をもって交付する。

【普通株主による種類株主総会】

84　　② 少数株主から強制的に株式を買い取る方法（スクイーズ・アウト）

1．日　　時　　平成○○年○○月○○日（○曜日）　午前11時頃
　　　※普通株主による種類株主総会は臨時株主総会終了後に開催いたします。
2．場　　所　　当社本店会議室
3．株主総会の目的事項
決議事項
議　　案：　定款一部変更の件
（1）変更の理由
　　既に発行してある普通株式に全部取得条項を付すために定款の一部を変更するものであります。
（2）変更の内容
　　定款変更案の内容は次のとおりであります。
　（全部取得条項）
　　第○条の○　当会社が発行する普通株式は、株主総会の決議によってその全部を取得できるものとする。
　　2．当会社が前項の規定に従って普通株式の全部を取得する場合、普通株式の取得と引換えに、普通株式1株につきA種類株式を15分の1株の割合をもって交付する。

　以上をもって本取締役会の議案を終了したので、議長は閉会を宣言し、午前10時30分散会した。
　上記決議を明確にするため、この議事録を作り、出席取締役及び出席監査役がこれに記名押印する。

平成○○年○○月○○日
　　株式会社清文商事　取締役会
　　　　　　　　　　　　　　　　議　　　長
　　　　　　　　　　　　　　　　代表取締役　神田 太郎　　印
　　　　　　　　　　　　　　　　出席取締役　神田 花子　　印
　　　　　　　　　　　　　　　　出席取締役　神田 三郎　　印
　　　　　　　　　　　　　　　　出席監査役　山田 四郎　　印

【取締役会非設置会社の場合の注意点】
　全部取得条項付種類株式を設定するための定款変更の内容を取締役が決定することになります。

第3章　株式会社の分散した株式を集約する（スクイーズ・アウトの方法）　　*85*

取締役会非設置会社の非公開会社の場合には原則として株主総会の招集通知は株主総会の1週間前までに株主に対して発送する必要がありますが、定款で1週間を下回る期間を定めることができるだけでなく、書面でなく口頭やメール・FAXでの通知でも可能となります（書面投票や電子投票を定めた場合は除く（会社法299①②））。

　このように取締役会非設置会社の場合には招集手続を簡略化することもできますが、分散株式の整理というポイントから、全部取得条項付種類株式発行をするための定款変更は重要な手続きでもあり、招集通知は書面で発送した記録を残しておきましょう。

図表3－3　取締役会非設置会社の場合の株主総会を招集するための取締役決定書（例）

取締役決定書

　平成○○年○○月○○日午前11時00分より当社本店において、取締役全員の一致をもって、次の事項につき可決確定した。

　第1号議案　定款一部変更の件
　　議長は、種類株式発行会社となるためにA種類株式を発行するため下記のとおり定款の一部を変更したい旨を述べ、議場に諮ったところ、全員異議なくこれを承認可決した。
記
省略

　第2号議案　定款一部変更の件
　　議長は、普通株式に全部取得条項を付すために下記のとおり定款の一部を変更したい旨を述べ、議場に諮ったところ、全員異議なくこれを承認可決した。
記
省略

　第3号議案　臨時株主総会及び普通株主による種類株主総会の招集について
　　議長は、臨時株主総会及び普通株主による種類株主総会を下記の要領で招集したい旨を述べ、その賛否を議場に諮ったところ、満場異議なくこれを承

86　　②　少数株主から強制的に株式を買い取る方法（スクイーズ・アウト）

認可決した。

記

【臨時株主総会】

　１．日　　　時　　平成○○年○○月○○日（○曜日）　午前10時
　２．場　　　所　　当社本店会議室
　３．株主総会の目的事項
　第１号議案　定款一部変更の件
　（１）変更の理由
　　今般、当社が種類株式発行会社となるためにA種類株式を発行するため定
款の一部を変更するものであります。
　（２）変更の内容
　　定款変更案の内容は次のとおりであります。
　　（発行可能株式総数と種類）
　　第○条　当会社の発行可能株式総数は、4,000株とする。
　　２．当会社の発行可能種類株式総数は次のとおりとする。
　　　　普通株式　　　　　　　　　　　　　3,000株
　　　　A種類株式（残余財産配当優先株式）　1,000株
　　（A種類株式の内容）
　　第○条の○　当会社の発行するA種類株式（残余財産配当優先株式）の内
容は次のとおりとする。
　　　　当会社の残余財産を分配するときは、A種類株式を有する株主に対し、
　　　　普通株式を有する株主に先立ち、A種類株式１株につき1,000円を支
　　　　払う。

　第２号議案　定款一部変更の件
　（１）変更の理由
　　既に発行してある普通株式に全部取得条項を付すために定款の一部を変
更するものであります。
　（２）変更の内容
　　定款変更案の内容は次のとおりであります。
　　（全部取得条項）
　　第○条の○　当会社が発行する普通株式は、株主総会の決議によってそ
の全部を取得できるものとする。
　　２．当会社が前項の規定に従って普通株式の全部を取得する場合、普通
株式の取得と引換えに、普通株式１株につきA種類株式を15分の１株の割
合をもって交付する。

【普通株主による種類株主総会】

1. 日　　時　　平成○○年○○月○○日（○曜日）　午前11時頃
　　　※普通株主による種類株主総会は臨時株主総会終了後に開催いたします。
2. 場　　所　　当社本店会議室
3. 株主総会の目的事項
決議事項
議　　案：定款一部変更の件
（1）変更の理由
　　既に発行してある普通株式に全部取得条項を付すために定款の一部を変更するものであります。
（2）変更の内容
　　定款変更案の内容は次のとおりであります。
　（全部取得条項）
　　第○条の○　当会社が発行する普通株式は、株主総会の決議によってその全部を取得できるものとする。
　　2．当会社が前項の規定に従って普通株式の全部を取得する場合、普通株式の取得と引換えに、普通株式1株につきA種類株式を15分の1株の割合をもって交付する。

　　以上をもって決議事項全部を終了したので、午前11時15分散会した。
　　上記の決定を明確にするため、この決定書を作成し、出席取締役全員が次に記名押印する。

平成○○年○○月○○日
　　株式会社清文商事

　　　　　　　　　　　　　　　出席取締役　神田 太郎　　印
　　　　　　　　　　　　　　　出席取締役　神田 花子　　印
　　　　　　　　　　　　　　　出席取締役　神田 三郎　　印

（C）株主総会による定款変更

【株主総会開催の注意点】

　　定款変更のための株主総会の注意点は次のようになります。

＊特別決議

　　定款変更のための株主総会の決議は特別決議（第2章 5 参照）になりま

88　　②　少数株主から強制的に株式を買い取る方法（スクイーズ・アウト）

す。

＊株主総会の重要な議題について

　株主総会の招集通知では、重要な議題（会社法施行規則63⑦）について
は議案だけでなく、その議案の要領（内容）を具体的にも記載することが
必要となります。「全部取得条項付種類株式を設定するための定款変更」
は重要な議題となります。

＊基準日の設定について

　定款の変更が臨時株主総会決議となる場合、公開会社であれば基準日の
設定が必要です。ところが、非公開企業である中小企業では株主の異動が
ほとんどなく、臨時株主総会の招集でも基準日を設定しないケースもあり
ます。

＊株主総会の開催について

　株主総会の開催も法令どおりにきちんと実施します。少数株主の権利に
影響する全部取得条項付種類株式を定める定款変更であり、株主総会の議
案としても重要性が高く特別決議を必要とします。実際に手続きの問題か
ら株主総会決議の無効・取消・不存在となるような判例もたくさんありま
すので、法律の専門家のアドバイスを聞き、少数株主の動向を確認した上
で法令どおりに株主総会を開催するようにしてください。

図表3－4　全部取得条項付種類株式のための定款変更の株主総会議事録(例)

臨時株主総会議事録

　平成○○年○○月○○日午前10時30分より、当社本店において臨時株主総会
を開催した。

株主の総数	4名
発行済株式の総数	100株
議決権を行使できる株主の数	4名
議決権を行使できる株主の議決権の数	100個
出席株主の数	4名
出席株主の議決権の数	100個

出席役員
　　取締役　神田太郎、神田花子、神田三郎
　　監査役　山田四郎
　　議長兼議事録作成取締役　　取締役　神田太郎

議事の経過の要領及びその結果
　定刻、定款の規定に基づき代表取締役神田太郎は議長席に着き、開会を宣し、本日の出席株主数及びその議決権の数等を報告、本株主総会のすべての議案を審議できる法令及び定款上の定足数を満たしている旨を述べ、直ちに議事に入った。

　第1号議案　定款一部変更の件
　　議長は、下記のとおりA種類株式を発行するため定款一部変更を行いたい旨を説明し、その承認を議場に諮ったところ、出席株主の議決権の3分の2以上の賛成をもって原案どおり承認可決した。なお、既に発行されている株式は普通株式とする。
記

（発行可能株式総数と種類）
第〇条　当会社の発行可能株式総数は、4000株とする。
2．当会社の発行可能種類株式総数は次のとおりとする。
　　　普通株式　　　　　　　　　　　　　3000株
　　　A種類株式（残余財産配当優先株式）　1000株
（A種類株式の内容）
第〇条の〇　当会社の発行するA種類株式（残余財産配当優先株式）の内容は次のとおりとする。
　　　当会社の残余財産を分配するときは、A種類株式を有する株主に対し、普通株式を有する株主に先立ち、A種類株式1株につき1000円を支払う。

　第2号議案　定款一部変更の件
　　議長は、定款の一部を下記のとおり変更したい旨を説明し、その承認を議場に諮ったところ、出席株主の議決権の3分の2以上の賛成をもって原案どおり承認可決した。
記

（全部取得条項）
第〇条の〇　当会社が発行する普通株式は、株主総会の決議によってその全部を取得できるものとする。
2．当会社が前項の規定に従って普通株式の全部を取得する場合、普通株式

の取得と引換えに、普通株式１株につきＡ種類株式を15分の１株の割合をもって交付する。

　以上をもって本日の議案が終了したので、議長は閉会を宣言し、午前11時に散会した。
　上記決議を明確にするため、本議事録を作り、議長及び出席取締役がこれに記名押印する。

平成○○年○○月○○日
　　　株式会社清文商事　臨時株主総会
　　　　　　　　　　　　　　議　　　長
　　　　　　　　　　　　　　代表取締役　　神田 太郎　　　　印
　　　　　　　　　　　　　　出席取締役　　神田 花子　　　　印
　　　　　　　　　　　　　　出席取締役　　神田 三郎　　　　印

注：普通株主による種類株主総会議事録は、図表３-10を参照ください。

【少数株主の権利の保護の規定】

　株主が、株主総会の議案に反対することもありますが、会社運営にとっては重要な「定款変更」については、少数株主の権利保護をするために反対する株主の株式買取請求が認められています。

＊買取請求を行うことのできる株主（会社法116①二）

　・株主議決権のある株主のうち次の株主

　　全部取得条項付種類株式を定める定款変更を決議する株主総会に先立って、定款変更に反対する旨を発行会社に通知するとともに実際に株主総会で取得に反対した株主

　・株主議決権を行使できない株主（単元未満株主、一に満たない端数株式を持つ株主、基準日以後に取得した株主）

＊買取請求の申立期間

　少数株主の会社への申立期間は効力発生日の20日前から効力発生日の前日までになります（会社法116⑤）。この定款変更の効力発生日が株主総会の決議日となれば、反対株主は定款変更が議題となることを知ってから、

短期間で会社へ株式買取請求の申立てを行わなければなりません。

② ステップ2　全部取得条項付種類株式の取得のための手続き

　ステップ1で、定款の変更が終わり、全部取得条項付種類株式が定められました。次に、ステップ2で「全部取得条項付種類株式の取得のための手続き」として種類株式を利用しながら、少数株主から強制的な買取を実施していく手続きを行います。

全部取得条項付種類株式による方法	
ステップ2：全部取得条項付種類株式の取得のための手続き	
（A）	株主総会招集する手続き
（B）	事前開示手続
（C）	株主に対する取得する通知・公告
（D）	取得のための株主総会決議
（E）	取得の手続き
（F）	事後開示手続
少数株主保護の手続き	

図表3-5　全部取得条項付種類株式の取得の手続きの流れ（例）
→④の手続きと手順（102ページ）のケース

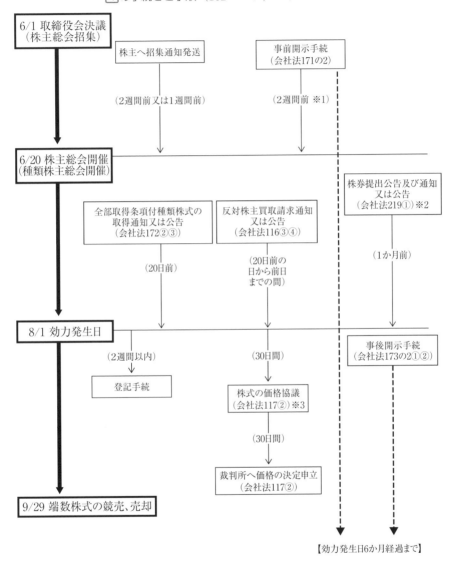

※1：～株主総会開催2週間前より先に全部取得条項付種類株式の取得通知又は公告を行った際は、当該日より備え置き。
※2：～株券発行会社でかつ、現に株券発行している場合のみ。
※3：～価格協議が整わない場合は、裁判所へ価格の決定申立をする。

第3章　株式会社の分散した株式を集約する（スクイーズ・アウトの方法）　93

（A）株主総会招集する手続き

　　株主総会の招集のための手続きは前述のステップ１（B）をご参照ください。

（B）事前開示手続（会社法171の２、会社法施行規則33の２）　→　平成26年会社法改正により追加）

　　全部取得条項付種類株式を取得する会社は次の【事前開示の期限】までに【事前に開示するべき内容】の書面を本店に備え置くことが要求されます。これは、改正前は全部取得条項付種類株式の取得に当たっての情報開示が不十分であることが指摘されていたために、キャシュアウトで利用されることを考慮して、事前開示手続と事後開示手続が平成26年会社法で追加されたものです。

【事前開示手続の期限】

　　開始：株主総会開催の２週間前　又は

　　　　　通知・公告の日のいずれか早い日"

　　終了：取得日後６か月を経過する日まで

【事前に開示するべき内容】

　　事前に開示するべき事項は次のとおりになります。

＊会社法第171条第１項に記載される事項（抜粋）
（当該株主総会で決議するべき事項）
　一　全部取得条項付種類株式を取得するのと引換えに金銭等を交付するときは、当該金銭等（以下この条において「取得対価」という。）についての次に掲げる事項
　　イ　当該取得対価が当該株式会社の株式であるときは、当該株式の種類及び種類ごとの数又はその数の算定方法
　　ロ　当該取得対価が当該株式会社の社債（新株予約権付社債についてのものを除く。）であるときは、当該社債の種類及び種類ごとの各社債の金額の合計額又はその算定方法
　　ハ　当該取得対価が当該株式会社の新株予約権（新株予約権付社債に付されたものを除く。）であるときは、当該新株予約権の内容及び数又はその算定方法
　　二　当該取得対価が当該株式会社の新株予約権付社債であるときは、当該

94　　② 少数株主から強制的に株式を買い取る方法（スクイーズ・アウト）

新株予約権付社債についてのロに規定する事項及び当該新株予約権付社
　　債に付された新株予約権についてのハに規定する事項
　ホ　当該取得対価が当該株式会社の株式等以外の財産であるときは、当該
　　財産の内容及び数若しくは額又はこれらの算定方法
二　前号に規定する場合には、全部取得条項付種類株式の株主に対する取得
　対価の割当てに関する事項
三　株式会社が全部取得条項付種類株式を取得する日（以下この款において
　「取得日」という。）

＊会社法施行規則第33条の2に記載される事項（抜粋）
　一　取得対価（法第171条第1項第1号 に規定する取得対価をいう。以下こ
　　の条において同じ。）の相当性に関する事項
　二　取得対価について参考となるべき事項
　三　計算書類等に関する事項
　四　備置開始日（法第171条の2第1項 各号に掲げる日のいずれか早い日を
　　いう。第4項第1号において同じ。）後株式会社が全部取得条項付種類株式
　　の全部を取得する日までの間に、前3号に掲げる事項に変更が生じたとき
　　は、変更後の当該事項

　以上のような法律の条文では難しい記載に思えますが、図表3-6のような
書面にすると少しわかりやすくなります。ここでは詳細な記載は省略してある
ことをあらかじめお断りして、次の書面の参考例をご覧ください。

図表3-6　全部取得条項付種類株式の取得に係る事前開示書類（例）

　　　　　　　　全部取得条項付種類株式の取得に係る事前開示書類

　　　　　　　　　　　　　　　　　　　　　　　平成○○年○○月○○日
　　　　　　　　　　　　　　　　　　　　　　　株式会社清文商事
　　　　　　　　　　　　　　　　　　　　　代表取締役　神田太郎

　当社は、平成○○年○○月○○日開催の取締役会において、平成○○年○○
月○○日開催予定の臨時株主総会において、全部取得条項付種類株式の全部取
得議案を付議することを決議しました。

第3章　株式会社の分散した株式を集約する（スクイーズ・アウトの方法）　　*95*

会社法第171条の２第１項及び会社法施行規則第33条の２に定める事前開示事項は下記のとおりです。

記

1．全部取得条項付種類株式を取得するのと引換えに交付する金銭など（会社法第171条第１項に掲げる事項）
　　① 普通株主に対して、その保有する普通株式１株の取得と引換えに、Ａ種類株式を15分の１株の割合をもって交付する。
　　② 取得日　　平成○○年○○月○○日
2．取得対価の相当性に関する事項（会社法第171条の２第１項、会社法施行規則第33条の２第１項第１号）
＜記載省略＞
3．取得対価について参考となるべき事項（会社法第171条の２第１項、会社法施行規則第33条の２第１項第２号）
＜記載省略＞
4．計算書類等に関する事項（会社法第171条の２第１項、会社法施行規則第33条の２第１項第３号）
＜記載省略＞
5．備置開始日後における変更事項（会社法第171条の２第１項、会社法施行規則第33条の２第１項第４号）
　　なし

以上

　また、実際に書面に記載される「相当性に関する事項」など内容はかなり難しく、専門家の力を借りて作成しないと記載できない箇所もあります。

（Ｃ）株主に対する取得する通知・公告（会社法172②③）→平成26年会社法改正により追加

　株式会社は、取得日の20日前までに、全部取得条項付種類株式の株主に対し、当該全部取得条項付種類株式の全部を取得する旨を通知又は公告しなければなりません。

　この手続きを行うことで後述の株主の全部取得条項付種類株式の取得価格の決定の申立て（3(1)参照）の準備を行うことができます。

図表 3 - 7　会社からの種類株式の取得に関する通知（例）

普通株式（全部取得条項付種類株式）取得に関する通知

平成○○年○○月○○日

普通株主　各位

東京都千代田区内神田 8 - 8 - 8
株式会社清文商事
代表取締役　神田　太郎

拝啓　ますますご清栄のこととお慶び申し上げます。
　当社は、平成○○年○○月○○日開催の臨時株主総会において、同年○○月○○日付けで普通株式（全部取得条項付種類株式）の全部を取得することを決議いたしますので、会社法第172条第 2 項の規定に従いましてご通知いたします。

敬具

（D）取得のための株主総会決議（会社法171①）

【株主総会の開催のポイント】

＊決議事項

　　決議すべき内容は（B）の事前開示手続に記載された事項と同じであり、会社法第171条第 1 項に記載される次の事項です。

・取得対価の株式の価額及び数又はその数の算定方法

・取得対価の割当に関する事項

・取得日

＊取締役の説明義務

　　取締役は、この株主総会において全部取得条項付種類株式の全部を取得することを必要とする理由を説明しなければなりません（会社法171③）。

（E）取得の手続き

【取得の手続きのポイント】

　　株主総会決議で、全部取得条項付種類株式を取得する日を決定します。会社法ではこの株主総会から株式取得日までの期間は特に規定されていませ

ん。また、会社は取得日に株主総会で決議された対価の支払方法で株主から全部取得条項付種類株式を取得します。

株券発行会社の場合は全部取得条項付種類株式の取得日までに当該株券発行会社に対し株券を提出しなければならない旨を株券提出日の1か月前までに公告し、かつ、当該株式の株主及びその登録株式質権者には、各別にこれを通知します（会社法219①三）。

当該株式の全部について株券を発行していない場合は、当該株式の株主及びその登録株式質権者へ通知及び公告はする必要ありません。

【取得後の少数株主：一に満たない株式の端数の処理】

②①（1）に記載している次の表のCとDの株主に対する手続きとなります。

ケース（イ）：全部取得条項付種類株式によるスクイーズ・アウト

株主	普通株式	株式取得前 （全部取得条項付 種類株式に変更）	株式取得後 （全部取得条項付種類 株式15株→他の種類株 式1株とする）	議決権
A	75株	75株	5株	5個
B（Aの妻）	15株	15株	1株	1個
C	8株	8株	0.5333株	0個
D	2株	2株	0.1333株	0個
合計	100株	100株	6.6666株	6個

会社法により端株制度がなくなったため、全部取得条項付種類株式の取得により端数が生じる場合には次の2つの処理方法があります（会社法234）。

＊競売あるいは売却による売却代金の分配

その端数の合計数（その合計数に一に満たない端数が生ずる場合にあっては、これを切り捨てるものとする）に相当する数の株式を競売し、かつ、その端数に応じてその競売により得られた代金を株主に交付しなければなりません。

市場価格のない株式については裁判所の許可を得て競売以外の方法により、これを売却することができます。

＊会社が株主から自己株式を買取

会社は競売あるいは売却予定の株式の全部又は一部を買い取ることができます。非上場のオーナー経営者にとってはこの方法が一般的です。

（Ｆ）事後開示手続（会社法173の2、会社法施行規則33の3）　←　平成26年会社法改正により追加

会社は、取得日後遅滞なく、次の事項を記載した書面又は電磁的記録を作成して、取得日から6か月間、本店に備え置くことになります（会社法173の2①②）。これにより、株主又は取得日に全部取得条項付種類株式の株主であったものは営業時間内に会社へ閲覧請求することができます（会社法173の2③）。

【記載するべき事項（会社法施行規則33の3）】

① 会社が全部取得条項付種類株式の全部を取得した日

② 全部取得条項付種類株式の取得をやめることの請求（会社法171の3）の規定による請求に係る手続の経過

③ 裁判所に対する価格の決定の申立て（会社法172）の規定による手続の経過

④ 会社が取得した全部取得条項付種類株式の数

⑤ 前各号に掲げるもののほか、全部取得条項付種類株式の取得に関する重要な事項

3 少数株主保護の手続き

（1）株主の全部取得条項付種類株式の取得価格の決定の申立て（会社法172）

②2で会社側が提示した「株主の全部取得条項付種類株式の取得価格」を合意できない場合には株主は裁判所へ取得価格の決定の申立てを行うことがで

きます。

【価格決定の申立てを行うことのできる株主】

＊株主議決権のある株主

　　全部取得条項付種類株式の取得を決議する株主総会に先立って、取得に反対する旨を発行会社に通知するとともに実際に株主総会で取得に反対した株主

＊株主議決権を行使できない株主（単元未満株主、端株主、基準日以降に取得した株主）

【申立期間】

　　少数株主は取得日の20日前から取得日の前日までの間に裁判所に申立てを行うことができます。平成26年会社法改正により、株主に対する取得する通知・公告が取得日の20日前までに行われるために事前に株主は全部取得条項付種類株式の取得を知ることを確実にできるようになりました。

【留意事項】

① 　申立てを行った株主に対する対価の交付について

　　当該申立てを行った株主は、2（Ｅ）の取得の手続きで対価を交付される株主から除かれます（会社法173②）。

② 　利息の支払い

　　会社は次の利息を株主へ支払う。

　　裁判所の決定した売買価格×年6分の利率×取得後の日数

③ 　その他

　　会社は取得価額の決定があるまで、株主に対し、会社が公正な価格と認める額を支払うことができます。

100　　2　少数株主から強制的に株式を買い取る方法（スクイーズ・アウト）

図表 3 - 8　反対株主（株主議決権のある株主）からの種類株式取得反対通知
　　　　　並びに株式買取請求書（例）

```
                  普通株式取得反対通知並びに株式買取請求書
                                      平成○○年○○月○○日

株式会社清文商事
代表取締役　神田太郎　殿
                                  東京都千代田区内神田5-5-5
                                  甲野　一郎

拝啓　ますますご清栄のこととお慶び申し上げます。
　私は、貴社、普通株式8株を所有する株主です。先般、ご通知いただいた普
通株式の全部取得につき反対いたします。また、来る平成○○年○○月○○日
開催予定の貴社臨時株主総会においても取得決議に反対いたします。
　また、臨時株主総会で反対した際には私の所有する貴社普通株式を公正な価
格で買い受けいただきたく、ご請求いたします。
                                              敬具
```

4 　実際に行われる手続きと登記

（1）登記申請のポイントからの実務上の手続き

　法律に記載された手続きは、②②の手順となりますが、実際に行われる手
続きとしては次のような手順が一般的です。

　全部取得条項付種類株式を利用したキャシュ・アウトのスキームに関する登
記に関係する手続きは以下のとおりです。かなり複雑な手続きですので、専門
家に相談しながら手続きに漏れがないように注意してください。

第3章　株式会社の分散した株式を集約する（スクイーズ・アウトの方法）　*101*

全部取得条項付種類株式を利用する手続きと手順

①	種類株式発行会社となるための定款変更決議	種類株式発行会社となるためには、定款に内容の異なる二以上の種類の株式を発行する旨の定めがあることが必要です。そのため、定款変更のための株主総会の特別決議により、普通株式とは別の種類の株式に関する定款の定めを新たに設けて、種類株式発行会社に移行します（会社法108②）。 　実務上は残余財産優先分配株式を普通株式とは別の種類株式（A種類株式）とすることが多くなります。 　なお、A種類株式を現実に発行する必要はありません。
②－1	普通株式の全部取得条項付種類株式への定款変更決議	定款変更のための株主総会の特別決議により、既に発行されている普通株式に全部取得条項を付して、全部取得条項付種類株式に変更します（会社法108② 7）。
②－2	普通株主の種類株主総会決議	上記（②－1）の定款変更のための株主総会の特別決議のほか、普通株主の種類株主総会の特別決議が必要となる点がポイントとなります。
③	普通株式を全部取得する旨の株主総会決議	株主総会の特別決議により全部取得条項が付された普通株式を取得する旨の他、以下の事項を定めます（会社法171①）。 ・取得対価を交付するときはその種類及び数又は算定方法 　→取得対価は、A種類種株式とします。 ・全部取得条項付種類株式の株主に対する取得対価の割当てに関する事項 　→オーナー経営者側株主以外の株主には、1株未満の端数のみが割当られるように割当割合を調整します。端数相当の株式は競売又は裁判所の許可を得て売却し、売却代金を端数株式が生じた株主に対して端数の割合に応じて交付することで、少数株主の排除が行われます。 ・取得日 　→株主総会決議の日でも構いません。

【登記申請上のポイント】

上記の表の①、②－1、③の決議は、すべて同じ株主総会で決議することができますが、②－1については、普通株主による種類株主総会が必要となるため、当該種類株主総会②－2についても、①、②－1、③を決議する株主総会と同日付で行うことが一般的です。つまり、すべてが同日付で行うことになります。

図表3－9　全部取得条項付種類株式による方法の①、②－1、③（102ページ表）の決議のための株主総会議事録（例）

臨時株主総会議事録

　平成○○年○○月○○日午前10時30分より、当社本店において臨時株主総会を開催した。

株主の総数	4名
発行済株式の総数	100株
議決権を行使できる株主の数	4名
議決権を行使できる株主の議決権の数	100個
出席株主の数	4名
出席株主の議決権の数	100個

　　　　出席役員
　　　　　取締役　神田太郎、神田花子、神田三郎
　　　　　監査役　山田四郎
　　　　議長兼議事録作成取締役　　取締役　神田太郎

議事の経過の要領及びその結果
　定刻、定款の規定に基づき代表取締役神田太郎は議長席に着き、開会を宣し、本日の出席株主数及びその議決権の数等を報告、本株主総会のすべての議案を審議できる法令及び定款上の定足数を満たしている旨を述べ、直ちに議事に入った。

　第1号議案　定款一部変更の件
　　議長は、下記のとおりA種類株式を発行するため定款一部変更を行いたい旨を説明し、その承認を議場に諮ったところ、出席株主の議決権の3分の2以上の賛成をもって原案どおり承認可決した。なお、既に発行されている株

式は普通株式とする。

記

（発行可能株式総数と種類）
第○条　当会社の発行可能株式総数は、4000株とする。
２．当会社の発行可能種類株式総数は次のとおりとする。
　　　　普通株式　　　　　　　　　　　　　　　3000株
　　　　Ａ種類株式（残余財産配当優先株式）　　1000株
（Ａ種類株式の内容）
第○条の○　当会社の発行するＡ種類株式（残余財産配当優先株式）の内容
は次のとおりとする。
　　　　当会社の残余財産を分配するときは、Ａ種類株式を有する株主に対し、
　　　　普通株式を有する株主に先立ち、Ａ種類株式１株につき1000円を支払う。

第２号議案　定款一部変更の件
　議長は、定款の一部を下記のとおり変更したい旨を説明し、その承認を議
場に諮ったところ、出席株主の議決権の３分の２以上の賛成をもって原案ど
おり承認可決した。

記

（全部取得条項）
第○条の○　当会社が発行する普通株式は、株主総会の決議によってその全
部を取得できるものとする。
２．当会社が前項の規定に従って普通株式の全部を取得する場合、普通株式
の取得と引換えに、普通株式１株につきＡ種類株式を15分の１株の割合をもっ
て交付する。

第３号議案　普通株式（全部取得条項付種類株式）の取得の件
　議長は、当会社はスクイーズ・アウトの方法により少数株主の株式を調整
するため、普通株式（全部取得条項付種類株式）を下記内容に従い取得する
必要がある理由を詳細に説明したのち、その承認を議場に諮ったところ、出
席株主の議決権の３分の２以上の賛成をもって原案どおり承認可決した。

記

普通株式（全部取得条項付種類株式）の取得の内容
①　普通株式の取得と引換えに交付する取得対価及びその割当てに関する事
　項
　　普通株主に対して、その保有する普通株式１株の取得と引換えに、Ａ種
　類株式を15分の１株の割合をもって交付する。
②　取得日　　平成○○年○○月○○日

以上をもって本日の議案が終了したので、議長は閉会を宣言し、午前11時に散会した。
　上記決議を明確にするため、本議事録を作り、議長及び出席取締役がこれに記名押印する。

平成○○年○○月○○日
　　　株式会社清文商事　臨時株主総会
　　　　　　　　　　　　　　　　　議　　　長
　　　　　　　　　　　　　　　　　代表取締役　　神田 太郎　　　　印
　　　　　　　　　　　　　　　　　出席取締役　　神田 花子　　　　印
　　　　　　　　　　　　　　　　　出席取締役　　神田 三郎　　　　印

図表3－10　全部取得条項付種類株式による方法の②－2（102ページ表）の決議のための種類株主総会議事録（例）

普通株主による種類株主総会議事録

　平成○○年○○月○○日午前11時より、当社本店において普通株主による、種類株主総会を開催した。
　　　　　株主の総数　　　　　　　　　　　　　　4名
　　　　　発行済株式の総数　　　　　　　　　　100株
　　　　　議決権を行使できる株主の数　　　　　4名
　　　　　議決権を行使できる株主の議決権の数　100個
　　　　　出席株主の数　　　　　　　　　　　　4名
　　　　　出席株主の議決権の数　　　　　　　　100個
　　　　　出席役員
　　　　　　取締役　神田太郎、神田花子、神田三郎
　　　　　　監査役　山田四郎
　　　　　議長兼議事録作成取締役　　取締役　神田太郎

議事の経過の要領及びその結果
　定刻、定款の規定に基づき代表取締役神田太郎は議長席に着き、開会を宣し、本日の出席株主数及びその議決権の数等を報告、本株主総会のすべての議案を審議できる法令及び定款上の定足数を満たしている旨を述べ、直ちに議事に入った。

第3章　株式会社の分散した株式を集約する（スクイーズ・アウトの方法）

議案　定款一部変更の件
　　議長は、定款の一部を下記のとおり変更したい旨を説明し、その承認を議場に諮ったところ、出席株主の議決権の３分の２以上の賛成をもって原案どおり承認可決した。

記

（全部取得条項）
第○条の○　当会社が発行する普通株式は、株主総会の決議によってその全部を取得できるものとする。
２．当会社が前項の規定に従って普通株式の全部を取得する場合、普通株式の取得と引換えに、普通株式１株につきＡ種類株式を15分の１株の割合をもって交付する。

　　以上をもって本日の議案が終了したので、議長は閉会を宣言し、午前11時30分に散会した。
　　上記決議を明確にするため、本議事録を作り、議長及び出席取締役がこれに記名押印する。

平成○○年○○月○○日
　　株式会社清文商事　普通株主による種類株主総会

議　　長
代表取締役　神田 太郎　　　印
出席取締役　神田 花子　　　印
出席取締役　神田 三郎　　　印

（2）事後の手続き

* 「取得した自己株式を消却する」ための手続き
* 「もとの普通株式のみを発行する株式会社に戻す」ための手続き

①	株式の消却	自己株式となった全部取得条項付種類株式の消却は義務ではありません。また消却の期間制限もありません。株式の消却をする場合、取締役会設置会社であれば取締役会決議で、取締役会非設置会社であれば取締役の過半数の決定で消却をします。
②	種類株式の定めの廃止	通常の普通株式のみの発行会社に戻すため、普通株式に付した全部取得条項並びにＡ種類株式の定めを廃止する定款変更の特別決議を行います。 　この定款変更決議にはＡ種類株主の種類株主総会の特別決議も必要となります。

【ポイント】

　全部取得条項付種類株式は実務では特別な場合以外は利用されない方法でもあるため、登記事項証明書（登記簿）に全部取得条項付種類株式の記載がある時には、会社にMBOや再生、スクイーズ・アウト等があったことが第三者にすぐにわかることになります。現時点で会社にとって必要のない全部取得条項付種類株式を消却させて、種類株式の定めを廃止させておくことが実務的には行われます。

（3） 登記申請手続

（1）と（2）の手続きを行った場合に、次の登記手続きを行います。

登記申請手続	
①	種類株式の設定登記申請
②	普通株式に全部取得条項を付する変更登記申請
③	全部取得条項付種類株式の取得と引換えに株式を発行する登記申請
④	株式の消却の登記申請
⑤	種類株式の定めを廃止する登記申請

注：それぞれ効力発生日から2週間以内に、本店所在地を管轄する法務局に変更登記を申請
　する必要があります。実務では、①、②、③がセットで登記申請が行われています。

5 全部取得条項付種類株式による方法の留意点

（1） 全部取得条項付種類株式の取得の差止（会社法171の3）

全部取得条項付種類株式の取得が、法令又は定款に違反する場合で、株主が不利益を受ける恐れがあるときは、株主は会社に対して、全部取得条項付種類株式の取得をやめることを請求することができます。

（2） 財源規制

会社が全部取得条項付種類株式の取得あるいは一に満たない端数の株式を有償で取得する場合には、財源規制があります。詳細は第2章**11**をご覧ください。しかし、財源規制の「金銭等の支払い」には株式は含まれていないため、分散株式の整理に全部取得条項付種類株式による金銭の支払のない取得については原則、財源規制はかかりません。

（3） 価格決定の問題

定款変更の反対株主の買取請求権や株主の全部取得条項付種類株式の取得価

格の決定の申立てで利用される株式の価格は会社法ではいわゆる「公正な価格」
となります。さらに全部取得条項付種類株式の取得価格を決定するには適正な
時価を計算しなくてはなりません。ここの公正な価格について第7章をあわせ
てご覧ください。

（4）資金手当て

　会社は、スクイーズ・アウトの手続きとして、法律や税務会計の点はクリア
できたとしても、一に満たない端数の株式を有償で取得する場合には、スクイー
ズ・アウトによりキャッシュアウトもされることになり、多額の資金が必要に
なる可能性もあります。したがって、資金繰り計画も事前に十分に検討してお
く必要があります。特に定款変更の反対株主の株式買取請求権や株主の全部取
得条項付種類株式の取得価格の決定の申立て等で利用される株式の価格は会社
が当初想定されていた価格よりも高くなった裁判例も少なくありません。

3　株式併合による方法

1　制度の内容

（1）全体像

　2番目のスクイーズ・アウトの方法は「株式併合」を利用することで強制的
に分散株式を整理する方法です。
　まずは　次のケース（ロ）でこの方法の全体像を確認しましょう。
　オーナーである株主のAは単独で発行済株式総数100株のうち75株を所有し
ています。Aの妻のBは15株、同族でないCが8株、Dが2株を所有しています。
これらの株式は普通株式ですが、「株式併合」を行うために臨時株主総会を開
催し、株式の15株を1株とする株式併合を行います。株式併合後は、CとDは

第3章　株式会社の分散した株式を集約する（スクイーズ・アウトの方法）　*109*

一に満たない端数の株式を持つことになるため、議決権もなくなってしまうのです。そして、「一に満たない端数の株式」は会社側が競売、売却あるいは自己株式の買取の方法で処分することができるため、CとDは株主でなくなるような方法を設定することができます。

ケース（ロ）：株式併合によるスクイーズ・アウト

株主	普通株式	株式併合後の普通株式 （15株→1株とする）	議決権
A	75株	5株	5個
B（Aの妻）	15株	1株	1個
C	8株	0.53333株	0個
D	2株	0.13333株	0個
合計	100株	6.6666株	6個

（2）手続き前の事前の知識の整理

① 株式併合

　株式の併合とは、複数の株式を合わせて少数の株式とすることをいい、発行済株式の総数が減少することになります（会社法180①）。

（株式の併合）
第180条　株式会社は、株式の併合をすることができる。
　2　株式会社は、株式の併合をしようとするときは、その都度、株主総会の決議によって、次に掲げる事項を定めなければならない。
　　一　併合の割合
　　二　株式の併合がその効力を生ずる日（以下この款において「効力発生日」という。）
　　三　株式会社が種類株式発行会社である場合には、併合する株式の種類
　　四　効力発生日における発行可能株式総数
　3　前項第4号の発行可能株式総数は、効力発生日における発行済株式の総数の四倍を超えることができない。ただし、株式会社が公開会社でない場合は、この限りでない。
　4　取締役は、第2項の株主総会において、株式の併合をすることを必要とする理由を説明しなければならない。

② 株主総会の特別決議

　会社は株式の併合をするときには株主総会の決議で、Ⓐ株式の併合の割合、Ⓑ併合の効力発生日、Ⓒ種類株式の場合は併合する株式の種類等を決める必要があります。また、第2章5に記載したように株式併合の議案は株主総会の特別決議が必要となります。

③ 単元株制度

　株式の併合の手続きは単元株制度を導入している会社の場合と一に満たない端数の株式を生じさせる場合では、異なってきます。単元株制度と一に満たない端数の株式の内容は、第2章2に記載してあります。

④ 株式併合の少数株主の保護に関する変遷

　株式併合により少数株主は1株未満の端数の株式あるいは単元未満株式を持つことになります。

　株式を併合されて1株未満の端数の株式を持つことになった株主は併合前の株主としての地位を失うことになります。また、会社法では端株制度を廃止したために株式を発行する会社の株主名簿に記載されないため、結果として株主は端株を譲渡することもできなくなります。平成13年の商法改正により会社の出資単位を自由に決めることができる会社の自治を尊重するために、法律で決められた手続きをきちんと行えば、原則として株式併合を行えるようになりました。

　1株未満の端数の株式が生じるような会社の行為がなされた場合には、1株未満の端数の株式を処分した代金が株主に金銭で支払いされることになって（会社法235）スクイーズ・アウトされます。また、少数株主は株式併合に関する株主総会の決議に反対する場合に株式の買取請求を行うこともできます。単元株制度については、第5章2をご参照ください。

2 具体的な手順と注意点

（1）手続きの概要

株式併合による方法
ステップ1：株式併合による手続き
（A）事前検討
（B）株主総会招集する手続き
（C）事前開示手続
（D）株主に対する通知・公告
（E）株主総会による定款変更 →反対株主による買取請求
（F）株式併合する手続き
（G）事後開示手続
少数株主保護の手続き

112　　② 少数株主から強制的に株式を買い取る方法（スクイーズ・アウト）

図表3-11　株式併合の手続の流れ（一株に満たない端数が生じる場合）（例）

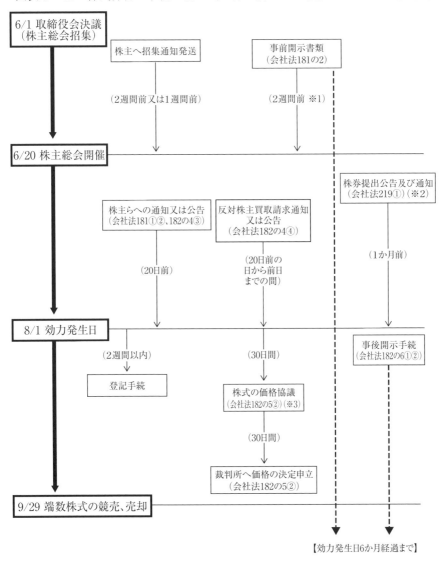

※1：〜株主総会開催2週間前より先に株主らへの通知又は公告を行った際は、当該日より備え置き。
※2：〜株券発行会社でかつ、現に株券発行している場合のみ。
※3：〜価格協議が整わない場合は、裁判所へ価格の決定申立をする。

（2）具体的な手順

　株式併合は全部取得条項付種類株式による方法と異なり、ステップが一つだけになります。ステップ1の（A）～（G）の手続きでスクイーズ・アウトを進めることになり、株主併合による方法では株主総会も定款変更のための1回だけ開催することになります。

（A）事前検討

　②②（A）と原則として同じです。ご参照ください。

（B）株主総会を招集するための手続き

　②②（B）と原則として同じです。ご参照ください。

（C）事前開示手続（会社法182の2、会社法施行規則33の9）　→　平成26年会社法改正より追加

　株式併合をする会社は次の（①事前開示の期限）までに（②事前に開示するべき内容）の書面を本店に備え置くことが要求されます。これは、改正前は株式併合の情報開示が不十分であることが言われていたために、事前開示手続と事後開示手続きが平成26年会社法で追加されました。

　これは、全部取得条項付種類株式の方法ではステップ2（B）にあります。

【対象となる会社】

＊単元株制度を導入してない会社の場合…全社対象

＊単元株制度を導入している会社の場合…当該単元株式数に株式併合の割合を乗じて得た数に一に満たない端数が生ずる場合

＜事前開示の期限＞

　開始：株主総会開催の2週間前、又は、通知・公告の日のいずれか早い日

　終了：株式併合の効力発生日後6か月を経過する日まで

＜事前に開示するべき内容＞

　次のとおりになります。

会社法第180条第2項に記載される事項（抜粋）

（当該株主総会の決議するべき事項）

第180条　株式会社は、株式の併合をすることができる。

2　株式会社は、株式の併合をしようとするときは、その都度、株主総会の決議によって、次に掲げる事項を定めなければならない。

一　併合の割合

二　株式の併合がその効力を生ずる日（以下この款において「効力発生日」という。）

三　株式会社が種類株式発行会社である場合には、併合する株式の種類

四　効力発生日における発行可能株式総数

会社施行規則33条の9に記載される事項（抜粋）

第33条の9

一　併合の割合及び併合する株式の種類（会社法第180条第2項第1号及び第3号）に掲げる事項についての定めの相当性に関する事項

イ　株式の併合をする株式会社に親会社等がある場合には、当該株式会社の株主（当該親会社等を除く。）の利益を害さないように留意した事項（当該事項がない場合にあっては、その旨）

ロ　一株に満たない端数の処理をすることが見込まれる場合における当該処理の方法に関する事項、当該処理により株主に交付することが見込まれる金銭の額及び当該額の相当性に関する事項

二　株式の併合をする株式会社（清算株式会社を除く。以下この号において同じ。）についての次に掲げる事項

イ　当該株式会社において最終事業年度の末日（最終事業年度がない場合にあっては、当該株式会社の成立の日）後に重要な財産の処分、重大な債務の負担その他の会社財産の状況に重要な影響を与える事象が生じたときは、その内容（備置開始日（法第182条の2第1項各号に掲げる日のいずれか早い日をいう。次号において同じ。）後株式の併合がその効力を生ずる日までの間に新たな最終事業年度が存することとなる場合にあっては、当該新たな最終事業年度の末日後に生じた事象の内容に限る。）

ロ　当該株式会社において最終事業年度がないときは、当該株式会社の成立の日における貸借対照表

三　備置開始日後株式の併合がその効力を生ずる日までの間に、前2号に掲げる事項に変更が生じたときは、変更後の当該事項

法律の条文を読むと難しいですが、実際には次のような内容を書面にして残しておきます。

図表 3 - 12　株式併合に係る事前開示書類（例）

株式併合に係る事前開示書類

平成○○年○○月○○日
株式会社清文商事
代表取締役　神田太郎

　当社は、平成○○年○○月○○日開催の取締役会において、平成○○年○○月○○日開催予定の臨時株主総会において、株式併合議案を付議することを決議しました。
　会社法第182条の２第１項及び会社法施行規則第33条の９に定める事前開示事項は下記のとおりです。
記
１．株式併合の内容（会社法第180条第２項に掲げる事項）
　　・併合の割合　○○株を１株に併合する
　　・効力発生日　平成○○年○○月○○日
　　・効力発生日における発行可能株式総数　○○○○株
２．株式の割合についての相当性に関する事項（会社法第182条の２第１項、会社法施行規則第33条の９第１号）
　　・株式併合を行う理由
　　株式管理の事務処理の低減と配当政策を理由として（※）、取締役会においても検討を重ねており、併合割合については相当なものと考えております。
３．親会社以外の当社の株主の利益を害さないよう留意した事項（会社法第182条の２第１項、会社法施行規則第33条の９第１号イ）
　　なし

４．１株に満たない端数の処理をすることが見込まれる場合における当該処理の方法に関する事項、当該処理により株主に交付することが見込まれる金銭の額及び当該額の相当性に関する事項（会社法第182条の２第１項、会社法施行規則第33条の９第１号ロ）
　　端数となる株式は当社が買い取り、売却代金を端数株主の交付します。

116　② 少数株主から強制的に株式を買い取る方法（スクイーズ・アウト）

株主に交付することが見込まれる金銭の額は金○○円であり、当社とは独立した弁護士と税理士が算定した株価算定結果にもとづき、買取価格を設定しているものであり、端株処理により株主に交付することが見込まれる額として金○○円は相当なものと考えております。

5. 最終事業年度末日後における重要な財産の処分、重大な債務の負担、その他会社財産の状況に重要な影響を与える事象（会社法第182条の2第1項、会社法施行規則第33条の9第2号イ）

　なし

以上

※：非上場会社の株式併合はまだ一般的なものでないため、ここで記載する2.の相当性に関する事項の内容についてはそれぞれの事案で異なるため専門家と相談することになります。

（D）株主に対する通知・公告

平成26年の改正で株式併合で一株に満たない端数が生じる場合には反対する株主に株式買取請求の規定が創設されました（会社法182の4）。全部取得条項付種類株式の方法ではステップ2（C）に従前よりありました。

【通知の方法】

会社の制度により、2つの通知方法があります。

［通知方法1］

単元株制度を導入している会社の場合で、当該単元株式数に株式併合の割合を乗じて得た数に一に満たない端数が生じない場合

→会社は株式併合の効力発生日の2週間前までに株主に対し、株式併合の旨を通知又は公告をしなければなりません（会社法181①②）

［通知方法2］

単元株制度を導入してない会社の場合（全社対象）、又は、単元株制度を導入している会社の場合で当該単元株式数に株式併合の割合を乗じて得た数に一に満たない端数が生ずる場合

→会社は株式併合の効力発生日の20日前までに株主に対し、株式を併合す

る旨を通知又は公告をしなければなりません（会社法182の4③）。

　また、株券発行会社の場合（全部の株券を発行していない場合を除く）、効力発生日の1か月前までに、株券提供公告及び通知を行う必要があります（会社法219①二）。

図表3-13　会社からの株式併合に関する通知（例）

株式併合に関する通知

平成○○年○○月○○日

株主各位

東京都千代田区内神田8-8-8
株式会社清文商事
代表取締役　神　田　太　郎

拝啓　ますますご清栄のこととお慶び申し上げます。

　当会社は、平成○○年○○月○○日開催の臨時株主総会において、同年○○月○○日付けで下記のとおり株式の併合をすることを決議いたしましたので、会社法第181条第1項の規定に従いましてご通知いたします。

敬具

記

1．併合の割合
　　15株を1株に併合
2．株式併合の効力発生日
　　平成○○年○○月○○日
3．効力発生日における発行可能株式総数
　　24株

以上

（E）株主総会による定款変更

　②②のポイントを参照ください。

【決議する内容】

事前開示手続の書面にも記載されており、会社法第182条の２に記載される事項が決議するべき内容です。

【取締役の説明義務】

取締役は、この株主総会において株式併合を必要とする理由を説明しなければなりません（会社法180④）。

図表３－14　株式併合のための株主総会議事録（例）

臨時株主総会議事録

平成○○年○○月○○日午前10時30分より、当社本店において臨時株主総会を開催した。

株主の総数	4名
発行済株式の総数	100株
議決権を行使できる株主の数	4名
議決権を行使できる株主の議決権の数	100個
出席株主の数	4名
出席株主の議決権の数	100個

出席役員
　　取締役　神田太郎、神田花子、神田三郎
　　監査役　山田四郎
議長兼議事録作成取締役　　取締役　神田太郎

議事の経過の要領及びその結果

定刻、定款の規定に基づき代表取締役神田太郎は議長席に着き、開会を宣し、本日の出席株主数及びその議決権の数等を報告、本株主総会のすべての議案を審議できる法令及び定款上の定足数を満たしている旨を述べ、直ちに議事に入った。

議案　株式の併合の件

議長は、名義株主を株式併合の方法で適法に株主から退いてもらうため、下記のとおり株式併合を行いたい旨を説明し、その承認を議場に諮ったところ、出席株主の議決権の３分の２以上の賛成をもって原案どおり承認可決した。

記

第3章　株式会社の分散した株式を集約する（スクイーズ・アウトの方法）

１．株式の併合の割合
当会社の発行済株式総数100株について、15株を１株に併合し６株とする。
２．株式併合の効力発生日
平成○○年○○月○○日
３．効力発生日における発行可能株式総数
効力発生日に発行可能株式総数を、24株に変更する。

　以上をもって本日の議案が終了したので、議長は閉会を宣言し、午前11時に散会した。
　上記決議を明確にするため、本議事録を作り、議長及び出席取締役がこれに記名押印する。

平成○○年○○月○○日
　　　株式会社清文商事　臨時株主総会
　　　　　　　　　　　　　　　　議　　長
　　　　　　　　　　　　　　　　代表取締役　　神田 太郎　　　　印
　　　　　　　　　　　　　　　　出席取締役　　神田 花子　　　　印
　　　　　　　　　　　　　　　　出席取締役　　神田 三郎　　　　印

（Ｆ）株式併合する手続き

【株式併合の手続きのポイント】

　株主総会決議で、株式併合の併合割合や効力発生日等の決定後、会社が次にするべき手続きとして、株式併合により変更となった事項を株主名簿に記載します。また、株券発行会社の場合、併合前の株券は株式併合により無効となり、非公開会社では株主から併合後の新株券の発行請求があれば新株券を発行します（会社法215②）。

【株式併合後の少数株主：１株未満の端数の処理】

　①（1）に記載している次のケース（ロ）の株主ＣとＤに関する手続きとなります。

　②②②（2）（Ｅ）の取得後の少数株主：一株に満たない株式の総数の処理に記載してある内容と原則として同じです（会社法235）。

120　　②　少数株主から強制的に株式を買い取る方法（スクイーズ・アウト）

ケース（ロ）：株式併合によるスクイーズ・アウト

株主	普通株式	株式併合後の普通株式 （15株→1株とする）	議決権
A	75株	5株	5個
B（Aの妻）	15株	1株	1個
C	8株	0.53333株	0個
D	2株	0.13333株	0個
合計	100株	6.6666株	6個

（G）事後開示手続（会社法182の6、会社法施行規則33の10）←平成26年会社法改正により追加

　事前開示手続を実施した会社は株式併合の効力発生日後遅滞なく、次の事項を記載した書面又は電磁的記録を作成して、効力発生日から6か月間、本店に備え置くことになります（会社法182の6）。株式併合をした会社の株主又は効力発生日に当該会社の株主であった者は営業時間内に会社へ閲覧請求することができます（会社法182の6③）。この事後手続も平成26年会社法改正で加わりました。

【記載するべき事項（会社法施行規則33の10）】
・株式の併合が効力を生じた日
・株式の併合をやめることの請求（会社法182の3）の規定による請求に係る手続きの経過
・反対株主の株式買取請求（会社法182の4）の規定による手続きの経過
・株式の併合が効力を生じた時における発行済株式（種類株式発行会社にあっては、会社法第180条第2項第3号の種類の発行済株式）の総数
・前各号に掲げるもののほか、株式の併合に関する重要な事項

3 少数株主保護の手続き（反対株主の買取請求）

　次の株主は、自己の有する株式のうち一株に満たない端数となるものの全部を明らかにして、公正な価格で買い取ることを請求することができます（会社法182の4）。

【価格決定の申立てを行うことのできる株主】

＊株主議決権のある株主：

　　株式併合を決議する株主総会に先立って、株式併合に反対する旨を会社に通知するとともに実際に株主総会で株式併合に反対した株主

＊株主議決権を行使できない株主：単元未満株主、一に満たない端数株式を持つ株主、基準日以降に取得した株主

【申立期間】

　少数株主は、株式の併合の効力発生日の20日前から効力発生日の前日までの間に会社に対して株式の買取を請求することができます。平成26年会社法改正により、株主に対する通知又は公告を効力発生日の20日前までに行うようになったため事前に株主は株式併合を知ることができます。

【留意事項】

　対象となる株式は自己の有する株式のうち一株に満たない端数となるものの全部が買取請求の対象です。

4 実務上の手続きとしての実際の登記手続

　②②の具体的な手順は、会社法で記載されていますが、実務上の手続きとして、株式併合による方法の登記に関係する手続は以下のとおりとなります。

株式併合による手続きと手順

①	定款変更決議（※1・※2）	会社は株式併合を行う場合は、定款変更のための株主総会の特別決議により、次の事項を定める必要があります（会社法180）。 ・併合割合 ・株式併合の効力発生日 ・株式会社が種類株式発行会社である場合には、併合する株式の種類 ・効力発生日における発行可能株式総数
②	登記申請	株式併合の効力発生日から2週間以内に、本店所在地を管轄する法務局に変更登記を申請する必要があります。

※1：株式併合をした株式会社は効力発生日に発行可能株式総数について定款変更したものとみなされます（会社法182②）。

※2：公開会社の発行可能株式総数は、効力発生日における発行済株式の総数の4倍を超えることができません（会社法180③）。

注：株券発行会社の場合（全部の株券を発行していない場合を除く）、効力発生日の1か月前までに、株券提供公告及び通知を行う必要があります（会社法219①二）。

5 株式併合の課題

（1）株式併合の差止（会社法182の3）

　株式併合が株主の不利益になる場合にも利用されることができたために、それを防止するために平成26年会社法改正で株式併合の差し止めができるようになりました。

【差止の対象となる会社】

　⇒　定款に単元株制度を定めているか？

　　＊単元株制度を導入していない場合…全社対象

　　＊単元株制度を導入している場合…当該単元株式数に株式併合の割合を乗じて得た数に一に満たない端数が生ずる場合

第3章　株式会社の分散した株式を集約する（スクイーズ・アウトの方法）　*123*

株式併合の差し止めについて、対象となる会社は会社法第182条の3の条文には記載はありませんが、会社法第182条の2の事前の備置き及び閲覧等を記載している条文で「以下この款（株式の併合）において同じ」と記載がされていることで上記会社が対象となります。

（2）財源規制

　株式併合に際して一株に満たない端数を有償で取得する場合に財源規制があるため、詳細は第2章11をご覧ください。

（3）価格決定の問題

　取得価格の決定の裁判所への申立てで利用される株式の価格はいわゆる「公正な価格」となります。第7章を参照ください。

（4）資金手当て

　スクイーズ・アウトの手続きとして、全部取得条項付種類株式スキームと同様に法律や税務会計の点はクリアできたとしても、会社はスクイーズ・アウトと共にキャッシュアウトもされることになりますから、多額の資金が必要になる可能性もあります。②⑤（4）をあわせてご参照ください。

4 相続人等に対する株式売渡請求による方法

1 制度の内容

（1）全体像

　3番目のスクイーズ・アウトの方法は、会社法で新設された相続人等に対する株式売渡請求による方法です。

　次のケース（ハ）は株主3名でオーナー経営者である株主のAは単独で発行済株式総数100株のうち75株を所有しています。Aの妻のBは15株、同族でないCが10株を所有しています。Cはオーナー経営者にとっては友好的な株主でありましたが、Cが亡くなった後に相続人Dが株式を相続しましたが、オーナー経営者Aは相続人Dには株主となって欲しくはありません。したがって、相続人等に対する売渡請求による方法により、会社が相続人のDから株式を買い取ることにしました。

ケース（ハ）：相続人等に対する売渡請求による方法

株主	普通株式	相続後の普通株式	売渡請求後
A	75株	75株	75個
B（Aの妻）	15株	15株	15個
C（被相続人）	10株	0株	0個
D（C相続人）	0株	10株	0個
X社自己株式	0株	0株	10個
合計	100株	100株	100個

第3章　株式会社の分散した株式を集約する（スクイーズ・アウトの方法）　*125*

（2）手続き前の事前の知識

①　相続人等に対する株式売渡請求の制度の制定

　株式の譲渡制限のある会社では、株主が変更となる場合には会社の承認が必要ですが、一般承継である相続や合併においては会社の承認手続も不要で承継されます。以下、相続に限定して説明をします。非公開会社にとっては被相続人が特に問題ない株主であっても、相続人は望ましくない株主である場合もあります。そこで、会社法第174条において、相続人に対して当該株式（譲渡制限株式に限る）を当該会社に対して売り渡すことを請求することができる旨の定款の規定を定めることができるようになりました。

②　定款の変更

　相続人に対する売渡請求をする場合にはその旨を定款に記載する必要があるために、定款の変更も必要となります。また、定款変更のため株主総会の特別決議が必要となります（第2章 5 参照）。

2 具体的な手順と注意点

（1）手続きの概要

相続人等に対する株式売渡請求による方法	
ステップ1：定款変更の手続き	
（A）	事前検討
（B）	株主総会招集する手続き
（C）	株主総会による定款変更
ステップ2：相続人等に対する株式売渡請求するための手続き	
（A）	株主総会招集する手続き
（B）	売渡請求のための株主総会決議
（C）	売渡請求の価格決定
（D）	売渡請求の実施

（2）具体的な手順

　相続人等に対する株式売渡請求による方法は、2つのステップに別れており、ステップ1の「定款変更の手続き」とステップの2の「相続人等に対する売渡請求するための手続き」です。

　ステップ1は定款変更するため一般的な手続きと同様です。次に、ステップ

第3章　株式会社の分散した株式を集約する（スクイーズ・アウトの方法）　*127*

2が「相続人等に対する売渡請求するための手続き」であり、被相続人である株主が亡くなった後に相続人から強制的に株式の買取を実施する手続きになります。

① ステップ1　定款変更の手続き

最初に相続人等に対する売渡請求する旨を定める定款変更をするために株主総会を開催します。これは②②の定款変更の手続きと同様で、ステップ1の（A）〜（C）への手順で定款を変更していきます。

相続人等に対する株式売渡請求による方法	
ステップ1：定款変更の手続き	
（A）	事前検討
（B）	株主総会招集する手続き
（C）	株主総会の定款変更

（A）事前検討

②②（2）①（A）と原則として同じです。ご参照ください。

（B）株主総会招集する手続き

②②（2）①（B）の手続きと原則として同じです。ご参照ください。

（C）株主総会による定款変更

②②（2）①（C）と原則として同じです。ご参照ください。

図表3－15　相続人等への売渡請求を定める定款変更のための株主総会議事録
　　　　　（例）

臨時株主総会議事録

　平成○○年○○月○○日午前10時30分より、当社本店において臨時株主総会
を開催した。
　　　　　株主の総数　　　　　　　　　　　　　3名
　　　　　発行済株式の総数　　　　　　　　　100株
　　　　　議決権を行使できる株主の数　　　　　3名
　　　　　議決権を行使できる株主の議決権の数　100個
　　　　　出席株主の数　　　　　　　　　　　　3名
　　　　　出席株主の議決権の数　　　　　　　100個
　　　　　出席役員
　　　　　　取締役　神田太郎、神田花子、神田三郎
　　　　　　監査役　山田四郎
　　　　　議長兼議事録作成取締役　　　取締役　神田太郎

議事の経過の要領及びその結果
　定刻、定款の規定に基づき代表取締役神田太郎は議長席に着き、開会を宣し、
本日の出席株主数及びその議決権の数等を報告、本株主総会のすべての議案を
審議できる法令及び定款上の定定数を満たしている旨を述べ、直ちに議事に入っ
た。

　議案　定款一部変更の件
　　議長は、将来における株式分散を防止するために、下記のとおり会社法第
　174条に規定される相続人等に対する株式の売渡請求に関する規定を新設し、
　定款第○条以下を1条ずつ繰り下げたい旨を説明し、その可否を議事に諮っ
　たところ、満場異議なくこれを承認可決した。
　　　　　　　　　　　　　　　　記
（相続人等に対する売渡しの請求）
第○条　当会社は、相続その他の一般承継により当会社の株式を取得した者
　　に対し、当該株式を当会社に売り渡すことを請求することができる。

　以上をもって本日の議案が終了したので、議長は閉会を宣言し、午前11時に
散会した。
　上記決議を明確にするため、本議事録を作り、議長及び出席取締役がこれに
記名押印する。

第3章　株式会社の分散した株式を集約する（スクイーズ・アウトの方法）

平成○○年○○月○○日
　　　株式会社清文商事　臨時株主総会
　　　　　　　　　　　　　議　　　長
　　　　　　　　　　　　　代表取締役　神田 太郎　　　印
　　　　　　　　　　　　　出席取締役　神田 花子　　　印
　　　　　　　　　　　　　出席取締役　神田 三郎　　　印

②　ステップ2　相続人等に対する株式売渡請求の手続き

　ステップ1で定款の変更がされたため、相続の発生があった時に相続人等に対する売渡請求する手続きを行います。

相続人等に対する株式売渡請求による方法	
ステップ2：相続人等に対する株式売渡請求するための手続き	
（A）	株主総会を招集する手続き
（B）	売渡請求のための株主総会決議
（C）	売渡請求の価格決定
（D）	売渡請求の実施

図表3−16 相続人等に対する株式売渡請求の手続きの流れ（例）
・ステップ１により会社法第174条の定款の定めがある会社
・非公開会社

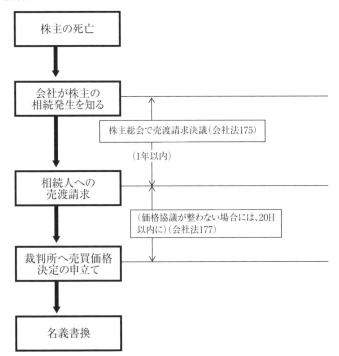

(A) 株主総会を招集する手続き
　②②(2)①(B)と原則として同じです。ご参照ください。
(B) 売渡請求のための株主総会決議（会社法175）
　【株主総会で決定する事項】
　＊売渡請求をする株式の数（種類株式発行会社にあっては、株式の種類及び種類ごとの数）
　＊売渡請求予定の株式を有する者の氏名又は名称

図表 3 −17　相続人等の株式売渡請求する株主総会議事録（例）

臨時株主総会議事録

　平成○○年○○月○○日午前10時30分より、当社本店において臨時株主総会を開催した。
　　　　　　　株主の総数　　　　　　　　　　　3 名
　　　　　　　発行済株式の総数　　　　　　　　100株
　　　　　　　議決権を行使できる株主の数　　　2 名
　　　　　　　議決権を行使できる株主の議決権の数　90個
　　　　　　　出席株主の数　　　　　　　　　　2 名
　　　　　　　出席株主の議決権の数　　　　　　90個
　　　　　　　出席役員
　　　　　　　　取締役　神田太郎、神田花子、神田三郎
　　　　　　　　監査役　山田四郎
　　　　　　　議長兼議事録作成取締役　　取締役　神田太郎

議事の経過の要領及びその結果
　定刻、定款の規定に基づき代表取締役神田太郎は議長席に着き、開会を宣し、本日の出席株主数及びその議決権の数等を報告、本株主総会のすべての議案を審議できる法令及び定款上の定定数を満たしている旨を述べ、直ちに議事に入った。

　議案　株式を相続した相続人への株式売渡請求の件
　　議長は、下記のとおり当社定款第○条の規定により当社株式を相続した相続人に対して当該株式を売り渡すよう請求したい旨を説明し、その可否を議事に諮ったところ、満場異議なくこれを承認可決した。
　　　　　　　　　　　　　　　　記
１．売渡請求をする株式の数　普通株式10株
２．売渡対象の株式を有する者の氏名　甲野六郎氏

　以上をもって本日の議案が終了したので、議長は閉会を宣言し、午前11時に散会した。
　上記決議を明確にするため、本議事録を作り、議長及び出席取締役がこれに記名押印する。

平成○○年○○月○○日
　　　　株式会社清文商事　臨時株主総会

132　②　少数株主から強制的に株式を買い取る方法（スクイーズ・アウト）

```
議　　長
代表取締役　神田 太郎　　　印
出席取締役　神田 花子　　　印
出席取締役　神田 三郎　　　印
```

【議決権の行使について】

　売渡請求をされる予定の株主はこの株主総会において議決権を行使することができません。ただし、売渡請求予定の株主以外の株主の全部が当該株主総会において議決権を行使することができない場合は、この限りではありません（会社法175②）。

（C）売渡請求の価格決定（会社法177）

売渡請求する場合には会社側と株主が協議により、決定します。

【売渡しする価格の協議ができなかった場合】

　裁判所へ売買価格決定の申立てを行います。

　[申立ての期限]

　　裁判所への価格決定の申立てには期限があり、売渡請求があった日から20日以内です。

　[公正な価格]

　　価格の計算をするにあたって、裁判所は、売渡請求の時における会社の資産状態その他一切の事情を考慮する必要があるため、ここでの価格が「公正な価格」となります。

　　申立てがあった場合には裁判所が定めた額が株式の売買価格となります。

（D）株主へ売渡請求の実施（会社法176）

　ステップ２（B）の株主総会で決定した事項で会社は株主に対して株式を会社へ売り渡すことを請求することができます。その請求に係る株式の数（種類株式発行会社にあっては、株式の種類及び種類ごとの数）を株主へ明らかにする必要があります。また、この請求は会社が相続を知った日から１年以内に行う必要があります。

第3章　株式会社の分散した株式を集約する（スクイーズ・アウトの方法）　*133*

図表3-18　株式売渡請求書（例）

株式売渡請求書

平成○○年○○月○○日

故株主甲野一郎氏相続人
　甲野　六郎　殿

東京都千代田区内神田8-8-8
株式会社清文商事
代表取締役　神田　太郎

拝啓　ますますご清栄のこととお慶び申し上げます。
　当会社は、平成○○年○○月○○日開催された臨時株主総会において、貴殿の所有する当社株式10株を当社に売渡請求することを決議いたしましたので、定款第○条の規定に従いましてご通知いたします。

敬具

【請求の撤回】

　会社はいつでも、売渡請求を撤回することができます。これは、相続人にとって、この売渡請求が撤回されても被相続人の相続財産である株式を相続できるためです（会社法176③）。

3　登記手続の不要

　相続人等に対する売渡請求によって、会社が相続人から株式を取得したとしても、自己株式となるだけで登記申請が必要となる「発行可能株式総数」と「発行済株式の総数」に変更は生じないので、登記申請は不要となります。

4 相続人等に対する株式売渡請求の留意点

（1）売渡請求の株主総会の議決権の行使

　株主の売渡請求を決定する株主総会では、相続人は議決権を行使できないことになりますが、例えば　オーナー経営者が亡くなり、後継者である相続人が相続した株式に対して、他の株主が後継者である相続人に対して「相続人等に対する売渡しの請求」を起こして、会社を乗っ取られるような事が発生しないかという問題があります。

　実際に乗っ取りは簡単ではありません。オーナー経営者以外の取締役からオーナー経営者の相続人側が相続人等に対する売渡しの請求を行われてしまった場合に、売渡価格を決定して効力が発生するまでにそれなりの時間がかかります。例えば、裁判所に価格の決定の申立てするまでの期間は短いですが、その後裁判所が価格決定をするまでにはそれなりの時間がかかります。裁判所は価格を鑑定する専門家の人選を行い、その価格鑑定するための作業時間もあります。その間にオーナー経営者の後継者である相続人が臨時株主総会で取締役を解任して、新たな取締役を選任できるだけの議決権のある株数をもっていれば、会社法第176条第3項で売渡請求を撤回することができます。また、この売渡請求には財源規制があるため、オーナー経営者の株式の売渡請求であれば金額も大きくなるために、財源規制にかかり相続人等に対する売渡請求ができないとも考えられます。

　しかし、次のようなオーナー経営者には、この規定による乗っ取りに注意する必要があります。

　① 　取締役の解任と選任をするだけの議決権の株数を持たない場合
　② 　オーナー株主に議決権割合が高い株数があっても株式の評価が低い場合

　財源規制の関係で株価が低い場合の会社乗っ取りは困難ですが、株式の評価が低い場合には財源規制もかからないため注意が必要です。

（2）財源規制

　相続人等に対する売渡請求は自己株式の買取のため、財源規制がありますが、詳細は第2章**11**をご覧ください。

（3）価格決定の問題

　売買価格の取得価格はいわゆる「公正な価格」でなく、「裁判所が、売渡請求の時における株式会社の資産状態その他一切の事情を考慮した価格」となります。

（4）資金手当て

　スクイーズ・アウトの他の手続きと同様です。

5　平成26年会社法改正による特別支配株主の株式等売渡請求による方法

1　制度の内容

（1）全体像

　4番目のスクイーズ・アウトの方法は「特別支配株主の株式等売渡請求」を利用する方法です。

　まずは　次のケース（ニ）−1を利用して、この方法の全体像を確認しましょう。

　ケース（ニ）−1でオーナーである株主Aは単独で発行済株式総数100株のうち75株を所有しています。Aの妻のBは15株、同族でないCが8株、Dが2株を所有しています。この場合にAは75％しか議決権がないためには議決権の90％以上を所有する特別支配株主であれば利用できる「特別支配株主の株式等売渡請求」によるスクイーズ・アウト制度を利用することはできません。この制度

ではAの妻のBの持つ15株をAに合算することはできません。

ケース（ニ）− 1 ：特別支配株主へ株式等売渡請求ができない場合

株主	普通株式	売渡請求される株式
A	75株	―
B（Aの妻）	15株	―
C	8株	―
D	2株	―
合計	100株	―

　ケース（ニ）− 2 でオーナーである株主Aは単独で発行済株式総数100株のうち75株を所有しています。Aが100％議決権を持つB社が15株を持っており、同族でないCが 8 株、Dが 2 株を所有しています。この場合にAの75株とB社の15株を合計して90％以上の議決権となって特別支配株主となるために「特別支配株主の株式等売渡請求」によるスクイーズ・アウトを利用すれば、AがCとDの株式を強制的に買取することができます。

ケース（ニ）− 2 ：特別支配株主へ株式等売渡請求ができる場合

株主	普通株式	売渡請求される株式	売渡請求後
A	75株	―	85株
B社（Aが100％所有の会社）	15株	―	15株
C	8株	8株	0個
D	2株	2株	0個
合計	100株	10株	100株

（2）手続き前の事前の知識

　第 3 章 2 ②〜④のスクイーズ・アウトの方法は、定款の変更やスクイーズ・アウトの内容を株主総会で決定する必要があります。また、平成26年会社法改正で少数株主を保護する目的からも色々な整備がされてきたため、従前より手

続きに時間がかかるようになってきました。

②の全部取得条項付種類株式による方法や③の株式併合による方法はスクイーズ・アウトを目的として会社法が規定している訳ではなく、その手続きをスクイーズ・アウトに利用しているだけです。また、④の相続が発生した個人株主の株式を会社が強制買取する方法は相続人が亡くなった後にだけ会社が自己株式として取得することができます。

一方で、特別支配株主の株式等売渡請求制度の目的はスクイーズ・アウトであり、特別支配株主は議決権の合計10％未満の株式を各少数株主から売渡しを請求することで100％所有の株主になることができます。他の方法と異なるのは、株式発行している会社が売買の当事者にならないため、株式を買い取るために必要な株主総会を開催することもなく、比較的短期間でスクイーズ・アウトを完了することができる点です。

2 特別支配株主の株式等売渡請求制度の適用条件

（1）特別支配株主とは（会社法179）

- ・総株主の議決権の10分の9以上を所有していること
- ・議決権の10分の9以上には特別支配株主が100％議決権を所有している特別完全支配株主完全子会社が所有している株式を含めることができる
- ・特別支配株主は自然人の1人のみ、又は、法人の1社のみ
- ・議決権の10分の9以上を保有しなくてはならない時期は売渡請求を行う時から売渡請求により株式を取得した日まで

（2）対象会社（特別支配株主が議決権を所有する会社）

- ・株式会社であること（会社法179①）
- ・清算株式会社は対象にならない（会社法509②）

（3） 売渡請求の対象となるもの

　・株式（種類株式を含む）

　・新株予約権及び新株予約権付き社債

　④は相続人に対する株式売渡請求による方法となりますが、ここでは株主以外もあわせて対象となり、特別支配株主の株式等売渡請求による方法となります。

（4） 売渡株主（特別支配株主から売渡請求される株主）

　・特別支配株主以外のすべての株主

　・特別完全支配株主完全子会社を除くことはできる（売渡請求をしないと定める場合（会社法179の2①））

　・自己株式を所有している場合には対象外となる

3 具体的な手順と注意点

(1) 手続きの概要

特別支配株主の株式等売渡請求による方法	
ステップ1：特別支配株主の株式等売渡請求の手続	
（A）	特別支配株主の事前検討
（B）	特別支配株主が決定しておくべき事項
（C）	特別支配株主から対象会社へ通知
（D）	対象会社が承認・不承認を決める
（E）	対象会社が特別支配株主へ決定内容を通知
（F）	対象会社が承認した場合に売渡株主へ通知
（G）	事前開示手続
（H）	売渡株式等の取得
（I）	事後開示手続
少数株主保護の手続き	

図表3-19 特別支配株主の株式等売渡請求の手続きの流れ（例）
（前提条件）
・取締役会設置会社
・株券不発行
・非公開会社

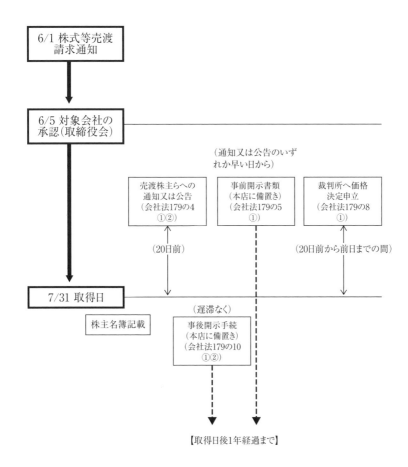

第3章 株式会社の分散した株式を集約する（スクイーズ・アウトの方法） *141*

（2）具体的な手順

① ステップ1：特別支配株主の株式等売渡請求の手続き

（A）特別支配株主の事前検討

　90％以上の議決権を持つオーナー経営者が特別支配株主に該当するため、特別支配株主が単独で事前に検討するわけでなく、対象となる会社と共に、どのスクイーズ・アウトの方法が良いかを十分に検討したうえで、オーナー経営者である特別支配株主が売渡請求制度を利用することになります。

（B）特別支配株主が決定しておくべき事項（会社法179の２）

　特別支配株主が株式等売渡請求を行う時には次の決定事項があります。

【決定しなくてはならない事項】

○特別支配株主完全子法人に対して株式売渡請求をしないこととするときは、その旨及び当該特別支配株主完全子法人の名称

○当該株式の対価として交付する金銭の額又はその算定方法

○売渡株主に対する上記の金銭の割当てに関する事項

○特別支配株主が売渡株式を取得する日

○この他に法務省令で定める事項（会社法施行規則33の５）

○株式売渡請求に併せて新株予約権売渡請求（新株予約権付社債も含む）をするときは、その旨及び次に掲げる事項

　・特別支配株主完全子法人に対して新株予約権売渡請求をしないこととするときは、その旨及び当該特別支配株主完全子法人の名称

　・新株予約権売渡請求によりその有する対象会社の新株予約権を売り渡す新株予約権者（以下「売渡新株予約権者」という。）に対して当該新株予約権（当該新株予約権が新株予約権付社債に付されたものである場合において、会社法第179条第３項の規定による請求をするときは、当該新株予約権付社債についての社債を含む。）の対価として交付する金銭の額又はその算定方法

　・売渡新株予約権者に対する上記の金銭の割当てに関する事

○種類株式がある場合には、特別支配株主は、対象会社の発行する種類の株

式の内容に応じ、会社法第179条の2第1項第3号に掲げる事項として、同項第2号の金銭の割当てについて売渡株式の種類ごとに異なる取扱いを行う旨及び当該異なる取扱いの内容を定めることができます。

注：会社法第179条の2第1項第3号の金銭の割当に関する定めがあるときは、売渡株主の有する売渡株式の数（会社法第179条の2第2項に規定する定めがある場合にあっては、各種類の売渡株式の数）に応じて金銭を交付することを内容とするものでなければなりません。

【事前に行うべき事項】

上記の他に、特別支配株主が法人であれば、売渡請求する株式の資産としての重要性に応じて、特別支配株主の取締役会あるいは株主総会にて、株式等売渡請求を議案として決議する必要があります。

（C）特別支配株主から対象会社へ通知（会社法179の3①）

特別支配株主は対象となる会社へ以下を通知します。

・特別支配株主が会社法第179条による株式の売渡請求を行う旨

・（B）の特別支配株主が決定しておくべき事項（会社法179の2）

（D）対象会社が承認・不承認を決める（会社法179の3③）

対象会社の取締役は特別支配株主から通知された事項の条件等を適正であるかを検討してから承認しなくてはなりません。取締役は善管注意義務（会社法330・民法644）があるため、この株式等売渡請求の承認にあたっては、その義務を果たさなくてはなりません。もし、取締役がこの承認をしたために、売渡株主へ損害を与えた場合には善管注意義務違反となります。この制度は強制的に株式を売り渡して、売渡株主には対象会社の株主から離脱してもらう訳ですから、その条件は特別支配株主と売渡株主は公平に考えられるべきで、取締役もこの視点からも承認するかどうかを決定する必要があります。

図表3-20　特別支配株主からの株式等売渡請求開始通知書兼承認請求書(例)

株式等売渡請求開始通知書兼承認請求書

平成○○年○○月○○日

株式会社清文商事
代表取締役　神田　太郎　殿

東京都千代田区内神田5-5-5
株主（特別支配株主）　甲野一郎

拝啓　ますますご清栄のこととお慶び申し上げます。
　私は、貴社及び私以外の株主に対して株主等売渡請求をいたしたく、会社法第179条の3第1項の規定に基づき下記のとおり通知いたします。また、貴社に対して株主等売渡請求の承認を求めます。

敬具

記

1．特別支配株主完全子法人である株式会社清文物産に対しては株式売渡請求をしない。
2．売渡株主に対して交付する対価の額及び割当てに関する事項
　売渡株式の対価の総額を金○万円とし、取得日の前日の最終の株主名簿に記載又は記録された売渡株主に対し、1株当たり金○万円の割合により交付する。
3．新株予約権売渡請求
　行わない
4．特別支配株主が売渡株式等を取得する日（取得日）
　平成○○年○○月○○日
5．2の金銭の支払いのための資金を確保する方法
　特別支配株主は、「千代田銀行　東京支店」に上記2．の対価の総額を超過する額の普通預金を保有しており、当該預金により資金を確保する予定である。
6．株式売渡請求に係るその他の取引条件
　なし

以上

144　②　少数株主から強制的に株式を買い取る方法（スクイーズ・アウト）

【会社の機関の相違による承認方法】

　＊取締役会設置会社の場合

　　　取締役会による承認を行います（会社法179の３③）。

図表３－21　　対象会社の特別支配株主の株式売渡請求を承認する取締役議事録
　　　　　　　（例）

取締役会議事録

　平成○○年○○月○○日午前10時00分より当会社本店会議室において取締役
会を開催した。
　　　　取締役の総数　　３名　　　出席取締役の数　　３名
　　　　監査役の総数　　１名　　　出席監査役の数　　１名

　上記のとおり出席があったので、本取締役会は適法に成立した。
　定刻、代表取締役神田太郎は議長となり、開会を宣言し、直ちに議事に入った。
議　案　特別支配株主の株式等売渡請求承認の件
　議長は、当会社の特別支配株主である甲野一郎氏より下記内容の株式売渡請
求に関する通知がなされた旨を説明し、同人による株式売渡請求についての承
認の可否を議場に諮ったところ、満場異議なくこれを承認可決した。
記
１．特別支配株主完全子法人である株式会社清文物産に対しては株式売渡請
　　求をしない。
２．売渡株主に対して交付する対価の額及び割当てに関する事項
　　売渡株式の対価の総額を金○万円とし、取得日の前日の最終の株主名簿に
　　記載又は記録された売渡株主に対し、１株当たり金○万円の割合により交
　　付する。
３．新株予約権売渡請求　行わない
４．特別支配株主が売渡株式等を取得する日（取得日）　平成○○年○○月○
　　○日
５．２の金銭の支払いのための資金を確保する方法
　　特別支配株主は、「千代田銀行　東京支店」に上記２．の対価の総額を超過
　　する額の普通預金を保有しており、当該預金により資金を確保する予定で
　　ある。
６．株式売渡請求に係るその他の取引条件　なし

以上をもって本取締役会の議案を終了したので、議長は閉会を宣言し、午前10時30分に散会した。
　上記決議を明確にするため、この議事録を作り、出席取締役及び出席監査役がこれに記名押印する。

平成○○年○○月○○日
　　　株式会社清文商事　取締役会

　　　　　　　　　　　　　　議　　　　長
　　　　　　　　　　　　　　代表取締役　　神田 太郎　　　　印
　　　　　　　　　　　　　　出席取締役　　神田 花子　　　　印
　　　　　　　　　　　　　　出席取締役　　神田 三郎　　　　印
　　　　　　　　　　　　　　出席監査役　　山田 四郎　　　　印

＊取締役会非設置会社の場合

　　取締役会非設置会社の場合に、会社法の条文ではこの承認するべき機関を規定していませんが、株主総会による承認の決議は立法の趣旨からそぐわないと考えられているようです。したがって、取締役会非設置会社では、会社法第348条に記載されている方法としての「取締役は、定款に別段の定めがある場合を除き、株式会社（取締役会設置会社を除く）の業務を執行する。」が適用されます。

　　この時に、取締役が二人以上いる場合には、会社の業務は、定款に別段の定めがある場合を除き、取締役の過半数をもって決定します。決定する内容は取締役会による承認と同様で、取締役決定書で書面に残します。

（E）対象会社が特別支配株主へ決定内容を通知（会社法179の3④）

　対象会社は特別支配株主へ売渡請求を承認するか否かの決定を通知します。

図表3－22　対象会社から売渡請求を承認する旨の通知（例）

株式等売渡請求承認に関するご通知

平成○○年○○月○○日

東京都千代田区内神田5-5-5
株主（特別支配株主）　甲野一郎　殿

東京都千代田区内神田8-8-8
株式会社清文商事
代表取締役　神　田　太　郎

拝啓　ますますご清栄のこととお慶び申し上げます。
　さて、平成○○年○○月○○日、貴殿からの株式等売渡請求通知並びに承認
請求を受けましたが、同年○○月○○日、これを承認することに決定いたしま
したので、ご通知申し上げます。

敬具

（F）対象会社が承認した場合に売渡株主へ通知（会社法179の4①②）

　売渡請求を承認した場合には、対象会社は売渡株主へ通知又は公告をします。

【通知される者】

　通知を受けるものは次のものになります。

・売渡株主

・売渡株式の登録質権者

　株式とあわせて新株予約権（新株予約権付社債も含む）を売渡請求する場
合には、新株予約権者・新株予約権付社債者にも通知します。

【通知する内容】

・売渡請求を承認する旨

・特別支配株主の氏名又は名称・住所

・（B）で定めた事項及び法務省令で定める事項（会社法施行規則33の6）

【通知期限】

　取得日の20日前までに通知します。

第3章　株式会社の分散した株式を集約する（スクイーズ・アウトの方法）　*147*

図表3-23 対象会社から売渡株主への売渡請求を承認する旨の通知（例）

株式等売渡請求承認のご通知

平成○○年○○月○○日

株主各位

東京都千代田区内神田8-8-8
株式会社清文商事
代表取締役　神　田　太　郎

拝啓　ますますご清栄のこととお慶び申し上げます。
　当社は、平成○○年○○月○○日開催の取締役会決議により、特別支配株主の株式等売渡請求を承認いたしましたので、会社法第179条の4第1項の規定に基づき、下記のとおり通知いたします。
　なお、本通知により、当社の株主各位（当社及び特別支配株主を除きます）に対して、株式売渡請求がされたものとみなされます。

敬具

記

1．特別支配株主の氏名又は名称及び住所
　　東京都千代田区内神田5-5-5　甲野一郎氏
2．特別支配株主完全子法人である株式会社清文物産に対しては売渡請求をしない。
3．売渡株主に対して交付する対価の額及び割当てに関する事項
　　売渡株式の対価の総額を金○万円とし、取得日の前日の最終の株主名簿に記載又は記録された売渡株主に対し、1株当たり金○万円の割合により交付する。
4．新株予約権売渡請求
　　行わない
5．特別支配株主が売渡株式等を取得する日
　　平成○○年○○月○○日
6．株式売渡請求に係るその他の取引条件
　　なし

以上

【通知の効力】

　この通知又は公告により、特別支配株主から売渡株主へ株式等売渡請求がされたものとみなされます（会社法179の4③）。通知又は公告することになりますが、その費用は対象会社でなく特別支配株主が負担することになります（会社法179の4④）。

（G）事前開示手続（会社法179の5、会社法施行規則33の7）

　対象会社は株式等を売渡請求する書面として次のような事項を書面又は電磁的記録として次の期間に備置して閲覧できるようにしておく必要があります。

【備置期間】

　　開始：通知の日又は公告の日のいずれか早い日から

　　終了：取得日後6か月が経過するまで（非公開会社の場合は1年間）

（書面に記載するべき事項）
・特別支配株主の氏名又は名称、及び住所
・特別支配株主が決定して会社へ通知した内容
　←特別支配株主が決定しなくてはならない事項（会社法179の2①各号）
・会社が売渡請求を承認した旨（会社法179の3①）
・法務省令で定める事項（次に記載）

（書面に記載するべき事項の法務省令で定める事項）
会社法施行規則第33条の7に記載される事項（抜粋）
1．次に掲げる事項その他の法第179条の2第1項第2号 及び第3号 に掲げる事項についての定めの相当性に関する事項（当該相当性に関する対象会社の取締役（取締役会設置会社にあっては、取締役会。次号及び第3号において同じ。）の判断及びその理由を含む。）
　①　株式売渡対価の総額（株式売渡請求に併せて新株予約権売渡請求をする場合にあっては、株式売渡対価の総額及び新株予約権売渡対価の総額）の相当性に関する事項
　②　法第179条の3第1項 の承認に当たり売渡株主等の利益を害さないように留意した事項（当該事項がない場合にあっては、その旨）
2．第33条の5第1項第1号に掲げる事項についての定めの相当性その他の株式売渡対価（株式売渡請求に併せて新株予約権売渡請求をする場合にあっては、株式売渡対価及び新株予約権売渡対価）の交付の見込みに関する事項（当該見込みに関する対象会社の取締役の判断及びその理由を含む。）

第3章　株式会社の分散した株式を集約する（スクイーズ・アウトの方法）　　*149*

3．第33条の5第1項第2号に掲げる事項についての定めがあるときは、当該定めの相当性に関する事項（当該相当性に関する対象会社の取締役の判断及びその理由を含む。）

4．対象会社についての次に掲げる事項

①　対象会社において最終事業年度の末日（最終事業年度がない場合にあっては、対象会社の成立の日）後に重要な財産の処分、重大な債務の負担その他の会社財産の状況に重要な影響を与える事象が生じたときは、その内容（法第179条の4第1項第1号の規定による通知の日又は同条第2項の公告の日のいずれか早い日（次号において「備置開始日」という。）後特別支配株主が売渡株式等の全部を取得する日までの間に新たな最終事業年度が存することとなる場合にあっては、当該新たな最終事業年度の末日後に生じた事象の内容に限る。）

②　対象会社において最終事業年度がないときは、対象会社の成立の日における貸借対照表

5．備置開始日後特別支配株主が売渡株式等の全部を取得する日までの間に、前各号に掲げる事項に変更が生じたときは、変更後の当該事項

（H）売渡株式等の取得（会社法179の9）

　株式等売渡請求をした特別支配株主は、取得日に、売渡株式等の全部を取得します（会社法179の9①）。また、取得した株式が譲渡制限株式である場合には、対象会社は、当該特別支配株主が当該売渡株式等を取得したことについて、譲渡を承認する旨の決定をしたものとみなされます（会社法179の9②）。

　以上の適切な手続きを行えば、（B）で定めた取得日に特別支配株主は売渡株主の株式を取得します。

（I）事後開示手続（会社法179の10、会社法施行規則33の8）

　対象会社は売渡株式等の取得に関する書面等としては次のような事項を記録した書面又は電磁的記録を次の期間に備置して閲覧できるようにしておく必要があります。

【備置期間】

開始：取得日

終了：取得日後6か月が経過するまで（非公開会社の場合は1年間）

（書面に記載するべき事項）

＊会社法施行規則33条の8に記載される事項（抜粋）

① 特別支配株主が売渡株式等の全部を取得した日

② 法第179条の7第1項 又は第2項 の規定による請求に係る手続の経過

③ 法第179条の8 の規定による手続の経過

④ 株式売渡請求により特別支配株主が取得した売渡株式の数（対象会社が種類株式発行会社であるときは、売渡株式の種類及び種類ごとの数）

⑤ 新株予約権売渡請求により特別支配株主が取得した売渡新株予約権の数

⑥ 前号の売渡新株予約権が新株予約権付社債に付されたものである場合には、当該新株予約権付社債についての各社債（特別支配株主が新株予約権売渡請求により取得したものに限る。）の金額の合計額

⑦ 前各号に掲げるもののほか、株式等売渡請求に係る売渡株式等の取得に関する重要な事項

4 少数株主の保護の手続き

（1）売渡株式等の取得をやめることの請求（会社法179の7）

次の①②③の場合において、売渡請求された株主が不利益を受ける恐れがあるときは、売渡請求された株主は、特別支配株主に対して、取得をやめることを請求することができる。

① 法令に違反する場合

② 会社法第179条の4第1項第1号又は会社法第179条の5の規定に違反する場合

③ 会社法第179条の2第1項第2号又は第3号に掲げる事項が対象会社の財産の状況その他の事業に照らし著しく不当である場合

（2）売渡株式等の売買価格の決定の申立て（会社法179の8）

株式等売渡請求があった場合には、売渡株主等は当事者で価格の合意できない場合に裁判所に対し、その有する売渡株式等の売買価格の決定の申立てをすることができます。

第3章　株式会社の分散した株式を集約する（スクイーズ・アウトの方法）　*151*

【申立期間】

　取得日の20日前の日から取得日の前日までの間

【利息の支払い】

　特別支配株主は次の利息を売渡株主へ支払う

　　裁判所の決定した売買価格×年6分の利率×取得日後の日数

【その他】

　特別支配株主は、売渡株式等の売買価格の決定があるまでは売渡株主等に対し、当該特別支配株主が公正な売買価格と認める額を支払うことができます。

5 登記手続の不要

　株式等売渡請求によって、特別支配株主が株主から株式を取得した場合に、登記申請が必要となる「発行可能株式総数」と「発行済株式の総数」に変更は生じないため、登記申請は不要となります。

6 株式等売渡請求に係る売渡株式等の課題

（1）新しい制度のため事例がまだ少ない

　平成26年会社法改正による新しい制度のために具体的な判例や争点がまだ整理できていない点があります。

（2）特別支配株主が個人の場合

　株式等売渡請求の当事者は特別支配株主になります。したがって、株式等売渡請求に係る売渡株式等において法的な問題が起きた場合には当事者が対応しなくてはなりません。また、問題が発生しなくても、株価の算定・3の手順に関与する弁護士費用等は特別支配株主が負担することになります。

　オーナー経営者としては、会社でなく個人が対応しなくてはいけないことは

少し厄介に思うかもしれません。

（3）売渡価格について

　売渡価格についての記載があるのは（会社法第178条の8売買価格の決定の申立て）であって、「特別支配株主は、売渡株式等の売買価格の決定があるまでは売渡株主等に対し、当該特別支配株主が公正な売買価格と認める額を支払うことができる」と記載されていますが、裁判所が決定する売買価格について、具体的な記載がないようです。一方で④の相続人等に対する株式売渡請求による方法では、会社法第177条に、裁判所は、売渡請求の時における株式会社の資産状態その他一切の事情を考慮する必要があるという記載があって売渡価格の取り扱いが異なっているように考えられます。

（4）財源規制にかからない

　特別支配株主とその他株主との株式の売買となるため、特別支配株主が買取できる資金があることが重要です。

　したがって、対象会社についての財源規制は関係ないため、他のスクイーズ・アウトで財源規制が問題となった場合にはこちらの方法が利用しやすくなります。

第3章　株式会社の分散した株式を集約する（スクイーズ・アウトの方法）　　*153*

3 スクイーズ・アウトの税務上の留意点

1 スクイーズ・アウトにおける税務上の主な比較

図表3-24 スクイーズ・アウトの方法と売却株主の税務

方法			売却株主の税務（個人株主の場合）
任意	株式譲渡	相対による売買	株式譲渡損益
		自己株式買取	みなし配当＋株式譲渡損益
強制	全部取得条項付種類株式による方法	自己株式買取	みなし配当＋株式譲渡損益 →平成29年税制改正　株式譲渡損益
		金銭給付	株式譲渡損益
	株式併合による方法	自己株式買取・金銭給付	株式譲渡損益
	相続が発生した個人株主の株式を会社が強制買取する方法	自己株式買取	株式譲渡損益
	平成26年改正による特別支配株主の株式等売渡請求制度	株主間売買	株式譲渡損益

2 スクイーズ・アウトの手法の税務上の留意点

　ここで、会社法改正により整備されてきた強制買取のスクイーズ・アウトについて、税務上の留意点を説明していきますが、平成29年税制改正があったため、税務上も強制買取について、整備されてきました。また、税務上のポイントとしては、第4章 1 ③の株式譲渡の税務上の留意点と第4章 3 ③の自己株式の買取の税務上の留意点（任意の自己株式の買取）をあわせて、ご覧ください。

1 全部取得条項付種類株式による方式

（1）株式発行会社

① 　全部取得条項付種類株式の発行・取得の場合

　特に税務会計処理はありません。

② 　少数株主から次の自己株式の買取の場合

　＊一株に満たない端数株式の処分による買取

　＊反対株主からの買取請求

　＊株式から取得価格の申立後に株式の買取を行った時

　以上については、平成29年税制改正により、みなし配当でなくなり、原則自己株式の買取の特例として資本金等の額の減少となります。

（2）スクイーズ・アウトにより残る大株主

① 　全部取得条項付種類株式の発行

　特に税務会計の処理はありません。

② 　全部取得条項付種類株式の取得

　全部取得条項付種類株式から種類株式へ簿価の付替を実施します。種類株式

の取得にあたり、購入のための手数料等の支出があればその費用も含めます。

③　一株に満たない端数の株式の処分

　スクイーズ・アウトにより大株主も一株に満たない株式を持つ場合があります。その場合には（3）と同じになります。

（3）反対せずに最後に一株に満たない端数の株式を売却した株主

①　株主（個人）

　株式譲渡損益による譲渡所得として、所得税の確定申告をすることになります。

②　株主（法人）

　株式譲渡損益を法人所得に含めます。

（4）定款変更の株主総会において反対した株主の買取請求

　平成29年税制改正により、自己株式の買取の特例として、みなし配当でなく株式の譲渡損益にすべて含まれます。

①　株主（個人）

　株式譲渡損益による譲渡所得として、原則、所得税の確定申告をすることになります。

②　株主（法人）

　株式譲渡損益を法人所得に含めます。

（5）株主が取得価格の決定の申立てを行った場合

①　株主（個人）

　株式譲渡損益による譲渡所得として、所得税の確定申告をすることになります。

②　株主（法人）

　株式譲渡損益を法人所得に含めます。

2 株式併合

（1）株式発行会社

① 株式の併合

特に税務会計処理はありません。

② 少数株主から次の自己株式の買取の場合

＊一株に満たない端数株式の処分による買取

＊反対株主からの買取請求

＊株式から取得価格の申立後に株式の買取を行った時

以上については、自己株式の買取の特例として原則資本金等の額の減少となります。

（2）スクイーズ・アウトにより残る大株主

会計処理としては、有価証券台帳の株数の変更を行いますが、特に税務上の処理はありません。一に満たない株式の買取等の処分があれば、株式の譲渡損益となります。

（3）反対せずに最後に一株に満たない端数の株式を売却した少数株主

① 株主（個人）

株式譲渡損益による譲渡所得として、原則所得税の確定申告をすることになります。

② 株主（法人）

株式譲渡損益を法人所得に含めます。

第3章　株式会社の分散した株式を集約する（スクイーズ・アウトの方法）　*157*

（4） 株式の併合に反対した株主

① 株主（個人）

株式の買取請求を行うことになるため、株式譲渡損益による譲渡所得として、所得税の確定申告をすることになります。

② 株主（法人）

株式の買取請求を行うことになるため、株式譲渡損益を法人所得に含めます。

3 相続が発生した個人株主の株式を会社が強制買取をする場合

（1） 株式発行会社

相続が発生した個人株主の株式を会社が強制買取（裁判所に価格決定の申立てを行った場合も含む）をした場合は、自己株式の買取の特例としてみなし配当にはなりませんが、税務上調整は任意の自己株式買取の原則と同じ次の仕訳となります。

自己株式の買取は10株、合計額5,000,000円とする。
発行済株式数100株、資本金等の額は合計40,000,000円とした場合
＜税務上の仕訳＞
（資本金等の額） 4,000,000 　（現預金） 5,000,000
（利益積立金額） 1,000,000
注：資本金等の額＝40,000,000×10/100＝4,000,000

（2） 相続が発生した個人株主の株式を売り渡した株主

① 株主（個人）

後述の（4）の手続を行った上で株式譲渡損益による譲渡所得として、原則所得税の確定申告をすることになります。また、相続財産を譲渡した場合の相続税の取得費加算の特例（所法33、38）も利用できます。

（3） 裁判所に価格決定の申立てを行った株主

① 株主（個人）

後述の（4）の手続を行った上で株式譲渡損益による譲渡所得として、原則所得税の確定申告をすることになります。

（4） みなし配当課税としないための手続き

平成29年税制改正までは自己株式買取で「みなし配当課税を行わない」という唯一の特例であったため、以下の届け出をする手続きが残ります。

① 要件

次の条件の下で、みなし配当課税しない特例となります。

・相続又は遺贈による財産の取得をした個人でその相続又は遺贈について納付すべき相続税額のあるもの

・その相続の開始があった日の翌日からその相続税の申告書の提出期限の翌日以後3年を経過する日までの間

・その相続税額に係る課税価格の計算の基礎に算入された非上場株式をその発行会社に譲渡した場合

その譲渡対価の額がその譲渡した株式に係る資本等の金額を超えるときは、その超える部分の金額はみなし配当課税を行わない。

② 届け出

（A） 譲渡する株主

次の届出書を発行会社へ提出します。

・「相続財産に係る非上場株式をその発行会社に譲渡した場合のみなし配当課税の特例に関する届出（譲渡人用）」

（B） 株式発行する会社

該当する株を買い取った年の翌年の1月31日までに次の書類を所轄税務署長へ提出することになります。

・「相続財産に係る非上場株式をその発行会社に譲渡した場合のみなし配当課税の特例に関する届出（発行会社用）」

4 特別支配株主の株式等売渡請求制度

（1） 株式発行会社

株式の売買当事者でないため、税務会計処理はありません。

（2） 特別支配株主（株式の買主）⇒個人及び法人

特別支配株主は株式の取得価額と購入手数料により株式の帳簿価額となります。すなわち、購入した有価証券の取得価額は、その購入の代価に購入手数料その他その有価証券の購入のために要した費用がある場合には、その費用の額を加算した金額となります（法令119①一）。また、法人税基本通達2－3－5によれば、通信費と名義書換料は取得価額に含めずに損金として処理することもできます。

したがって、この特別支配株主の株式等売渡請求制度を利用した株式の購入になるため、その特定の目的のために支出した費用であれば、弁護士報酬、コンサルタント報酬、株式鑑定費用等を含めることになります。公告・通知を法人税基本通達2－3－5の通信費とみなせるかは検討の余地があります。

特別支配株主は特別支配株主売渡請求に必要な資金負担に加えて、購入の付随費用も損金処理できずに取得価額に含めることになるため、個人のオーナーがこの制度の利用するときには⑤⑥（2）と同じく税金面でも少し負担を感じるかもしれません。

（3） 少数株主（株式の売主）

① 株主（個人）

株式譲渡損益による譲渡所得として、所得税の確定申告をすることになります。

② 株主（法人）

株式譲渡損益を法人所得に含めます。

5 平成29年度の税制改正による影響（全部取得条項付種類株式の方法）

　全部取得条項付種類株式方式によるスクイーズ・アウトは他の方式とは異なる税務上の問題として、全部取得条項付種類株式を定める定款変更に反対した株主が株式の買取請求を行った場合の税務処理が、任意の自己株式買取と同様で、「みなし配当＋株式の譲渡損益」となる点がありました。

　そこで、平成29年税制改正で他の方法と同じようにするために、次のような改正が行われました。

（1）全部取得条項付種類株式発行のための定款変更に反対した株主が買取請求を行った場合

　平成29年税制改正前は、全部取得条項付種類株式方式によるスクイーズ・アウトだけが税務上の相違があると考えられていましたが、次の改正で他のスクイーズ・アウトと変わらなくなりました。

① 株主（個人）

　税制改正でみなし配当がなくなり、株式譲渡損益だけの譲渡所得として、原則所得税の確定申告をすることになります。

② 株主（法人）

　税制改正でみなし配当がなくなり、株式譲渡損益を法人所得に含めます。

（2）平成29年税制改正が与える影響

① 個人株主：居住者

　譲渡所得とみなし配当では次のような違いがあります。個人の場合には非上場株式の配当は分離課税と総合課税を選択することができます。

（A）株式の譲渡所得の税率

　所得税15％と復興特別所得税0.315％の合計15.315％と住民税５％

（B）配当所得としてのみなし配当

【非上場株式の配当の場合】

第3章　株式会社の分散した株式を集約する（スクイーズ・アウトの方法）　*161*

＊原則：1回5万円超の配当（年1回なら10万円超）

1　配当支払時

　所得税20%と平成25年から49年までの復興特別所得税0.42%を源泉徴収後に配当の支払いがされる。

2　所得税の確定申告

　申告必要（総合課税として参入される。）

　　→確定申告により、住民税も申告終了。

＊例外：1回5万円以下の配当（年1回なら10万円以下）

1　配当支払時

　所得税20%と平成25年から49年までの復興特別所得税0.42%を源泉徴収による控除後に配当の支払いがされる。

2　所得税の確定申告

　申告する（総合課税として参入される。）

　　→確定申告により、住民税も申告終了。

　申告しない（総合課税として参入されない。）

　　→確定申告しないため、住民税は総合課税として申告必要。

　個人の場合には、税制改正の影響が譲渡とみなし配当で税額がプラスになる場合とマイナスになる場合があると考えられます。

②　法人株主

　みなし配当の場合には受取配当益金不算入制度が利用できるため、改正によって増税となることが多いと考えられます。

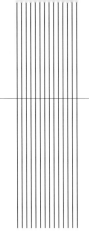

第4章

株式会社の分散した株式を集約する
(スクイーズ・アウト以外の方法)

会社あるいはオーナー経営者が少数株主の持つ株式を集約するために3章でスクイーズ・アウトを検討してきましたが、スクイーズ・アウトはその手続きの煩雑さだけでなく、法的なリスク（例えば、買取請求に係る株式の買取価格が想定外に高額と判断されてしまう）もあります。また、経営者はスクイーズ・アウトのような強制的な買取を会社の方針としないことも多いため、ここでは少数株主の持つ株式を任意的に整理していく方法を検討します。

　一方で、この章の友好的な手続きでは分散した株式の整理が進まない場合には、3章のスクイーズ・アウトしか選択できないこともありますので両者をじっくり比較検討してください。

1 株式の譲渡

1 株式の譲渡による分散株式を集約する前の知識

1 株式の譲渡の意義

　株主が株式の譲渡を自由にできるのが原則です（会社法127）が、中小企業などの非上場会社の場合、多くの会社では売買や贈与等による株式の譲渡による取得については、会社の承認を必要とする「株式の譲渡制限に関する規定」が設けられています。一方で、相続や合併など株主の意思とは無関係に株式を取得する場合には会社の承認は不要となります。

　会社では、資本金の払戻しが原則として認められていないので、株式の譲渡が認められないと株主の投下資本回収の方法がなくなるため、株式の譲渡制限に関する規定がある会社では、会社の承認を受けることを条件に株式の譲渡を認めています（第6章 2 参照）。

　さらに、株主及び株式取得者は、会社が譲渡を承認しない場合には、投下資本の回収ができなくなるので、会社又は会社が指定した第三者（指定買受人）がその株式を買い取ることを求めることができます（会社法138）（第2章 9 をご参照ください）。なお、会社が株式を買い取る場合は、自己株式を取得するための分配可能額の範囲内に限られるという財源規制があります（会社法

第4章　株式会社の分散した株式を集約する（スクイーズ・アウト以外の方法）　*165*

461①)。

2 株券の発行と不発行の相違点

株式の譲渡の方法とその効力には株券の発行と不発行により、次のような相違があります。

（1）株券不発行会社の場合

会社法では、株券不発行会社が原則とされていますが、この場合の株式譲渡は当事者の意思表示のみによって効力が生じます。ただし、株主名簿の記載又は記録が変更されなければ、会社や第三者に株式譲渡を対抗することができません（会社法130）。

なお、株式の譲渡制限に関する定めがある場合は、会社の譲渡承認を得なければ、会社に対して譲渡の効力を対抗できず、株主名簿の書き換え請求をすることもできません。

（2）株券発行会社の場合

株券発行会社の株式譲渡は、当事者の意思表示のみでは足りず、株券を交付しなければその効力が生じません（会社法128①）。株券交付で会社を除く当事者間では効力が発生するので、株主名簿の記載変更は会社に対する対抗要件となります（会社法130②）。第三者に対しては合意と株券占有が対抗要件となります。

また、株券発行前の株式譲渡は会社に対しては効力を生じません（会社128②）。そのため、株券発行会社であるのに、実際に株券を発行していない場合や株券不所持の申し出がなされている場合（会社法217①）は、株式譲渡の前提として株券を発行する必要があります。あるいは、これを機会に株券不発行会社に定款変更してしまうことも考えられます（第6章 4 参照）。

譲渡承認が必要となる点は株券不発行会社と同じです。

図表4－1　株券の発行又は不発行の場合の要件比較

	株券不発行会社	株券発行会社
株式譲渡の方法	当事者の合意（意思表示）のみ（会社法128①の反対解釈）	当事者の合意（意思表示）と株券交付（会社法128①）
会社への対抗	株主名簿の記載変更（会社法130①）	株主名簿の記載変更（会社法130②）
第三者への対抗	株主名簿の記載変更（会社法130①）	当事者の合意（意思表示）と株券占有（会社法128①）

2　株式の任意取得による方法

　少数株主から、創業者・後継者・大株主などが分散した株式を任意に集約する場合、当事者同士で話し合いをして、分散した株式を創業者や後継者などに円満に譲渡あるいは贈与してもらうことが一番良い方法と考えられます。

　そして、贈与ではなく買取になる場合、譲渡代金（株式の評価）の決定が大きな問題となり厄介な点ですが、その譲渡代金が決まってしまえば、あとは会社法に従った株式譲渡の手続きを粛々と進めていくことになります。

　株式の任意買取（譲渡）は、定款に「株式の譲渡制限に関する規定が設定されているか否か」さらには「株券発行会社か否か」によって手続きの流れが変わってきます。

　まずは、株式の譲渡制限に関する規定があることを前提にそれぞれの場合の手続きを確認します。

1　株式の譲渡制限に関する規定があって、譲渡承認する場合

　分散株式を整理する場合の株式譲渡の手続きは以下となります。

第4章　株式会社の分散した株式を集約する（スクイーズ・アウト以外の方法）　*167*

図表 4 - 2　売買の手続きの流れ（例）

	株式の譲渡人側	株式の譲受人側	株式発行会社側
①	----	事前調査	事前調査
②	株式譲渡の事前交渉	株式譲渡の事前交渉	----
③	株式譲渡契約締結	株式譲渡契約締結	----
④	会社へ株式譲渡の承認請求	----	----
⑤	----	----	譲渡承認決議及び通知
A：株券不発行の場合			
⑥ A	譲渡代金受け取り	譲渡代金支払い	----
⑦ A	株主名簿書換請求	株主名簿書換請求	----
B：株券発行の場合			
⑥ B	譲渡代金受け取り・株券交付（引き渡し）	譲渡代金支払い・株券受領	----
⑦ B	----	株券を提出して株主名簿書換請求	----
⑧	----	----	株主名簿の書換

注：表の⑥～⑦では株券を発行している場合（⑥&⑦A）と発行してない場合（⑥&⑦B）の
　　手続きが異なるため、それぞれの場合を説明します。

①　事前調査

　株式の譲受人は事前に会社の登記事項証明書（又は現在の定款）を取得して、「株券を発行する旨の定めがあるか否か」を確認することができます。

　また、株式発行会社は日常から株主名簿をしっかり管理して、株主の氏名や持株数を正しく記載します。このあたりは、分散株式を集約する場合では、既に確認されている事項と考えられるため次へ問題なく進めます。

②　株式譲渡の事前交渉

　オーナー経営者にとっても株主との株式の譲渡交渉は簡単ではありません。しかし、第3章 2 のスクイーズ・アウト等の手続きやその法的なリスクを考えてみると、まずは任意の株式買取ができるように根気よく交渉していくのが分散株式の整理には大切と考えます。特に株主が、親戚・従業員や役員（過去あるいは現在）・取引先等の場合には、オーナー経営者は株主とまだ交渉しやす

いですが、その後継者（親族あるいは親族外）では交渉しにくくなるのが実態です。したがって、株主との譲渡交渉は先伸ばししないことも重要です。

　まず、任意での株式の買取（譲渡）の価格はお互いの協議になりますから、第2章⑨の株式の時価で検討したような「公正な価格」等での株価計算した価格で必らずしも決定しなくても構いません。一方で、強制的な買取であるスクイーズ・アウトでは買取価格について当事者間で協議が整わないときには、裁判所が価格決定をすることになれば、会社が思った以上の高額な価格の決定がされるリスクもあります。

③　株式譲渡（売買）契約締結

　株式譲渡人と譲受人の間で株式譲渡（売買）あるいは贈与の契約書を締結します。

図表4－3　株式譲渡契約書（例）

株式譲渡契約書

　甲野一郎（以下「甲」という。）と乙野二郎（以下「乙」という。）は、次のとおり株式譲渡契約を締結した（以下「本契約」という。）。

第1条（譲渡合意）
　甲は乙に対し、下記の内容にて、甲の所有する株式（以下「本件株式」という。）を売り渡し、乙はこれ買い受けた。
記
　　　発行会社　　株式会社清文商事（以下「丙」という。）
　　　株式の種類　普通株式
　　　株式の数　　100株
　　　譲渡価格　　金500万円
２．甲は第2条の譲渡日までに、本件株式の譲渡に関し丙の取締役会の承認を得る。

第2条（譲渡価格の支払等）
　本件株式の譲渡日を平成○○年○○月○○日と定め、譲渡日に乙は甲に対し、前条記載の譲渡価格全額を支払う。

第3条（株主名簿の名義書換）
　甲は乙と共同して速やかに丙に対して、株主名簿の株主名簿記載事項の書換の請求を行う。

第4条（保　証）
　甲は乙に対し、以下の点を保証する。
　（1）甲が本件株式の完全な所有者であり、丙の株主名簿に記載される株主であること
　（2）本件株式に、質権の設定等、株主権の完全な行使を妨げる瑕疵が存在しないこと

第5条（解　除）
　甲又は乙が本契約に違反した場合、相手方は，相当期間を定めて催告の上本契約を解除し、相手方に対し、その損害の賠償を請求することができる。
2　前条の保証に相違する事実が判明した場合、乙は直ちに本契約を解除し、甲に対しその損害の賠償を請求することができる。

第6条（専属的合意管轄裁判所）
　本契約に関する紛争については、東京地方裁判所を第一審の専属的合意管轄裁判所とする。

　本契約の成立を証するため本契約書を2通作成し，甲乙記名押印の上、各1通を保有する。

　平成〇〇年〇〇月〇〇日

　売主（甲）：住所：東京都千代田区内神田5-5-5
　　　　　　　氏名：甲野一郎　　印
　買主（乙）：住所：東京都豊島区池袋6-6-6
　　　　　　　氏名：乙野二郎　　印

譲渡（売買）でなく譲渡（贈与）の場合であれば「株式贈与契約書」を締結します。

図表4－4　株式贈与契約書（例）

株式贈与契約書

　甲野一郎（以下「甲」という。）と乙野二郎（以下「乙」という。）は、次のとおり株式贈与契約を締結した（以下「本契約」という。）。

第1条（譲渡合意）
　甲は、平成○○年○○月○○日（以下「譲渡日」という。）をもって、甲の所有する株式会社清文商事（以下「丙」という。）の普通株式100株（以下「本件株式」という。）を乙に贈与し、乙はこれを譲り受ける。

第2条（株式の所有権）
　本件株式の所有権は、譲渡日をもって甲から乙へと移転する。

第3条（譲渡承認）
　甲は、譲渡日までに本件株式の譲渡につき、丙の承認を得るものとする。

第4条（株主名簿の名義書換）
　甲は乙と共同して速やかに丙に対して、株主名簿の株主名簿記載事項の書換の請求を行うものとする。

第5条（保　証）
　甲は乙に対し、以下の点を保証する。
　（1）甲が本件株式の完全な所有者であり、丙の株主名簿に記載される株主であること
　（2）本件株式に、質権の設定等、株主権の完全な行使を妨げる瑕疵が存在しないこと

第6条（解　除）
　甲又は乙が本契約に違反した場合、相手方は，相当期間を定めて催告の上本契約を解除し、相手方に対し、その損害の賠償を請求することができる。
　2　前条の保証に相違する事実が判明した場合、乙は直ちに本契約を解除し、甲に対しその損害の賠償を請求することができる。

第4章　株式会社の分散した株式を集約する（スクイーズ・アウト以外の方法）

第7条（専属的合意管轄裁判所）

　本契約に関する紛争については、東京地方裁判所を第一審の専属的合意管轄裁判所とする。

　本契約の成立を証するため本契約書を2通作成し，甲乙記名押印の上、各1通を保有する。

　平成○○年○○月○○日

　贈与者（甲）：住所：東京都千代田区内神田5-5-5
　　　　　　　　氏名：甲野一郎　　印
　受贈者（乙）：住所：東京都豊島区池袋6-6-6
　　　　　　　　氏名：乙野二郎　　印

④　会社へ「株式譲渡」の承認請求

　現在の株主（譲渡人）は次の事項を明らかにして、株式の譲渡承認請求を株式発行会社へ行います（会社法136、138①）。

- ・譲渡する株式の数
- ・株式を譲り受ける者の氏名又は名称
- ・会社が譲渡承認しない場合、会社又は指定買取人が買い取ることを請求する旨

　株式譲渡後には、株式譲渡人だけでなく、株式取得者からも譲渡承認請求をすることができますが、その際に原則として株主名簿に記載又は記録された者やその相続人等と共同して、請求を行わなければなりません（会社法137①）。

　一定の場合には、株式取得者から単独でも、次の事項を明らかにして、請求することもできます（会社法137②、138②、会社法施行規則24）。

- ・株式取得者の取得した株式の数
- ・株式取得者の氏名又は名称
- ・会社が譲渡承認しない場合、会社又は指定買取人が買い取ることを請求する旨

図表4－5　株式譲渡承認請求書（例）

```
                    株式譲渡承認請求書
                                    平成○○年○○月○○日
東京都千代田区内神田8-8-8
　株式会社清文商事
　代表取締役　神田太郎　殿

　私は、貴社普通株式100株を、東京都豊島区池袋6-6-6乙野二郎氏に譲渡し
たいので、その承認を求めます。
　なお、承認をしない旨の決定をする場合には、貴社又は指定買取人が買い取
ることを請求します。
　　　　　　　株主
　　　　　　　　住所　　　東京都千代田区内神田5-5-5
　　　　　　　　氏名　　　甲野一郎　　　届出印　※
```

※：会社へ届出した印鑑

⑤　会社による譲渡承認決議及び通知

　取締役会設置会社であれば取締役会決議で、取締役会非設置会社であれば株主総会決議や代表取締役の決定で、株主から請求されている株式の譲渡承認を行うことになります。この承認の方法は定款や登記事項証明書（会社謄本）で確認できます。取締役会非設置会社の場合、業務執行は原則として「取締役の決定」になります（52ページ参照）。しかし、株式の譲渡承認は会社法第348条第3項に該当しないと考えることもできるため「代表取締役の決定」も実務では使われております。

　会社は、譲渡の承認又は不承認を決議した場合は、その内容を株主等の請求の日から原則として2週間以内に通知しなければ、当該譲渡を承認したものとみなされます（会社法145一）。

　分散株式の整理は株式を整理する局面なので、会社は譲渡を承認することになります。しかし、望まない株主から請求を受けたため譲渡の承認をしない場合、株主や株式取得者からの請求があると、会社自身が買い取るのか、指定買受人を指定するかの決定が必要となります。その後の手続きは指定買受人が本

店所在地の供託所に買取代金を供託したり、価格の折り合いがつかない場合は裁判所に買取の決定の申立てをする必要があるなど、時間と手間が掛かります（後述3（2）参照）。

【取締役会を設置している場合】

図表4－6　株式譲渡承認の取締役会議事録（例）

取締役会議事録

　平成○○年○○月○○日午前10時00分より当会社本店会議室において取締役会を開催した。
　　　　　取締役の総数　　3名　　　　出席取締役の数　　3名
　　　　　監査役の総数　　1名　　　　出席監査役の数　　1名

　上記のとおり出席があったので、本取締役会は適法に成立した。
　定刻、代表取締役神田太郎は議長となり、開会を宣言し、直ちに議事に入った。

　議　案　　株式譲渡の承認について
　　議長は、当会社の株主甲野一郎より、その所有する当社普通株式の全部100株を下記の者に譲渡することについての譲渡承認請求がなされている旨を説明し、その承認の可否を議場に諮ったところ、満場異議なくこれを承認可決した。
　　　　　　　　　　　　　　　　記
　　　　　　　住　所　東京都豊島区池袋6-6-6
　　　　　　　氏　名　乙　野　二　郎

　以上をもって本取締役会の議案を終了したので、議長は閉会を宣言し、午前10時30分に散会した。
　　上記決議を明確にするため、この議事録を作り、出席取締役及び出席監査役がこれに記名押印する。

平成○○年○○月○○日
　　　　株式会社清文商事　取締役会
　　　　　　　　　　　　　　議　　　長
　　　　　　　　　　　　　　代表取締役　　神田 太郎　　　印
　　　　　　　　　　　　　　出席取締役　　神田 花子　　　印
　　　　　　　　　　　　　　出席取締役　　神田 三郎　　　印
　　　　　　　　　　　　　　出席監査役　　山田 四郎　　　印

【取締役会を設置していない場合（代表取締役が決定する場合）】

図表 4 - 7　株式譲渡承認の代表取締役決定書（例）

代表取締役決定書

平成○○年○○月○○日

東京都千代田区内神田 8 - 8 - 8
株式会社清文商事
代表取締役　神田太郎

　甲野一郎氏から乙野二郎氏に対する下記の内容のとおりの株式譲渡承認請求につき、これを承認する。

記

株式譲渡人
　　住　　所：東京都千代田区内神田 5 - 5 - 5
　　氏　　名：甲野一郎
　　譲渡株数：100株

株式譲受人
　　住　　所：東京都豊島区池袋 6 - 6 - 6
　　氏　　名：乙野二郎
　　譲受株数：100株

以　上

　この先から、株券を発行していない場合と発行している場合で手続きが異なりますので、ご注意ください。

⑥A　株式の譲渡代金の支払い（株券を発行していない場合）

　譲受人は、譲渡人に株式譲渡の代金を支払います。

　株式の任意買取のケースでは、株式譲渡契約書には「譲渡代金と引換えに株式を譲渡する」あるいは「会社の株主名簿書換日を譲渡日とし、同日に譲渡代金を支払う」などと記載しておくのが一般的です。

　株券が発行されている場合は、株券の交付が株式譲渡の効力要件となりますが（会社法128①）、ここでは株券が発行されていない場合のため株券の交付は

第4章　株式会社の分散した株式を集約する（スクイーズ・アウト以外の方法）　*175*

不要となります。会社に対する意思表示のみで譲渡可能です。

⑦A　株主名簿書換請求（株券を発行していない場合）

譲渡人と譲受人が共同で会社に株主名簿書換請求書を提出して、株主名簿の名義書換を請求をします。

株券がないため、違法な名義書換請求がされるリスクがあるため、共同での名義書換請求が必要とされています（会社法133②）。

また、株主からの請求があれば会社は株主へ株券の代わりに「株主名簿記載事項証明書」を渡します（会社法122①）。

図表4－8　株主名簿記載事項証明書（例）（株券不発行会社）

株主名簿記載事項証明書

東京都豊島区池袋6-6-6
　乙野二郎　殿

　当社の株主名簿に下記のとおり記載されていることを証明します。
記

番号	氏名又は名称	住　　　所	株式の種類	株式数	株式取得年月日	備　考
5	乙野二郎	東京都豊島区池袋6-6-6	普通株式	100株	平成○年○月○日	株券不発行

平成○○年○○月○○日

東京都千代田区内神田8-8-8
株式会社清文商事
代表取締役　神田太郎　印

⑥B　株式の譲渡代金の支払いと譲渡人から譲受人に株券を交付（株券を発行している場合）

株券発行会社の株式譲渡は、株券の交付が株式譲渡の効力要件となっています（会社法128）。そのため、株券発行会社であるにもかかわらず、株券が発行されていない場合、株主（譲渡人）は会社に対して株券の発行請求を行い、株券を発行してもらう必要があります。

176　　1　株式の譲渡

株券発行会社の株主は、会社に対して株券の所持を希望しない旨を申し出ることができます（会社法217①）が、この申出後にも会社に対していつでも株券の発行請求をすることができます（会社法217⑥）。

図表 4 - 9　株主からの株券交付請求書（例）

株券交付請求書

平成○○年○○月○○日

株式会社清文商事
　代表取締役　神田　太郎　殿

　私は、先に不所持の申出をした貴社株式100株について、株券の交付を請求致します。

　　　　　　株主
　　　　　　　　住所　　　東京都千代田区内神田5-5-5
　　　　　　　　氏名　　　甲野　一郎　　届出印　※

※会社へ届出した印鑑

⑦B　譲受人が単独で会社に株券と株主名簿書換請求書を提出して、株主名簿の名義書換を請求（株券を発行している場合）

　株券が発行されているため、株券の提出があれば、譲渡人だけからの請求であっても違法な書換請求がされるリスクが低いため単独での名義書換請求が認められています（会社法133①、会社法施行規則22②一）。

⑧　株主名簿の記載変更

　株式譲渡は株式取得者の氏名又は名称及び住所を株主名簿に記載又は記録しなければ、会社や第三者に対抗することができないため（会社法130）、株券発行会社は株主名簿の管理を正しく行う必要があります。

　なお、株主名簿の記載事項は、次のようになります（会社法121）。

・株主の氏名又は名称及び住所

・株式の数（種類株式発行会社の場合は、株式の種類及び種類ごとの数）

第4章　株式会社の分散した株式を集約する（スクイーズ・アウト以外の方法）　*177*

・株式取得日

・株券発行会社である場合は、発行されている株券の番号

参考例として、第2章**3**の株主名簿をご覧ください。

2 株式の譲渡制限に関する規定がなく、譲渡する場合

　株式の譲渡制限に関する規定がない場合は、上記**1**の手続きから「株式の譲渡承認手続（上記**1**④⑤）」がなくなるため、手続きとしては簡易になります。しかし、分散株式の整理の場合には自由に譲渡されてしまうと思いもよらない株主から株主名簿書換えを請求されることになりますから、譲渡制限に関する規定のないことをそのままにせず、第6章**2**に記載する株式の譲渡制限に関する規定の設定をするべきと考えます。

3 株式の譲渡制限に関する規定があって、譲渡不承認をする場合

（1）分散株式の場合にどの会社にも起こるリスク

　会社として株式の譲受人を承認できない場合、株式の譲渡を承認しない決議や決定をすることになります。承認請求をしてきた株主に対しては不承認の通知をする必要があります（会社法139②）。

　会社は、譲渡の承認又は不承認の決議の内容を株主等の請求の日から原則として2週間以内に通知しなければ、当該譲渡を承認したものとみなされます（会社法145一）。

　譲渡不承認手続は次の（2）のようになりますが、日程がかなりタイトになります。突然、株主より株式の譲渡承認を請求された場合にも会社法に従ってタイトな日程通りに手続きを進めるために法律の専門家の手助けも必要になると考えられます。このように思いがけずに株主から譲渡承認の請求をされた場合、会社にとっては手続きや費用の負担が大きいことでもあり、分散株式を自発的に整理していくほうが良いと考えられます。

（2）会社が株式の譲渡承認をしない場合の手続き

図表4－10　手続きの流れの一例（売買）

	株式の譲渡人側	株式の譲受人側	株式発行会社側
①	----	事前調査	事前調査
②	株式譲渡の事前交渉	株式譲渡の事前交渉	----
③	株式譲渡契約締結	株式譲渡契約締結	----
④	会社へ株式の譲渡承認請求	----	----
⑤	----	----	譲渡不承認決議及び通知
⑥	指定買取人あるいは会社による買取通知を受ける	----	指定買取人あるいは会社による買取を通知

①～④　図表4－10の①～④の手続き

　図表4－10の①～④は、1 の図表4－2の①～④までと同じ手続きとなるため、そちらをご参照ください。

⑤　譲渡不承認決議及び通知

　会社が株主へ不承認の通知をします（2週間以内に通知）（会社法145一）。

図表 4 - 11　株式譲渡不承認に関するご通知（例）

株式譲渡不承認に関するご通知

平成○○年○○月○○日

東京都千代田区内神田 5 - 5 - 5
　甲野　一郎　殿

東京都千代田区内神田 8 - 8 - 8
株式会社清文商事
代表取締役　神田　太郎

拝啓　ますますご清栄のこととお慶び申し上げます。
　さて、平成○○年○○月○○日、貴殿から乙野二郎氏に対する株式譲渡の承認請求を受けましたが、平成○○年○○月○○日開催の取締役会において承認を否決しましたので、ご通知申し上げます。
　また、当会社が貴殿の指定買受人として株式を買い取る事もあわせてご通知申し上げます。

敬具

---

⑥　指定買取人あるいは会社による買取を通知

　また、会社が譲渡を認めない場合に買受人の指定請求を求められたときは、原則として、「指定買取人」もしくは「会社による買取」を決定をしなければなりません。

　それぞれの場合の原則的な手続きは次の表のようになります。

図表 4 -12　指定買取人と会社の場合の手続き

指定買取人の場合	会社による買取の場合
不承認の通知から10日以内に以下を実施する（会社法145二）	不承認の通知から40日以内に以下を実施する（会社法145二）
・指定買受人は定款に別段の定めがなければ株主総会の特別決議（取締役会設置会社は取締役会決議）で承認（会社法140⑤） ・買取通知を株主に行う（会社法142①） ・供託（会社法142②） ・株券発行会社の株券の供託（会社法142③）	・自社株の買取の株主総会の特別決議による承認（会社法140②） ・買取通知を株主に行う（会社法141①） ・供託（会社法141②） ・株券発行会社の株券の供託（会社法141③）
売買価格の決定	売買価格の決定
指定買取人と株主間で売買契約成立	会社と株主間で売買契約成立
売買代金の支払い	売買代金の支払い
指定買受人の請求で名義書換（会社法133）	会社が名義書換（会社法132①二）

（3）会社が株式の譲渡承認をしない場合のポイント

①　適法な通知がなかった場合

　不承認の通知は2週間以内、指定買取人の通知は不承認の通知から10日以内、会社による買取の通知は不承認の通知から40日以内に行う必要があります。もし、期限内に会社から譲渡等承認請求者へ適法な通知がなかった場合には、株式の譲渡を承認したものとみなされます（会社法145①②③、会社法施行規則26）。通知の日程には注意する必要があります。

②　買取通知前の供託（会社法141②、142②）

　株式会社は、会社法第141条第1項及び会社法第142条第1項の規定による通知をしようとするときは、一株当たり純資産額（会社法施行規則25）に会社法140第1項第2号の対象株式の数を乗じて得た金額をその本店の所在地の供託所に供託し、かつ、当該供託を証する書面を譲渡等承認請求者に交付しなければなりません。

したがって、株主からの譲渡承認通知が会社に届いて、不承認通知が2週間以内と指定買取人の通知が10日以内となるため、24日以内には供託を終えた上で指定買取人の通知を行わなくてはなりません。

③ 株券発行会社の株券の供託

対象株式が株券発行会社の株式である場合は、会社法第141条第2項及び会社法第142条第2項の書面の交付を受けた株主は、交付を受けた日から1週間以内に対象株式の株券を本店所在地の供託所に供託し、会社に対して遅滞なく、供託した旨を通知しなければなりません（会社法141③、142③）。

株主が1週間以内に対象株式の株券を供託しなかったときは、会社は対象株式の売買契約を解除することができます（会社法141④、142④）。

④ 売買価格の決定について

売買価格は、株主と会社あるいは指定買取人の間の協議で決めるのが原則です（会社法144①）。

もし協議が整わない場合には次の手続きを行います。

ア 会社法第141条第1項の買取通知から20日以内に株主あるいは会社又は指定買取人が裁判所へ売買価格決定の申立てをすることができます（会社法144②）。第2章 8 をあわせて参照ください。

イ 20日以内に申立てがされない場合には、供託された金額が売買金額に決定します。

⑤ 会社が買取をする場合

自己株式の買取となるため、財源規制として会社法が定める分配可能額の範囲内でなければなりません（会社法461①）。したがって、分配可能額の範囲内でなければ、指定買取人を選ぶ必要があります。譲渡制限株式を会社が買い取るつもりでもできない場合もあるため、分配可能額がいくらになるかを早めに計算してから株式譲渡承認手続を進める必要があります。

3　株式譲渡に関する税務上の留意点

1　譲渡株主

（1）個人株主

　個人株主の場合には譲渡益が発生した場合として所得税の確定申告で譲渡所得の分離課税計算して、所得税の確定申告で譲渡所得（益）15.315%を所得税及び復興特別所得税として納付します。その後、譲渡所得の5％分の住民税は納付書が送られてから、納付します。

（2）法人株主

　法人株主の場合には、株式の譲渡損益は他の所得と合算され申告されます。通常の申告業務の一環であり税務上、特段の手続きが必要になることはありません。

2　譲受株主

　法人税法施行令第119条第1項第1号によれば、購入した有価証券の取得価額は、その購入の代価に購入手数料その他その有価証券の購入のために要した費用がある場合には、その費用の額を加算した金額となります。また、法人税基本通達2－3－5では通信費と名義書換料は取得価額に含めないとされています。

　譲受株主が当該株式発行会社の場合には、自己株式の買取となるために、❸③の自己株式の税務上の留意点をご覧ください。

第4章　株式会社の分散した株式を集約する（スクイーズ・アウト以外の方法）　*183*

3 税務上の問題点

（1）譲渡した価格による問題

　譲渡した価格が適正な時価であるかどうかで、税務上の課税関係も異なってくるため、次の表を参考に株式の譲渡の税務手続を行ってください。同族関係者が売買の当事者になる場合には、税務上価格を計算して検討してから適正な時価を決定する必要があります。

図表4-13　譲渡価格の比較による税務上の注意するポイント

適正価格　1500円					
売主の処理		買主			
		法人		個人	
売主	法人	株式譲渡益	1500-350	株式譲渡益	1500-350
	個人	譲渡所得	1500-350	譲渡所得	1500-350
買主の処理		売主			
		法人		個人	
買主	法人	課税なし		課税なし	
	個人	課税なし		課税なし	
低額　900円（2分の1以上）					
売主の処理		買主		買主	
		法人		個人	
売主	法人	寄付金課税	1500-900	寄付金課税	1500-900
		株式譲渡益	900-350	株式譲渡益	900-350
	個人	譲渡所得	900-350	譲渡所得	900-350
買主の処理		売主		売主	
		法人		個人	
買主	法人	受増益	1500-900	役員等：給与所得	1500-900
				その他の者：一時所得	1500-900
	個人	受増益	1500-900	みなし贈与	1500-900

低額　600円（2分の1未満）					
売主の処理		買主		買主	
		法人		個人	
売主	法人	寄付金課税	1500-600	寄付金課税	1500-600
		株式譲渡益	600-350	株式譲渡益	600-350
	個人	譲渡所得	1500-350	譲渡所得	600-350
買主の処理		売主		売主	
		法人		個人	
買主	法人	受増益	1500-900	役員等：給与所得	1500-900
				その他の者：一時所得	1500-900
	個人	受増益	1500-600	みなし贈与	1500-600

高額　2500円					
売主の処理		買主		買主	
		法人		個人	
売主	法人	株式譲渡益	1500-350	株式譲渡益	1500-350
		受増益	2500-1500	受増益	2500-1500
	個人	譲渡所得	1500-350	譲渡所得	1500-350
		一時所得	2500-1500	受増益（贈与）	2500-1500
買主の処理		売主		売主	
		法人		個人	
買主	法人	寄付金課税	2500-1500	寄付金課税（※）	2500-1500
	個人	課税なし		課税なし	

※：留意点
① 上記の表の中で実務的には原則買主の価額が優先されるケースが多くなります。
② 上記の表は参考例としての仮の価格であり　適正・低額・高額等は実際の状況に即して判断されます。
③ 売り主が役員等の場合には認定賞与になる場合があります。
④ 参考（買主は財産評価基本通達の原則的評価方法、売主が特例的評価方式の場合）
　売主の配当還元法で売却した場合には買主はその差額部分を贈与があったこととして、実務的には処理するケースも多いです。

税務上の時価については、第7章 2 をご参照ください。

2 名義株の整理

1 名義株とは

「名義株」とは、真実の所有者と名義上の所有者が異なる株式のことをいいます。他人名義を借用して、株式の引き受けの払い込みがなされることで生じるもので改正前商法の発起人のケース（第1章 2 参照）がその典型例です。

名義株に関連する判例では、「他人の承諾を得てその名義を用い株式を引き受けた場合においては、名義人すなわち名義貸与者ではなく、実質上の引受人すなわち名義借用者がその株主となるものと解するのが相当である」（最判S42.11.17）と判断されました。つまり、実質的に株式を引き受け、出資の払込をした者が所有者となるということです。

ただし、株式の帰属について実際に争いになった場合、「株主であることを立証することができるのか？」という問題があるので容易に解決しないことも考えられます。

名義株は、放置しておくと名義株主から買取請求を受けたり、議決権行使など株主としての権利を主張されるリスクがありますので、早めに整理することが重要です。

また、名義株は、後継者への事業承継（株式譲渡）、M＆Aによる事業譲渡（株式譲渡）、株主総会の安定的な経営（議決権）、株式管理コストの削減などの局面で名義株を整理することが必要となります。

2　名義株を調査する手続き

　名義株が生じている場合、株主名簿などから真実の株主の確定作業が必要となってきますが、株主名簿に真実の株主が記載されていないため間違った状態にあります。そのため次のような手続きで真実の株主の確定作業を行っていく必要があります。ただし、これらの調査でも確定ができない場合もあります。

① 会社関係者へのヒアリング（名義株発生時の状況。相続が発生している場合は誰が相続人かの確認等）

② 会社設立時の原始定款で発起人の確認（原始定款が手元にない場合、作成後20年以内であれば公証役場で原始定款の謄本請求可能）

③ 過去の株主総会議事録や取締役会議事録等で出席株主数や譲渡承認手続をしていないか等の確認

④ 決算書の「同族会社の判定に関する明細書」に記載されている株主を確認

⑤ 顧問税理士などへのヒアリング

　この作業で判明した名義株については、話し合いができる状況にあるならば、名義株主との間で、名義株であることを明確にするとともに、名義変更の承諾を得たことを証する書面を作成しておくべきです。

　合意ができない場合は、強制的な方法で原則有償による名義株の解消を進めていくことになります（前述第3章あるいは第5章ご参照ください）

3　合意による名義株の解消

　名義株主との合意により名義株主から真実の株主へ株式を譲渡する方法です。必ず合意した内容について合意書等を作成して証拠を残しておきます。可能な限り名義株主本人の自署及び実印押印（印鑑証明書付）を求める様にしま

す。無償による譲渡になりますが、名義株主にはいわゆる「ハンコ代」の支払いが必要な場合もあるでしょう。

図表4-14　名義株及び名義変更の同意書（例）

名義株及び名義変更の同意書

平成○○年○○月○○日

株式会社清文商事
神田　太郎　殿（真実の株主）

東京都千代田区内神田5-5-5
甲　野　一　郎　　実印

　私は、本店：東京都千代田区内神田8-8-8、商号：株式会社清文商事の普通株式100株について下記事項を自認し、速やかに株式の名義変更手続に協力することに同意いたします。
記
1. 株主名簿上は私の名義になっていますが、会社設立時に発起人の1人として私の名義を貸しただけであり、私が実際には金銭の出資はしていないこと
1. 実際の金銭出資者は神田太郎氏であり、真実の株主は神田太郎氏であること
1. 私は株券を所持したことも、配当を受領したこともないこと
1. 私は議決権を行使するなどの権利行使をしたことがないこと
1. 名義変更をするために金銭の交付は一切不要であること

以上

　ただし、名義株主が長年にわたり、議決権の行使や配当金の受領、確定申告書の「同族会社の判定に関する明細書」に株主として記載されている事などにより、税務上も名義株であることを立証できにくい問題があるため、合意によっても無償による株式譲渡が困難となる場合が考えられます。その場合は有償あるいは贈与での取得を検討する必要があります。

　名義株主から真実の株主に株式を譲渡する場合にも、通常の株式譲渡の承認

手続が必要となるか否か、について会社法には明文規定がないものの、通常の
株式譲渡手続に準じて対応しておく方が後の紛争予防になると考えます。

4 名義株の整理前に検討しておくこと

1 株主リストと株主名簿

（1）株主名簿の重要性

　中小企業においては会社法の規定で作成した株主名簿を備えている方が少な
いのが実情ですが、次のとおり現在判明している株主を株主名簿に法的に正し
く記載しておく必要があります。

＜株主名簿の効果＞

　会社側が株主名簿を作成することで株主による株式の取得が有効となるわけ
ではありませんが、正しい株主名簿を備えておけば次のような主な効果があり
ます。

- ・現在の株主が会社及び第三者に対して（株券発行会社である場合は、会社
に対して）株主であることを対抗できるようになる（会社法130）。
- ・会社は株主名簿上の株主及び住所に対して必要な通知や催告を行えば足り
（会社法126①）、その通知や催告が通常到達すべき時に到達したものとみ
なされる（会社法126②）。後述の第6章 3 をあわせて参照ください。

第4章　株式会社の分散した株式を集約する（スクイーズ・アウト以外の方法）　*189*

（2）平成28年商業登記規則改正による株主リスト

① 株主リストとは

　平成28年の商業登記規則改正より、平成28年10月1日以降の株式会社等の登記の申請に際して、「登記すべき事項につき株主総会の決議（種類株主総会の決議）を要する場合」及び「登記すべき事項につき株主全員の同意（種類株主全員の同意）を要する場合」には、添付書面として、「株主リスト」が必要となる場合があります。

　この改正は、登記申請の際に株主リストを提出させることで、株主総会議事録を偽造して虚偽の役員変更登記等を行う違法行為を防止することなどを意図して行われました。

　株主リストは、株主名簿に類似したものでありますが、会社法が規定する株主名簿とは記載事項が異なります。株主リストは商業登記規則第61条第3項の定めにより次の事項が記載されている必要があります。

【株主リストに記載が必要とされる株主】

　・議決権数上位10名の株主
　・議決権割合が2／3に達するまでの株主（2／3に達するまでの株主は，議決権割合の多い方から加算）

のいずれか少ない方の株主についてとなります。

【株主リストに記載する情報】

　・株主の氏名又は名称及び住所
　・株式数（種類株式発行会社は，種類株式の種類及び数）
　・議決権数
　・議決権数割合

（3）株主リスト又は株主名簿を利用する名義株の整理

　株主リストは必ずしも会社のすべての株主が記載されるものではありませ

んが、新たに株主管理に関係する法改正が行われたことからも、株主名簿の記載内容を確認する機会に利用しましょう。その過程で名義株が判明することもあるでしょうし、名義株の整理を進めるよい機会になると思います。

図表4-15　株主リストと株主名簿の記載事項

株主リスト	株主名簿
・株主の氏名又は名称及び住所 ・株式数（種類株式発行会社は，種類株式の種類及び数） ・議決権数 ・議決権の割合	・株主の氏名又は名称及び住所 ・株式数 ・取得日 ・株券番号（株券発行会社の場合）

株主名簿の記載例は図表2-4を参照ください。

参考　株主リスト（例）

証　　明　　書

　○○年○○月○○日付け○○株主総会の第○号議案＊1につき，総議決権数＊2（当該議案につき，議決権を行使することができる全ての株主の有する議決権の数の合計をいう。以下同じ。）に対する株主の有する議決権（当該議案につき議決権を行使できるものに限る。以下同じ。）の数の割合が高いことにおいて上位となる株主であって，次の①と②の人数のうち少ない方の人数の株主の氏名又は名称及び住所，当該株主のそれぞれが有する株式の数（種類株主総会の決議を要する場合にあっては，その種類の株式の数）及び議決権の数並びに当該株主のそれぞれが有する議決権の数に係る当該割合は，次のとおりであることを証明します。
①　10名
②　その有する議決権の数の割合をその割合の多い順に順次加算し，その加算した割合が3分の2に達するまでの人数

	氏名又は名称 *3・4	住所	株式数 （株） *5	議決権数	議決権数の割合
1	A田　B男	東京都千代田区霞が関１−１	300	300	25.0%
2	C田　D女	東京都千代田区霞が関１−２	200	200	16.7%
3	E田　F男	東京都千代田区霞が関１−３	100	100	8.3%
4	G株式会社	東京都千代田区霞が関１−４	50	50	4.2%
5	H合名会社	東京都千代田区霞が関１−５	30	30	2.5%
6	I田　J女	東京都千代田区霞が関１−６	20	20	1.7%
7	K田　L男	東京都千代田区霞が関１−７	15	15	1.3%
8	M田　N女	東京都千代田区霞が関１−８	10	10	0.8%
9	O田　P男	東京都千代田区霞が関１−９	9	9	0.8%
10	Q田　R女	東京都千代田区霞が関１−10	8	8	0.7%
			合計	742	61.8%
			総議決権数	1200	

平成○○年○○月○○日

○○株式会社
代表取締役　　○○　○○　㊞ *6

* 1　株主リストは，株主総会決議を要する登記事項ごとに作成する必要があります。ただし，複数の議案で各株主の議決権数が変わらない場合は，その旨記載の上，1通を提出すれば足ります。
* 2　当該決議事項につき議決権を行使することができた全ての株主の議決権を意味し，株主総会に出席せず，又は議決権を行使しなかった株主の分も含みます。
* 3　株主の氏名等は，株主総会への出席や議決権の行使の有無にかかわらず，記載してください。
* 4　株主の氏名等は，総議決権数に対する各株主の議決権数の割合を多い順に加算し，その合計が3分の2に達するまでの株主か10位以内の株主かいずれか少ない人数の株主を記載してください。なお，同順位の株主が複数いることなどにより10位以内の株主が10名以上いる場合は，その株主全てを任意の形式の別紙を作成して記載してください。
* 5　種類株式発行会社については，「株式数」欄に，種類株式の種類及び種類ごとの数も記載してください。種類株式の種類については，登記された名称のとおりに記載してください。なお，種類株主総会決議についての株主リストを作成する際には，当該種類の株主のみを記載すれば足ります。
* 6　登記所届出印を押印してください。

出所：法務省ＨＰ『「株主リスト」が登記の添付書面となりました』の株主リストの「記載例」より

5　名義株式に関わる税務上の留意点

1　実際の株主と名義株主

（1）株主名簿と法人税別表2の利用

　税務は、形式でなく実際がどのようになっているかが重要であり、株主は名義株主でなく実質の株主が誰であるかで課税関係が変わります。

　また、名義変更について記載されている税法の条文はありませんが、相続税法基本通達9-9において次の記載があります。

（財産の名義変更があった場合）
9-9　不動産、株式等の名義の変更があった場合において対価の授受が行われていないとき又は他の者の名義で新たに不動産、株式等を取得した場合においては、これらの行為は、原則として贈与として取り扱うものとする。（昭39直審（資）22改正）

　それでは、税務では株主を実際にどのような形で記録していくかというと、法人税申告書にある法人税別表2には株主の名前・株数・住所・判定基準となる株主との続柄等が記載されており、非公開企業の中小企業では株主名簿代わりに使われていることもあります。法人税別表2には、すべての株主を記載しなくても良く、また　申告書の書類の一部のため、税理士が記載している場合が多く、株主の異動を把握できていない場合も多く見受けられます。

　したがって、④に記載されているように株主名簿の管理を適時に行うことが重要であり、株主が変更となった場合には、株主からの請求により株主名簿の書換えを行います。また、会社法の改正で④に記載されているように登記申

第4章　株式会社の分散した株式を集約する（スクイーズ・アウト以外の方法）　193

請時に株主リストを添付する必要があるので実際の名義人を記載しなくてはなりません。

（2）実質株主との判断

　名義株主になっている場合には、株主間で口頭の了解しているだけの場合が少なくありません。したがって、納税者が実質株主が誰であるかを説明できようにしておかなければなりません。

　以下の事項をご確認ください。

図表4 −16　真の株主を確認するための主な方法

【株主の権利として】
・株券を発行している場合に株券を保管すること
・株主名簿に名前が記載されていること
・配当を行っており、その配当を受け取ること ⇒定期的に配当を実施し、実際の株主が受け取っておきます。 ⇒配当がある場合には会社は源泉所得税を控除して支払調書の名義を真の株主にしておかなくてなりません。 ⇒個人の所得税確定申告に配当金を含めて計算します。
・株主総会の招集通知を株主へ送付すること
【資金の流れとして】
・株式を出資した時に資金を負担したことを立証する書類 ⇒ 設立時の銀行口座の確認・送金記録・個人の預金通帳等を残しておきます。
・株主が異動になっている場合に、該当する個人株主は贈与税や譲渡税の申告を行って記録を残す
・出資時の送金記録のある通帳を株主が保管しておく ⇒出資するだけの預金や収入があったことも説明します。
【名義株主であることの確認】
・名義株であると名義株主は認識していること ⇒口頭で名義株を相互に理解している場合には 実質株主と名義株主が協議できるうちに書面を作成して、文書を残しておきます。 ⇒出資時から現在まで長期にわたっている場合には名義株であることを説明できない状況になっている場合もあります。

名義株でなく、実際の株主であることを説明できない場合には、名義株主から実質株主へ名義変更した場合に譲渡所得の所得税・贈与税等の税務の負担をしなくてはならない恐れがあります。一方で実質株主として株式の配当所得、株式の贈与、譲渡所得等の税金の申告を適切に行っていない場合は、実質株主であることを確認後には適時、過去の申告や修正申告等を実施する必要もあります。あわせて183ページをご参照ください。

3 自己株式の取得

1 自己株式とは

　自己株式とは会社が保有する自己の株式のことで、金庫株とも言われます。
　自己株式の取得は、本来認められていない資本の払戻しの例外規定にあたるため、会社法では自己株式の取得が認められる場合を限定しています（会社法155）。
　また、自己株式の取得は、株主に金銭等を交付する必要があるため、剰余金の分配とされています。そのために、自己株式の取得と引換えにする金銭等の総額は、自己株式取得の効力発生日における分配可能額の範囲内に限られるという財源規制があります（第2章11参照）。

2 自己株式取得の4つのケース

　第3章スクイーズ・アウトによる強制的な取得以外で合意により会社が株式を取得して自己株式とすることは、以下の4つのケースが考えられます。

図表 4 - 17　会社による株式の取得の取締役会設置会社の場合（自己株式化）

有償・無償	内　　容	決議方法
会社による無償取得	(1) 株主との合意による取得 （会社法155⑬）	取締役会決議
会社による有償取得	(2) 株主との合意による取得 （会社法156）	株主総会の普通決議 及び取締役会決議
	(3) 特定の株主からの取得 （会社法160）	株主総会の特別決議 及び取締役会決議
	(4) 相続発生時の合意による取得 （会社法162）	株主総会の特別決議 及び取締役会決議

1 株主との合意による取得（無償取得）

　会社が無償で取得する（会社法155⑬、会社法施行規則27一）ケースです。

　この場合、会社としては取締役会又は取締役（取締役会非設置会社の場合）で無償取得を決議して、取得の合意書等を作成しておきます。無償取得の場合は、分配可能額の財源規制の適用はありません。

　なお、会社は取得した自己株式について、振替株式（上場会社の株券を廃止し株主の権利の管理を証券会社等に開設された口座で電子的に行うもの）である場合を除き、株主の請求によらずに株主名簿の名義書換を行う必要があります（会社法132①二）。

2 株主との合意による取得（会社法156）

　会社がすべての株主を対象にその中で合意した株主から、自己株式を有償で取得する場合の手続きの流れは以下のようになります。この有償取得は配当可能額の財源規制があります。

第 4 章　株式会社の分散した株式を集約する（スクイーズ・アウト以外の方法）　*197*

（1）株主との合意による取得の手続き

図表 4 – 18　株主との合意による取得（会社法156）

	会社側の手続き	株主側の手続き
①	株主総会決議	——
②	取締役会決議又は取締役の決定による取得価格等の決定	——
③	株主に対する通知・公告	——
④	——	会社に対する譲渡しの申込み
⑤	譲渡契約の成立（売買代金支払い）	
⑥	株主名簿の書換	

①　株主総会決議（会社法156①）

　会社が株主との合意により当該会社の株式を有償で取得するには、あらかじめ株主総会決議によって、株式の取得に関して次の事項を決めておかなければなりません（会社法156①）。この方法は、ミニ公開買付とも言われる手続方法です。

　・取得する株式の数（種類株式発行会社にあっては、株式の種類及び種類ごとの数）
　・株式を取得するのと引換えに交付する金銭等の内容及びその総額
　・株式を取得することができる期間（1年以内）

198　　③　自己株式の取得

図表 4 – 19　株主との合意による取得のための株主総会議事録（例）

臨時株主総会議事録

　平成○○年○○月○○日午前10時30分より、当社本店において臨時株主総会を開催した。

　　　　株主の総数　　　　　　　　　　　　　　　4名
　　　　発行済株式の総数　　　　　　　　　　1,000株
　　　　議決権を行使できる株主の数　　　　　　　4名
　　　　議決権を行使できる株主の議決権の数　　1,000個
　　　　出席株主の数　　　　　　　　　　　　　　4名
　　　　出席株主の議決権の数　　　　　　　　　1,000個
　　　　出席役員
　　　　　取締役　神田太郎、神田花子、神田三郎
　　　　　監査役　山田四郎
　　　　議長兼議事録作成取締役　　　取締役　神田太郎

議事の経過の要領及びその結果
　定刻、定款の規定に基づき代表取締役神田太郎は議長席に着き、開会を宣し、本日の出席株主数及びその議決権の数等を報告、本株主総会のすべての議案を審議できる法令及び定款上の定定数を満たしている旨を述べ、直ちに議事に入った。

　議案　　自己株式取得の件
　　議長は、株主との合意により下記のとおり当社の株式を有償で取得したい旨を説明し、その可否を議事に諮ったところ、満場異議なくこれを承認可決した。
　　　　　　　　　　　　　　　記
１．取得する株式の種類及び数　普通株式100株
２．株式を取得するのと引換えに交付する金銭等の内容及びその総額
　　金500万円
３．株式を取得することができる期間
　　平成○○年○○月○○日から平成○○年○○月○○日まで

　以上をもって本日の議案が終了したので、議長は閉会を宣言し、午前11時に散会した。

第4章　株式会社の分散した株式を集約する（スクイーズ・アウト以外の方法）

上記決議を明確にするため、本議事録を作り、議長及び出席取締役がこれに記名押印する。

平成○○年○○月○○日
　　　　　株式会社清文商事　臨時株主総会
　　　　　　　　　　　　　　　　　議　　　長
　　　　　　　　　　　　　　　　　代表取締役　　神田 太郎　　　　印
　　　　　　　　　　　　　　　　　出席取締役　　神田 花子　　　　印
　　　　　　　　　　　　　　　　　出席取締役　　神田 三郎　　　　印

②　取締役会決議又は取締役の決定（取締役会非設置会社の場合）による取得価格等の決定（会社法157）

　上記①で株主総会が取締役会（又は取締役）に自己株式の取得に関する授権をしたことを受け、取締役会（又は取締役）が上記①で定めた株式の数や金銭等の総額まで（取得期間内に）、具体的に自己株式を取得をする都度、次に掲げる事項を均等に定める必要があります（会社法157①②③）。

・取得する株式の数（種類株式発行会社にあっては、株式の種類及び種類ごとの数）
・株式1株を取得するのと引換えに交付する金銭等の内容及び数もしくは額又はこれらの算定方法
・株式を取得するのと引換えに交付する金銭等の総額
・株式の譲渡しの申込みの期日

【取締役会設置会社の場合】

図表4-20　株主との合意による取得のための取締役会議事録（例）

　　　　　　　　　　　　　　　取締役会議事録

　平成○○年○○月○○日午前11時00分より当会社本店会議室において取締役会を開催した。
　　　　　　取締役の総数　　3名　　　出席取締役の数　　3名
　　　　　　監査役の総数　　1名　　　出席監査役の数　　1名

上記のとおり出席があったので、本取締役会は適法に成立した。
　定刻、代表取締役神田太郎は議長となり、開会を宣言し、直ちに議事に入った。

議　案　　自己株式の取得の件
　議長は、下記のとおり自己株式を取得したい旨を述べ、その理由を説明し、その承認の可否を議場に諮ったところ、満場異議なくこれを承認可決した。
記
　１．取得する株式の種類及び数　普通株式100株
　２．株式１株を取得するのと引換えに交付する金銭等　金５万円
　３．株式を取得するのと引換えに交付する金銭等の総額　金500万円
　４．株式の譲渡しの申込みの期日　平成○○年○○月○○日

　以上をもって本取締役会の議案を終了したので、議長は閉会を宣言し、午前11時30分に散会した。
　上記決議を明確にするため、この議事録を作り、出席取締役及び出席監査役がこれに記名押印する。

平成○○年○○月○○日
　　　株式会社清文商事　取締役会
　　　　　　　　　　　　議　　　長
　　　　　　　　　　　　代表取締役　　神田 太郎　　　　印
　　　　　　　　　　　　出席取締役　　神田 花子　　　　印
　　　　　　　　　　　　出席取締役　　神田 三郎　　　　印
　　　　　　　　　　　　出席監査役　　山田 四郎　　　　印

【取締役会非設置会社の場合】

図表4-21　株主との合意による取得のための取締役決定書（例）

取締役決定書

　平成○○年○○月○○日当会社本店会議室において、取締役全員が出席し、下記議案について審議した。取締役神田太郎は選ばれて議長となり、直ちに議事に入った。

　議　案　　自己株式の取得の件
　　議長は、下記のとおり自己株式を取得したい旨を述べ、その理由を説明し、その承認の可否を議場に諮ったところ、満場異議なくこれを承認可決した。
記
　1．取得する株式の種類及び数　普通株式100株
　2．株式1株を取得するのと引換えに交付する金銭等　金5万円
　3．株式を取得するのと引換えに交付する金銭等の総額　金500万円
　4．株式の譲渡しの申込みの期日　平成○○年○○月○○日

　上記決定を明確にするため、本決定書を作成し、出席取締役全員がこれに記名押印する。

平成○○年○○月○○日
　　　株式会社清文商事

　　　　　　　　　　　　　　　出席取締役　　神田 太郎　　　印
　　　　　　　　　　　　　　　出席取締役　　神田 花子　　　印
　　　　　　　　　　　　　　　出席取締役　　神田 三郎　　　印

---

③　株主に対する通知（会社法158）

　　会社は上記②の事項を株主に通知する必要があります。公開会社の場合には通知を公告に代えることができます。

図表4-22　会社からの自己株式取得に関する通知書（例）

自己株式取得に関するご通知

平成○○年○○月○○日

株主各位

東京都千代田区内神田8-8-8
株式会社清文商事
代表取締役　神田　太郎

拝啓　ますますご清栄のこととお慶び申し上げます。
　さて、当社は平成○○年○○月○○日開催の取締役会において、下記のとおり自己株式を取得する旨を決議いたしましたので、会社法第158条第1項の規定により通知いたします。

敬具

記

1．取得する株式の種類及び数　普通株式100株
2．株式1株を取得するのと引換えに交付する金銭等　金5万円
3．株式を取得するのと引換えに交付する金銭等の総額　金500万円
4．株式の譲渡しの申込みの期日　平成○○年○○月○○日

以上

---

④　株主による会社に対する譲渡しの申込み（会社法159①）

　上記通知を受けた株主は、申込みの期日までに会社に対し譲渡しの申込みをする株式の数を明示する必要があります。

図表 4 - 23　株主からの株式譲渡申込書（例）

株式譲渡申込書

平成○○年○○月○○日

株式会社清文商事
　代表取締役　神田　太郎　殿

申込者　東京都千代田区内神田 5 - 5 - 5
甲野　一郎

　私は貴社から通知を受けた自己株式取得に関する下記事項を承認のうえ、私が有する普通株式100株の譲渡を申込みいたします。

記
1 ．取得する株式の種類及び数　普通株式100株
2 ．株式 1 株を取得するのと引換えに交付する金銭等　金 5 万円
3 ．株式を取得するのと引換えに交付する金銭等の総額　金500万円
4 ．株式の譲渡しの申込みの期日　平成○○年○○月○○日

以上

---

⑤　譲渡契約の成立（会社法159②）

　通知を受けた株主が会社に譲渡しの申込みをすれば（会社法159①）、株主に通知した株式の譲渡しは、会社が定めた申込期日に譲受けを承諾したものとみなされ、当該株主に係る株式の譲渡契約が成立したことになります（会社法159②）。会社は株主へ売買代金を支払います。

⑥　株主名簿の書換（会社法132①二）。

　会社が株主名簿の書換えを行います。

3 特定の株主からの自己株式の取得（会社法160）

（1）内容

　会社がある特定の株主のみから株式を取得する場合とは、会社が株主との同意によって自己株式を取得するケースの一つです。特定の株主のみから株式を買い取ることは、株主平等の原則に反することになります。そのため、他の株主にも株式譲渡の機会を与えるため、原則として、自己株式を取得するための株主総会の日の2週間前までに、会社が特定の株主以外の株主に対し、「『自己を（売主である）特定の株主に加えたものを株主総会の議案とすること』を請求できる。」旨を通知しなければなりません（会社法160②、会社法施行規則28）。

　そして、上記通知を受けた株主は、原則として、株主総会の5日前までに、売主となる特定の株主に自己を加えたものを株主総会の議案とすることを会社に請求することができます（会社法160③、会社法施行規則29）。

（2）手続き

図表4－24　特定の株主との合意による自己株式の取得（会社法160）

	会社側	特定株主側	その他の株主側
①	合意による株式の譲渡を打ち合せ		----
②	会社からその他の株主へ通知	----	----
③	株主総会決議	----	----
④	取締役会決議あるいは取締役の決定	----	----
⑤	株主に対する通知・公告	----	----
⑥		会社へ株式の譲渡しの申込み	
⑦	株式譲渡契約の成立（売買代金支払い）		
⑧	株主名簿の書換	----	----

① 特定株主との合意による株式買取の打ち合わせ

事前に特定株主と会社側で自己株式の買取についての話し合いを行います。

② 会社からその他の株主へ通知

株主すべてに売却の機会を与えるために、原則として株主総会開催日の2週間前までに、他の株主に対して、特定の株主に自己をも加えたものを株主総会開催日の5日前までに株主総会決議の議案とすることを請求することができる（会社法160③、会社法施行規則29）旨を通知しなければなりません。

＜手続きの問題点＞

会社の意図した特定の株主のみからの買取に留まらない可能性が出てきます。逆に言えば、株式を売りたいと思う株主が追加されて株式の整理につながり、分散している株式を集約できる良い機会ともなります。

③ 株主総会決議

会社が「特定」の株主との合意によって自己株式を有償で取得する場合には、あらかじめ株主総会の特別決議によって、株式の取得に関して次に掲げる事項を定めなければなりません（会社法156①、309②）。

- ・取得する株式の数（種類株式発行会社にあっては、株式の種類及び種類ごとの数）
- ・株式を取得するのと引換えに交付する金銭等の内容及びその総額
- ・株式を取得することができる期間（1年以内）
- ・自己株式の取得を特定の株主に対して行う旨（会社法160①）

なお、売主たる株主は本株主総会では議決権を行使することができず、当該株主の議決権は定足数にも算定されません（会社法160④）。

④ 取締役会設置会社による取締役会の決議あるいは取締役会非設置会社による取締役の決定（会社法157）

上記③で株主総会が取締役会（又は取締役）に自己株式の取得に関する授権をしたことを受け、取締役会（又は取締役）が上記③で定めた株式の数や金銭等の総額まで（取得期間内に）、具体的に自己株式を取得をする都度、次に掲げる事項を均等に定める必要があります（会社法157①②③）。

- ・取得する株式の数（種類株式発行会社にあっては株式の種類及び種類ごと

の数）

- ・株式 1 株を取得するのと引換えに交付する金銭等の内容及び数もしくは額
  又はこれらの算定方法
- ・株式を取得するのと引換えに交付する金銭等の総額
- ・株式の譲渡しの申込みの期日

⑤　株主に対する通知及び公告（会社法158）

　会社は上記④の事項を株主に通知する必要があります。公開会社の場合は、通知を公告に代えることができます。

⑥　会社へ株式の譲渡しの申込み（会社法159①）

　上記通知を受けた株主は、申込みの期日までに、会社に対して譲渡しの申込みをする株式の数を明示する必要があります。

⑦　譲渡契約の成立（会社法159②）

　通知を受けた株主が会社に譲渡しの申込みをすれば（会社法159①）、株主に通知した株式の譲渡しは、会社が定めた申込期日に譲受けを承諾したものとみなされ、当該株主に係る株式の譲渡契約が成立したことになります（会社法159②）。会社は、株主に売買代金を支払います。

⑧　株主名簿の書換（会社法132①二）

　会社が株主名簿の書換を行います。

（3）ポイント

①　財源規制

　この有償取得も分配可能額の財源規制があるため、注意しなくてはなりません（財源規制についての詳細は、第2章**11**参照）。もし、想定外に特定の株主以外からの買取希望者がでると財源規制により取得できなくなるリスクがあります。

②　その他

　会社法第164条により定款で他の株主からの売渡請求を適用しない旨を定めることができますが、この定款変更は株式の発行後に行う場合は株主全員の同意が必要とされています（廃止する場合は株主総会の特別決議で可能です）。

第4章　株式会社の分散した株式を集約する（スクイーズ・アウト以外の方法）　*207*

図表 4 - 25　売渡追加請求権の不適用の定款（例）

> （売主追加請求権の不適用）
> 第○○条　当会社は、株主総会の決議によって特定の株主からその有する株式の全部又は一部を取得することができる。
> 2．前項の場合、当会社は会社法第160条第2項及び第3項の規定を適用しない。

　さらに　次の場合も、ある特定株主以外の株主が自己を特定の株主に追加する請求を認めずに、会社は特定の株主からのみ自己株式を取得することが可能です。

- ・市場価格のある株式を市場価格以下の対価で取得する場合（会社法161）
- ・株主の相続人その他の一般承継人から取得する場合（会社法162：後述 4 参照）
- ・子会社から取得する場合（会社法163）

4　相続発生時の「合意」による自己株式取得（会社法162）

（1）相続人としての株主の問題点

　これも会社が株主との合意によって自己株式を取得するケースの一つです。
　株式の譲渡制限で規制できるのは、売買や贈与といった株主の意思で株式を譲渡する場合で、これを特定承継といいます。株式譲渡の制限で規制できない場合は、相続や合併など株主の意思とは無関係に株式を取得する場合で、これを一般承継といいます。
　ここでは、「相続」による一般承継に限定して説明します。株式の譲渡制限に関する規定のある会社においても、株主に相続が発生すると株式は相続人に相続されることになります。この相続人が会社にとって株主としては好ましくない人だったり、複数の相続人が新たに株主になるなどのケースが起こります。

（2）相続発生時の「合意」による取得

　会社法では相続による株式分散を避けるため、相続された譲渡制限株式を取得する手段として「会社が相続人との合意により任意に取得する方法（会社法162）」と「相続人に対する株式売渡請求権を行使して強制的に取得する方法（第3章**2④**参照）」の2つの規定を置いています。

　ここでは前者の「相続人との合意により任意に取得する方法」を検討します。この規定は、当該相続人以外の株主にも売却の機会を与えなければならないとすると、会社が必要以上に買い受け資金を拠出することになり、財源規制（第2章**11**）により当該相続人から株式を取得することができなくなるため、会社法第160条の特例を認めたものです。

（3）相続人との合意による自己株式の取得の手続き

　会社が相続人との合意によって株式を取得する場合の手続きの流れは以下のようになります。上記**3**とほぼ同じとなります。

図表4－26　相続人との合意による自己株式の取得の手続き（会社法162）

	会社側	相続人側	その他の株主側
①	相続発生と事前打ち合せ		----
②	株主総会決議	----	----
③	取締役会決議又は取締役の決定による取得価格等の決定	----	----
④	相続人の株主に対する通知	----	----
⑤	----	会社へ譲渡しの申込み	----
⑥	譲渡契約の成立（売買代金支払い）		----
⑦	株主名簿の書換	----	----

①　相続の発生と相続人との合意による取得の事前打ち合せ

　相続が発生した後に、会社は相続人が相続する株式を会社が自己株式として買い取る相談をすることになります。

②　株主総会決議（会社法156）

　相続人たる株主は本株主総会では議決権を行使することができず、当該株主

の議決権は定足数にも算定されません（会社法160④）。

図表4-27　相続人から合意による自己株式の取得のための株主総会議事録
　　　　　（例）

臨時株主総会議事録

　平成○○年○○月○○日午前10時30分より、当社本店において臨時株主総会を開催した。

株主の総数	4名
発行済株式の総数	1,000株
議決権を行使できる株主の数	3名
議決権を行使できる株主の議決権の数	900個
出席株主の数	3名
出席株主の議決権の数	900個

　　　出席役員　取締役　神田太郎、神田花子、神田三郎
　　　監査役　山田四郎
　　議長兼議事録作成取締役　　取締役　神田太郎

議事の経過の要領及びその結果
　定刻、定款の規定に基づき代表取締役神田太郎は議長席に着き、開会を宣し、本日の出席株主数及びその議決権の数等を報告、本株主総会のすべての議案を審議できる法令及び定款上の定足数を満たしている旨を述べ、直ちに議事に入った。

　議案　　特定の相続人からの自己株式取得の件
　　議長は、当社株主故甲野一郎氏の唯一の相続人である甲野五郎氏から下記のとおり当社の株式を有償で取得したい旨を説明しその可否を議事に諮ったところ、満場異議なくこれを承認可決した。
　　なお、甲野五郎氏は会社法第160条第4項の規定により議決権を行使しなかった。

記

１．取得する株式の種類及び数　普通株式100株
２．株式を取得するのと引換えに交付する金銭等の総額　金500万円
３．株式を取得することができる期間　平成○○年○○月○○日から平成○○年○○月○○日まで
４．会社法第158条第1項の規定による通知を行う特定株主　甲野五郎氏

以上をもって本日の議案が終了したので、議長は閉会を宣言し、午前11時に散会した。
　上記決議を明確にするため、本議事録を作り、議長及び出席取締役がこれに記名押印する。

平成○○年○○月○○日
　　　株式会社清文商事　臨時株主総会
　　　　　　　　　　　　　　　議　　　長
　　　　　　　　　　　　　　　代表取締役　　神田 太郎　　　　印
　　　　　　　　　　　　　　　出席取締役　　神田 花子　　　　印
　　　　　　　　　　　　　　　出席取締役　　神田 三郎　　　　印

③　取締役会決議又は取締役の決定（取締役会非設置の場合）による取得価格等の決定（会社法157）

上記②の決議を受けて以下の事項を決めます。

・取得する株式の数（種類株式発行会社にあっては株式の種類及び種類ごとの数）

・株式１株を取得するのと引換えに交付する金銭等の内容及び数もしくは額又はこれらの算定方法

・株式を取得するのと引換えに交付する金銭等の総額

・株式の譲渡しの申込みの期日

第4章　株式会社の分散した株式を集約する（スクイーズ・アウト以外の方法）　　211

図表4−28　相続人から合意による自己株式の取得のための取締役会議事録
（例）

取締役会議事録

　平成○○年○○月○○日午前11時00分より当会社本店会議室において取締役会を開催した。

　　　　取締役の総数　　３名　　　　出席取締役の数　　３名
　　　　監査役の総数　　１名　　　　出席監査役の数　　１名

上記のとおり出席があったので、本取締役会は適法に成立した。
定刻、代表取締役神田太郎は議長となり、開会を宣言し、直ちに議事に入った。

議　案　　自己株式の取得の件
　議長は、平成○○年○○月○○日開催の臨時株主総会で決議された株主故甲野一郎氏の相続人から下記のとおり自己株式を取得したい旨を述べ、その理由を説明し、その承認の可否を議場に諮ったところ、満場異議なくこれを承認可決した。
　　　　　　　　　　　　　　　　記
１．取得する株式の数　普通株式100株
２．株式１株を取得するのと引換えに交付する金銭等　金５万円
３．株式を取得するのと引換えに交付する金銭等の総額　金500万円
４．株式の譲渡しの申込みの期日　平成○○年○○月○○日
５．取得の相手方　甲野五郎氏

　以上をもって本取締役会の議案を終了したので、議長は閉会を宣言し、午前11時30分に散会した。
　上記決議を明確にするため、この議事録を作り、出席取締役及び出席監査役がこれに記名押印する。

平成○○年○○月○○日
　　　株式会社清文商事　取締役会

　　　　　　　　　　　　　議　　　　長
　　　　　　　　　　　　　代表取締役　　神田 太郎　　　　印
　　　　　　　　　　　　　出席取締役　　神田 花子　　　　印
　　　　　　　　　　　　　出席取締役　　神田 三郎　　　　印
　　　　　　　　　　　　　出席監査役　　山田 四郎　　　　印

④ 相続人へ対する通知（会社法158①）

上記③で決議された合意による取得の内容を相続人へ通知します。

図表4-29 相続人へ自己株式取得に関する通知書（例）

自己株式取得に関するご通知

平成○○年○○月○○日

故甲野一郎氏相続人
　甲野　五郎　殿

東京都千代田区内神田8-8-8
株式会社清文商事
　代表取締役　神　田　太　郎

拝啓　ますますご清栄のこととお慶び申し上げます。
　さて、当社は平成○○年○○月○○日開催の取締役会において、下記のとおり故株主甲野一郎様のご相続人である貴殿より自己株式を取得する旨を決議いたしましたので、会社法第158条第1項の規定により通知いたします。

敬具

記

　1．取得する株式の種類及び数　普通株式100株
　2．株式1株を取得するのと引換えに交付する金銭等　金5万円
　3．株式を取得するのと引換えに交付する金銭等の総額　金500万円
　4．株式の譲渡しの申込みの期日　平成○○年○○月○○日
　5．取得の相手方　甲野五郎氏

以上

第4章　株式会社の分散した株式を集約する（スクイーズ・アウト以外の方法）　*213*

⑤　相続人から会社へ譲渡しの申込み（会社法159①）

図表4 − 30　相続人から自己株式譲渡申込書（例）

```
                    自己株式譲渡申込書

                                        平成○○年○○月○○日

    株式会社清文商事
    代表取締役　神田太郎　殿

                        申入者　東京都千代田区内神田5 - 5 - 5
                              甲　野　五　郎

      私は、貴社からの自己株式取得の通知を受け、所有する普通株式100株の譲渡
    しを申し込みます。

                                                  以上
```

⑥　譲渡契約の成立（会社法159②）

　相続人へ通知した内容で相続人から株式を取得し、会社は株主へ売買代金を支払います。

⑦　株主名簿の書換（会社法132①二）

　株主名簿に相続人からの自己株式の取得による株主の変更を記載します。

（4）注意すべき事項

①　相続発生後議決権を行使した場合

　この取得は、非公開会社において、当該相続人が株主総会又は種類株主総会において、議決権を行使していない場合に限り認められています（会社法162一、二）。つまり、非公開会社は株式の譲渡に制限がありますが、相続人が株主として議決権を行使した場合には株主であることを会社が自認したことになるた

め、それ以後は通常株主として扱い、通常の買取手続を進めることになります。

②　公開会社は非適用（会社法162一）

本規定は公開会社では利用することができません。

③　他の株主からの売主追加請求権がない（会社法162）

株主からの売主追加請求権（会社法160③）の適用はないため、比較的活用しやすい方法であると言えます。

（5）相続発生を知るポイント

相続発生時の相続人との「合意」による取得あるいは相続人から強制的な買取手続を行うためには、相続があったことを知る必要があります。相続人は、会社法による次のような相続手続を行います。

【相続人による議決権行使】

遺言書がなく遺産分割による協議が未成立の場合には、株式は遺産分割が決定するまで共有で相続されるため、議決権を行使するためには次の手続きが必要です（会社法106）。

＊相続人の間で過半数の同意で議決権を行使する者を決めます。

＊会社に対してその者の氏名又は名称を通知します。

この手続きによって、会社は相続があったことを知ることになりますが、相続人から株式の買取を行うためには株主による議決権行使の前に話し合いをすることになります。

【株式の名義書換】

相続発生後、相続人は株式を相続したことがわかる資料（戸籍謄本・遺産分割協議書・遺言書等）を会社に提出することで、株式の名義書換を請求することができます。

名義書換の請求があった時に相続の発生がわかりますので、早急に話し合いの必要があります。

3　自己株式の税務上の留意点

　非上場会社の自己株式の税務上の処理は、分散株式のそれぞれの当事者で異なってきます。

図表4-31　自己株式の取得（原則と特例）

自己株式の取得	
原則	特例（平成29年税制改正後）
自己株式を取得した会社の処理	
資本金等の減少 ＋利益積立金の減少（みなし配当）	資本金等の減少 （※）
譲渡する株主	
自己株式の取得	自己株式の取得の次の場合 (1)　全部取得条項付種類株式による方法 (2)　株式併合による方法 (3)　相続が発生した個人株主の株式を会社が強制買取する方法 →(1)～(3)反対株主の買取請求、単元未満株式、一に満たない端数処理株式の買取を含む (4)　単元未満株式 (5)　一に満たない端数処理による株式
株式譲渡益（損）＋みなし配当	株式譲渡損益

※：特例による税務調整
　　みなし配当がない場合の税務調整は、①資本金等の減少のみ、あるいは、②資本金等の減少＋利益積立金の減少、という見解が2つあります。

216　　③　自己株式の取得

1 自己株式を取得した会社の会計処理と税務

（1）取得時の会計処理

＊みなし配当がない場合

（自己株式）○○○○（A）　　　（現預金）　○○○○

＊みなし配当がある場合

（自己株式）○○○○　　　　（現預金）　○○○○

　　　　　　　　　　　　　（預り金・源泉所得税）○○○○^{（※）}

　みなし配当金額の計算は会社が行い、株主に通知することになります。また、（3）の記載した支払調書も提出します。株主は会社から通知された計算結果に基づき譲渡損益を計算し申告を行います。（※）の計算金額については、（2）をご参照ください。

（2）取得した期の法人税申告の税務調整

　自己株式を取得した会社は次の金額を計算した上で税務調整を行いますが、自己株式は資本取引に該当するため、自己株式取得により課税は発生しません。

(A)　自己株式を取得する価格

(B)　資本金等減少額

　　　＝自己株式を取得する直前の資本金等の金額×（自己株式取得株式数

　　　÷自己株式取得直前の発行済株式）

(C)　みなし配当金額＝　自己株式取得金額－(B)の金額

(D)　源泉所得税額（復興特別所得税を含む）＝みなし配当×20.42％

＜税務上の処理＞

(借方) 資本金等 　　(B)　　(貸方) 現預金 　　　　　　　(A) − (D)

(借方) 利益積立金 (C)　　(貸方) 預り金・源泉所得税 (D)

(3) 取得時の支払調書の提出

　自己株式を取得した場合には支払調書の提出が原則必要となります。また、事前に税務プランニングで自己株式買取をする場合、会社並びに株主が負担する税金の額を試算しておくべきですが、自己株式を譲渡した株主も次の支払調書を入手することで、みなし配当の有無の最終確認を行うことができます。

　みなし配当がある場合とない場合では提出書類も提出期限も異なります。

① みなし配当課税が行われない場合

　［提出書類］

　　交付金銭等の支払調書と交付金銭等の支払調書合計表

　［提出期限］

　　支払確定日の翌年1月31日（特例あり）

② みなし配当課税が行われる場合の支払調書

　［提出書類］

　　配当等とみなす金額に関する支払調書と配当等とみなす金額に関する支払調書合計表

　［提出期限］

　　支払確定日から1か月以内（特例あり）

（4）自己株式を取得、譲渡（処分）及び消却した会社の法人税申告の税務調整事例

　自己株式の税務会計上の手続きについて、会計仕訳、税務仕訳及び申告調整を事例で説明します。また、調べてみると法人税申告書の記載方法の考え方はいくつかあるため、私見として、参考例の一つを記載してあります。自己株式の保有について、特に税務会計処理はなく、ここでは記載しません。

（A）自己株式の取得の税務会計処理（みなし配当がある場合）

① 自己株式を取得するにあたって、100,000円の手数料を加えて1,300,000円を支払いました
② 資本金等　10,000,000円　発行済株式　1000株　株式の買取　100株
　　資本金等の額の減少額＝10,000,000円×100株÷1,000株＝1,000,000
　　みなし配当　＝1,300,000－1,000,000－100,000＝200,000
③ 会社は非上場の会社で、上場会社の子会社でもない
④ 預り金は、みなし配当200,000円×源泉所得税率20.42％＝40,840

みなし配当あり				
会計の処理 （自己株式）	1,300,000		（現金）	1,259,160
			（預り金）	40,840
税務処理 （資本金等の額）	1,000,000		（自己株式）	1,300,000
（利益積立金額）	200,000			
（支払手数料）	100,000			

別表

別表4

区分			総額	処分	
				留保	社外流出
			①	②	③
当期利益又は当期欠損の額		1			配当　200,000
					その他
減算	自己株手数料損金算入	25	100,000	100,000	

別表5（1）

1利益積立金額の計算に関する明細書					
区分		期首現在資本金等の額	当期の増減		差引翌期首現在利益積立金額
			減	増	
		①	②	③	④
利益準備金	1				
積立金	2				
自己株式			200,000		－200,000
自己株式（手数料）			100,000		－100,000

Ⅱ資本金等の額の計算に関する明細書					
区分		期首現在資本金等の額	当期の増減		差引翌期首現在利益積立金額
			減	増	
		①	②	③	④
資本金又は出資金	32	10,000,000			
資本準備金	33				
自己株式			1,000,000		－1,000,000

（B）自己株式の売却の税務会計処理

① 前掲の（A）の場合で　自己株式を買取した翌年自己株式を売却、1,250,000円を支払った

みなし配当あり				
会計の処理	（現金）	1,250,000	（自己株式）	1,300,000
	（自己株式処分損）	50,000		
	※自己株式処分損は資本取引であり、科目としてはその他資本剰余金の科目となります			
税務処理	（自己株式）	1,300,000	（資本等の額）	1,250,000
			（自己株式処分損）	50,000

別表

別表4　記載事項なし

別表5（1）

	I 利益積立金額の計算に関する明細書			
区分	期首現在資本金等の額	当期の増減		差引翌期首現在利益積立金額
		減	増	
	①	②	③	④
利益準備金　　1	10,000,000			10,000,000
積立金　　2				
自己株式	−200,000	−200,000		
自己株式（手数料）	−100,000	−100,000		
資本金等の額へ振替額			300,000	−300,000

	II 資本金等の額の計算に関する明細書			
区分	期首現在資本金等の額	当期の増減		差引翌期首現在利益積立金額
		減	増	
	①	②	③	④
資本金又は出資金　　32	10,000,000			10,000,000
資本準備金　　33			50,000	−50,000
自己株式	−1,000,000	−1,000,000		
利益積立金額から振替額			300,000	300,000

第4章　株式会社の分散した株式を集約する（スクイーズ・アウト以外の方法）　*221*

（C）自己株式の消却の税務会計処理
③　前掲の（A）の場合で　自己株式を買取した翌年自己株式を資本剰余金で消却した

みなし配当あり

会計の処理　（自己株式償却損）　　1,300,000　　　（自己株式）　　1,300,000
　　　　　　　　※自己株式処分損は資本取引であり、科目としてはその他資本剰余金の科目
　　　　　　　　　となります

税務処理　該当なし

別表
別表4　　　　記載事項なし

別表5（1）

Ⅰ利益積立金額の計算に関する明細書				
区分	期首現在資本金等の額	当期の増減		差引翌期首現在利益積立金額
		減	増	
	①	②	③	④
利益準備金　　　　1	10,000,000			10,000,000
積立金　　　　　2				
自己株式	−200,000	−200,000		
自己株式（手数料）	−100,000	−100,000		
資本金等の額へ振替額			300,000	−300,000

Ⅱ資本金等の額の計算に関する明細書				
区分	期首現在資本金等の額	当期の増減		差引翌期首現在利益積立金額
		減	増	
	①	②	③	④
資本金又は出資金　　32	10,000,000			10,000,000
資本準備金　　　　　33		1,300,000		−1,300,000
自己株式	−1,000,000	−1,000,000		
利益積立金額から振替額			300,000	300,000

2 株主の税務（個人、法人）

　自己株式を取得した会社は、譲渡した株主へ譲渡価格の代金を支払います。その際にみなし配当がある場合には配当金金額の所得税及び復興特別所得税の合計20.42%を源泉徴収した残額が支払われます。この自己株式買取取得ではみなし配当が発生するかどうかで特に譲渡した株主の税金の影響が大きくなるため、事前の税務プランニングが大切です。

　また、自己株式を取得した会社は、譲渡した株主へは□1（3）による支払い調書が送られてくることで最終的なみなし配当の有無とその金額を確認することができます。

　個人の株主は、譲渡損益（＝株式買取価格－みなし配当額－取得経費）を譲渡所得と計算されて、分離課税で所得税の確定申告を行います。一方、法人株主は、株式の譲渡損益も法人所得と一緒に合算されます。

【事例：法人株主みなし配当がある場合】

　取得価額　500,000円

　会社から通知されたみなし配当　300,000円

　源泉所得税　61,260円（300,000円×20.42%）

　自己株式買取価額　1,000,000円

借　方		貸　方	
現預金	938,740	有価証券	500,000
仮払源泉所得税	61,260	受取配当金	300,000
		有価証券売却益	200,000

　また、法人株主が自己株式の受取配当金の益金不参入できない場合は、次のとおりです。

　自己株式取得されることを予定して取得した株式が自己株式として取得された際に生ずるみなし配当による受取配当金の益金不算入を適用できません（法人税法23③、23の2②、81の4③）。

第4章　株式会社の分散した株式を集約する（スクイーズ・アウト以外の方法）　*223*

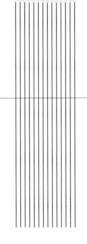

第 5 章

株式を分散したままで
株式会社の経営を
行うときに利用する方法

3章と4章で会社が少数株主へ分散された株式を整理する方法を説明しましたが、例えば株式の買取資金が準備できない、強制的な方法では敵対する株主からの反発を受ける、という事情等で株式を集約することがなかなか困難なケースもあります。そこで株式を分散したままで経営を行う場合には、少数株主による会社経営への影響をできるだけ抑えることが重要となりますので、本章ではその方策を検討します。

1 種類株式

1 種類株式を利用する方法

　種類株式とは、普通株式に認められている株主の権利や内容とは異なる権利や内容を持つ株式を言います。株主平等の例外として、会社法で9つの類型が認められています（会社法108）。その9つの類型を組み合わせて種類株式を設定することも可能です。そのため、会社の実情に合わせた設計が可能となり、使い方によっては非常に便利なものですが、経営者側が逆に制約を受けるような事態になる場合もあるので注意が必要です。

　会社が新たに種類株式に関する定めを設定する場合や、既に発行されている種類株式の内容を変更するには、定款変更の株主総会の特別決議が必要となります。

　また、株式の種類を追加したり、既に発行されている種類株式の内容を変更することで、「ある種類株式の株主」に損害を生じる恐れがあるときは、当該種類株式の種類株主総会における定款変更の特別決議も必要となります（会社法322、324②）。

　以下、「株式を分散したままで経営を行う」際に利用しやすい種類株式をいくつか説明します。

第5章　株式を分散したままで株式会社の経営を行うときに利用する方法　　*227*

2 取得条項付株式

1 取得条項付株式とは

　取得条項付株式とは、あらかじめ定めた事由が発生した場合に、株主の同意なしに会社が強制的に株主の所有する株式を取得することができる株式です（会社法2⑲）。会社は発行する株式の全部又は一部を取得条項付株式とすることができます（会社法107①三、108①六）。

　例えば、役員や従業員の退職や死亡の時に会社が株式を取得する条件の種類株式を設計をしておきます。取得の対価として交付する金額や算定方法も定めておく必要があるので、価格について協議が整わずに取得が難航するような事態にはなりません。対価については現金だけでなく、他の株式や新株予約権などでも構いません。ただし、自己株式の取得する額は分配可能額の範囲内に限られるという財源規制があります（会社法461①）。

2 一般的な導入手続

　ここでは、取得条項付株式を「株式を分散したままで経営を行うときに利用するケース」なので、創業者や経営者側が保有する株式も含めた既存株式の「すべて」を取得条項付株式に内容変更することは想定しておりません。一般的に想定されるケースは、次の2つになります。

（1）普通株式のみ発行している会社が、普通株式と取得条項付株式を発行できる会社にして、新たに取締役等に取得条項付株式を発行する。

（2）普通株式のみ発行している会社が、既に発行している普通株式の一部を取得条項付株式に内容変更する。

228　　1　種類株式

一般的な取得条項付株式の導入・利用手順等を説明していきます。

（1）普通株式のみ発行している会社が、新たに取得条項付株式を発行する場合

　ここではオーナー経営者が役員又は従業員にも株式を持たせたいときにこの手法を使うことで、将来、分散株式を整理することもできる方法を説明します。

①　定款変更

　定款を変更して取得条項付株式を発行できる会社にします。

定款変更のため株主総会の特別決議が必要となります。

株主総会で以下の事由及び発行可能種類株式総数を定めます。

・一定の事由が生じた日に会社が株式を取得する旨及びその事由

・会社が定めた日の到来をもって上記事由とする場合は、その旨

・株式の一部を取得する場合は、その旨及び取得する株式の決定方法

・会社が株式を取得する際の対価及びその算定方法

・効力発行日（特に定めなければ総会決議日が効力発生日となる）

図表5-1　取得条項付株式発行のための定款変更の株主総会議事録（例）

臨時株主総会議事録

　平成○○年○○月○○日午前10時30分より、当社本店において臨時株主総会を開催した。

株主の総数	4名
発行済株式の総数	1,000株
議決権を行使できる株主の数	4名
議決権を行使できる株主の議決権の数	1,000個
出席株主の数	4名
出席株主の議決権の数	1,000個

　　　出席役員
　　　　取締役　神田太郎、神田花子、神田三郎
　　　　監査役　山田四郎
　　　議長兼議事録作成取締役　　取締役　神田太郎

第5章　株式を分散したままで株式会社の経営を行うときに利用する方法　　*229*

議事の経過の要領及びその結果

　定刻、定款の規定に基づき代表取締役神田太郎は議長席に着き、開会を宣し、本日の出席株主数及びその議決権の数等を報告、本株主総会のすべての議案を審議できる法令及び定款上の定定数を満たしている旨を述べ、直ちに議事に入った。

　議案　　定款一部変更の件

　議長は、下記のとおりＡ種類株式を発行するため定款一部変更を行いたい旨を説明し、その可否を議場に諮ったところ、出席株主の議決権の３分の２以上の賛成をもって原案どおり承認可決した。なお、既に発行されている株式は普通株式とする。

記

（発行可能株式総数と種類）

第〇条　当会社の発行可能株式総数は、4000株とする。

２．当会社の発行可能種類株式総数は次のとおりとする。

　　　普通株式　　　　　　　　　　　3000株
　　　Ａ種類株式（取得条項付株式）　1000株

（Ａ種類株式の内容）

第〇条の〇　当会社の発行するＡ種類株式（取得条項付株式）の内容は次のとおりとする。

１．当会社はＡ種類株主が当会社の取締役、監査役又は使用人でなくなった場合には、その有するＡ種類株式を取得することができる。

２．当会社は前項により当該株式１株を取得するのと引換えに、その対価として、前項の事由発生時における最終の貸借対照表の純資産額を発行済株式総数で除した額の金銭を交付する。

　以上をもって本日の議案が終了したので、議長は閉会を宣言し、午前11時に散会した。

　上記決議を明確にするため、本議事録を作り、議長及び出席取締役がこれに記名押印する。

平成〇〇年〇〇月〇〇日

　　　株式会社清文商事　臨時株主総会

　　　　　　　　　　　　議　　　長
　　　　　　　　　　　　代表取締役　神田　太郎　　　印
　　　　　　　　　　　　出席取締役　神田　花子　　　印
　　　　　　　　　　　　出席取締役　神田　三郎　　　印

② 募集株式の発行

募集株式の発行により取得条項付株式を役員や従業員が取得します。

③ 会社による取得条項付株式取得

②より時間が経過して取得事由が発生した場合に会社が当該取得条項付株式を取得します。

④ 登記の変更

上記①②③につき、それぞれ効力発生日から2週間以内に、本店所在地を管轄する法務局に変更登記を申請します。

（2）普通株式のみ発行している会社が、普通株式の一部を取得条項付株式に内容変更する場合

① 定款変更

定款を変更して取得条項付株式を発行できる会社にして、発行可能種類株式総数の変更もします。

同時に、役員や従業員が持っている既発行の普通株式を取得条項付株式へ変更及び発行済株式の総数の変更をします。

図表5－2　登記事項証明書の記載部分の変更前と後（例）

変更前の登記事項証明書の記載部分	
発行可能株式総数	4,000株
発行済株式総数	1,000株

↓

変更後の登記事項証明書の記載部分	
発行可能株式総数	4,000株
発行済株式の総数並びに種類及び数	発行済株式の総数　　　　　1,000株 各種の株式の数　普通株式　　900株 　　　　　　　　　A種類株式　100株
発行可能種類株式総数及び発行する各種類の株式の内容	普通株式　　3,000株 A種類株式　1,000株 A種類株式の内容……

第5章　株式を分散したままで株式会社の経営を行うときに利用する方法　*231*

② 取得条項付株式への変更

役員や従業員の普通株式が取得条項付株式に変更します。あらかじめ普通株式を取得しており、登記の変更以外の手続きはありません。

手続上の問題として、会社法上は条文に規定がないものの、登記手続上は株主総会の特別決議に加え、「株式の内容が変更される株主の合意」及び「変更されない株主全員の同意」が必要となる点があります（昭和50.4.30民四2249号）。

そのため、連絡のとれない株主や導入に反対する株主がいる場合は、この変更手続をすることができません。また、既存株主の了解を取るために、株式を取得する際の対価を高めに設定するなどの手当が必要となるかもしれません。

③ 会社による取得

②より時間が経過して取得事由が発生した場合に会社が当該取得条項付株式を取得します。

④ 登記の変更

上記①②③につき、それぞれ効力発生日から2週間以内に、本店所在地を管轄する法務局に変更登記を申請します。

（3）2つのケースの比較

取得条項付株式を新規発行するためには株式の引受人の金銭の払い込みが必要となりますので、「株式を分散したままで経営を行う」という趣旨からは上記（2）の既存株式の一部を取得条項付株式に内容変更する方がわかりやすいと思われます。株主全員の関与が必要となるため、株主数がさほど多くなかったり、株主からスムーズに同意をとることができる場合には、前記（2）の方が使いやすい方法です。

3　配当優先無議決権株式

1　配当優先無議決権株式とは

　配当優先無議決権株式は、「剰余金の配当」と「議決権制限」の定めを組み合わせた株式です（会社法108①一、三）。

　他の株主よりも優先的に配当を受け取ることができる一方で、株主総会の議決権を有しないため、株主総会決議には参加できません。

　会社経営よりも投資が目的となるベンチャー企業の出資者に利用されるのが典型ですが、例えば、会社に利益が出た場合には、従業員持株会や従業員株主に利益を優先配当するような仕組みとしても利用ができます。

　相続対策として、創業者の相続の際にも利用できます。自社株評価が高い場合にオーナー経営者のすべての株式を後継者が相続すると後継者に多額の相続税が課税されたり、後継者以外の相談人から遺留分の問題が発生することがあります。その対策として、普通株式と配当優先無議決権株式を保有しておいて、遺言書を作り議決権のある普通株式を後継者に、配当優先無議決株式を他の相続人に相続させて調整を図るケースがあります。株式の内容に差異があっても、株式の評価にはさほど大きな差が生じないことを利用した方法です。

2　一般的な導入手続

　導入については、ほぼ上記②取得条項付株式と同じです。

第5章　株式を分散したままで株式会社の経営を行うときに利用する方法　　*233*

（1）普通株式のみを発行している会社が、新たに配当優先無議決権株式を発行する場合

① 定款変更

定款を変更して配当優先無議決権株式を発行できる会社にします。

定款変更として株主総会の特別決議が必要となります。

株主総会で以下の事由及び発行可能種類株式総数を定めます。

- ・配当財産の価額の決定方法
- ・剰余金の配当条件
- ・その他剰余金の配当に関する取り扱いの内容
- ・株主総会において議決権を有しない旨
- ・効力発行日（特に定めなければ総会決議日が効力発生日となる）

図表5-3　配当優先無議決権株式発行のための定款変更の株主総会議事録（例）

臨時株主総会議事録

平成○○年○○月○○日午前10時30分より、当社本店において臨時株主総会を開催した。

株主の総数	4名
発行済株式の総数	1,000株
議決権を行使できる株主の数	4名
議決権を行使できる株主の議決権の数	1,000個
出席株主の数	4名
出席株主の議決権の数	1,000個

出席役員
　　取締役　神田太郎、神田花子、神田三郎
　　監査役　山田四郎
　議長兼議事録作成取締役　　取締役　神田太郎

議事の経過の要領及びその結果

定刻、定款の規定に基づき代表取締役神田太郎は議長席に着き、開会を宣し、本日の出席株主数及びその議決権の数等を報告、本株主総会のすべての議案を審議できる法令及び定款上の定定数を満たしている旨を述べ、直ちに議事に入った。

234　　1　種類株式

議案　定款一部変更の件
　議長は、下記のとおりＡ種類株式を発行するため定款一部変更を行いたい旨を説明し、その可否を議場に諮ったところ、出席株主の議決権の３分の２以上の賛成をもって原案どおり承認可決した。なお、既に発行されている株式は普通株式とする。

記

（発行可能株式総数と種類）
第○条　当会社の発行可能株式総数は、4,000株とする。
　２．当会社の発行可能種類株式総数は次のとおりとする。
　　　普通株式　　　　　　　　　　　　3,000株
　　　Ａ種類株式（配当優先無議決権株式）　1,000株
（Ａ種類株式の内容）
第○条の○　当会社の発行するＡ種類株式（配当優先無議決権株式）の内容は次のとおりとする。
　１．当会社がＡ種類株主に剰余金を配当するときは、普通株主に先立ち１株につき金1000円の剰余配当金（以下、優先配当金という）を支払う。
　２．Ａ種類株主に対する優先配当金が前号に達しない場合でも、その不足額は翌事業年度に累積しない。
　３．Ａ種類株主は法令に別段の定めがある場合を除き、株主総会において議決権を有しない。

　以上をもって本日の議案が終了したので、議長は閉会を宣言し、午前11時に散会した。
　上記決議を明確にするため、本議事録を作り、議長及び出席取締役がこれに記名押印する。

平成○○年○○月○○日
　　　株式会社清文商事　臨時株主総会
　　　　　　　　　　　　　議　　　長
　　　　　　　　　　　　　代表取締役　　神田 太郎　　　印
　　　　　　　　　　　　　出席取締役　　神田 花子　　　印
　　　　　　　　　　　　　出席取締役　　神田 三郎　　　印

②　配当優先無議決権株式の発行と取得

　募集株式の発行により配当優先無議決権株式を発行して、該当する株主がそ

の株式を取得します。

③ 登記の変更

上記①②につき、それぞれ効力発生日から2週間以内に本店所在地を管轄する法務局に変更登記を申請します。

（2）普通株式のみ発行している会社が、普通株式の一部を配当優先無議決権株式に内容変更する場合

②②（2）①②④と同じになります。

（3）2つのケースの比較

②②（3）と同じになります。

4 拒否権付株式

1 拒否権付株式とは

拒否権付株式とは、株主総会や取締役会において決議すべき事項のうち、特定の事項については当該決議の他、拒否権付株主の決議を要するものとする株式です（会社108①八）。「黄金株」とも言われることがあります。

拒否権付株式の導入でオーナー経営者もしくはオーナー一族が会社の重要事項の意思決定に関与することが可能となりますが、種類株式はその内容が登記事項証明書（会社謄本）に記載される点に注意が必要です。対外的にはお家騒動や次期後継者の実力不足、創業者の院政のようなネガティブなイメージを持たれることもあり、導入には慎重な検討と関係者への十分な説明が必要となります。

例えば、たった1株の拒否権付株式をもったまま引退したオーナー経営者が、現経営陣が決議した議案を否定することが想定されます。その様な場合、会社

経営が立ちいかなくなるリスクがあります。そのため、拒否権付株式には取得条項の内容を付しておくことも検討事項となります。

2 一般的な導入する手続き

導入手順については、ほぼ上記②取得条項付株式と同じです。

(1) 普通株式のみ発行している会社が、新たに拒否権付株式を発行する場合

① 定款変更

定款を変更して拒否権付株式を発行できる会社にします。

定款変更のため株主総会の特別決議が必要となります。

株主総会で以下の事由及び発行可能種類株式総数を定めます。

・種類株主総会の決議があることを必要とする事項

・種類株主総会の決議を必要とする条件を定めるときは、その条件

・効力発行日（特に定めなければ総会決議日が効力発生日となる）

図表5－4　拒否権付株式発行のための定款変更の株主総会議事録（例）

臨時株主総会議事録

　平成○○年○○月○○日午前10時30分より、当社本店において臨時株主総会を開催した。

株主の総数	4名
発行済株式の総数	1,000株
議決権を行使できる株主の数	4名
議決権を行使できる株主の議決権の数	1,000個
出席株主の数	4名
出席株主の議決権の数	1,000個

出席役員
　　取締役　神田太郎、神田花子、神田三郎
　　監査役　山田四郎

第5章　株式を分散したままで株式会社の経営を行うときに利用する方法　　*237*

議長兼議事録作成取締役　　取締役　神田太郎

議事の経過の要領及びその結果

　定刻、定款の規定に基づき代表取締役神田太郎は議長席に着き、開会を宣し、本日の出席株主数及びその議決権の数等を報告、本株主総会のすべての議案を審議できる法令及び定款上の定足数を満たしている旨を述べ、直ちに議事に入った。

　議案　定款一部変更の件

　　議長は、下記のとおりＡ種類株式を発行するため定款一部変更を行いたい旨を説明し、その可否を議場に諮ったところ、出席株主の議決権の３分の２以上の賛成をもって原案どおり承認可決した。なお、既に発行されている株式は普通株式とする。

記

（発行可能株式総数と種類）

第○条　当会社の発行可能株式総数は、4000株とする。

２．当会社の発行可能種類株式総数は次のとおりとする。

　　　普通株式　　　　　　　　　　3990株

　　　Ａ種類株式（拒否権付株式）　　10株

（Ａ種類株式の内容）

第○条の○　当会社の発行するＡ種類株式（拒否権付株式）の内容は次のとおりとする。

　　当会社が次の事項を決議するときは、Ａ種類株主の種類株主総会の決議を要する。

　①　事業の全部又は重要な一部の譲渡

　②　当会社が消滅会社となる合併、完全子会社となる株式交換又は株式移転

　③　会社分割

　④　会社の解散

　以上をもって本日の議案が終了したので、議長は閉会を宣言し、午前11時に散会した。

　上記決議を明確にするため、本議事録を作り、議長及び出席取締役がこれに記名押印する。

平成○○年○○月○○日

　　　株式会社清文商事　臨時株主総会

　　　　　　　　　　　　　　　　議　　　長

代表取締役	神田 太郎	印
出席取締役	神田 花子	印
出席取締役	神田 三郎	印

② 拒否権付株式の発行と取得

募集発行により拒否権付株式を発行し、該当する株主がその株式を取得します。

③ 登記の変更

上記①②につき、それぞれの効力発生日から2週間以内に本店所在地を管轄する法務局に変更登記を申請します。

（2）普通株式のみ発行している会社が、普通株式の一部を拒否権付株式に内容変更する場合

②②（2）①②④と同じになります。

（3）2つのケースの比較

②②（3）と同じになります。

5　属人的株式

1　属人的株式とは

属人的株式は会社法が規定する種類株式の9類型に該当する株式ではありませんが、性質上、種類株式と同じように利用できます。非公開会社においては、剰余金の配当を受ける権利、残余財産の分配を受ける権利、株主総会における議決権の3つの権利について、「株主ごと」に異なる取扱いを行う旨を定款に

第5章　株式を分散したままで株式会社の経営を行うときに利用する方法　*239*

定めることができます。これを属人的株式と言います（会社法109②）。

　属人的株式は登記事項ではないので、種類株式とは異なり登記事項証明書（会社謄本）にはその内容が記載されません。そのため、定款を確認していなければ取引先、会社債権者、金融機関などは属人的株式のあることとその内容を確認することができません。

2　一般的な導入手続

　属人的株式の新たな導入には定款変更決議が必要となりますが、その定款変更決議は、総株主の半数以上が出席し、かつ総株主の議決権の4分の3以上の賛成が必要となる特殊決議が必要であり（会社法309④）、通常の定款変更の特別決議よりも決議要件が厳しくなっています。それは、株主平等の原則があるにも関わらず、それに反する恐れのある属人的株式を導入するからです。属人的株式を廃止する場合は、株主総会の特別決議が必要となります。

　属人的株式は上記のとおりの株主総会の特殊決議で定める事ができますが、株主の権利を制限するような内容になる恐れもあるため、実務上はすべての株主の同意をとっておくなどの手当をしておくことが望まれます。

　下級審判決ですが、属人的株式の導入に際して、総株主の同意を得ることなく、恣意的に株主の権利を制限するような場合（合理的な理由や目的の正当性、手段の必要性や相当性がない場合）、株主総会決議が無効になる、との判決がでています。無理な導入は避けて、総株主の同意を取るようにしてください。

　属人的株式の具体例は以下のようなものです

図表5-5　属人的株式の定款（例）

（株主ごとに異なる定め）
第〇〇条
　代表取締役が有する株式については、1株に付き普通株式の5倍の配当を与える。
（株主ごとに異なる定め）
第〇〇条

240　　1　種類株式

> 株主Aが保有する普通株式については、1株に付き議決権100個を与える。

6 種類株式を導入した場合の注意点

　会社法で認められた種類株式は非常に有益なツールで、本書の様な株式対策や事業承継対策など多くの局面で利用可能です。また、株式の内容についてはある意味オーダーメイド的な部分があるので、その内容については会社の実情に合わせて適時にしっかりと検討をすることが必要です。

　種類株式を利用することで、少数派や反対派の株主を排除することや一部の株主だけが多くの配当をもらうことも可能となります。しかし、種類株式（会社法108）はその内容が登記されるため、関係者や第3者がその内容を目にする可能性がありますので、会社経営や会社運営に対して不信感や疑義をもたれるような種類株式の設定はするべきではありません。

　また拒否権付株式の部分で指摘したとおり、導入時の経営陣にとってよかれと思って設定したものの、結果として事業承継後の後継者にとって負担となることもありますので注意をしてください。

第5章　株式を分散したままで株式会社の経営を行うときに利用する方法　　*241*

単元株制度

 単元株式とは

　単元株式とは、定款をもって一定の数の株式を「一単元」の株式と定め、一単元の株式につき1個の議決権を認めるが、単元未満の株式には議決権を認めないこととする制度です（会社法188①）。種類株式発行会社においては、単元株式数を株式の種類ごとに定めなければなりません（会社法188③）。

　単元株制度の制度趣旨は、株主併合の手続きなしに、出資額の少ない株主（議決権数の少ない株主）の権利を限定し、株主管理コストを削減することにあります。

　なお、一単元に満たない単元未満株式は通常の株式と同様に譲渡することができ、配当や残余財産を受ける権利を有します（会社法189②、会社法施行規則35）。また、単元株式を定める定款変更決議において、取締役は単元株式を導入することを会社として必要とする理由を説明しなければなりません（会社法190）。

 一単元の数式の数の制限

　単元株式は大株主等の制度乱用防止のため、1,000株及び発行済株式総数の200分の1を超える数の株式を一単元と定めることはできません（会社法188②、

会社法施行規則34）。上場会社では一単元を100株とすることが原則とされています（上場規定427の2）。

　単元株式は登記事項証明書（会社謄本）に記載される登記事項です。

3　一般的な導入手続(種類株式発行会社ではない場合)

1　単元株式を設定する場合

（1）原則として定款変更による株主総会手続

　単元株式は定款に規定されるため、単元株式の設定は株主総会の特別決議が必要で、新規設定の手続きは次のように行います。

①　定款変更

　定款を変更して単元株式を発行できる会社にします。

　定款変更として株主総会の特別決議が必要となります（ただし、（2）例外として取締役会決議などの場合もあります。）。

　株主総会で以下の事由を定めます。

　・一単元の株式の数

　・効力発生日（特に定めなければ総会決議日が効力発生日となる）

図表5－6　単元株式設定のための定款変更の株主総会議事録（例）

臨時株主総会議事録

　平成○○年○○月○○日午前10時30分より、当社本店において臨時株主総会を開催した。

株主の総数	4名
発行済株式の総数	1,000株
議決権を行使できる株主の数	4名
議決権を行使できる株主の議決権の数	1,000個
出席株主の数	4名
出席株主の議決権の数	1,000個

　　　出席役員
　　　　取締役　神田太郎、神田花子、神田三郎
　　　　監査役　山田四郎
　　　議長兼議事録作成取締役　　取締役　神田太郎

議事の経過の要領及びその結果
　定刻、定款の規定に基づき代表取締役神田太郎は議長席に着き、開会を宣し、本日の出席株主数及びその議決権の数等を報告、本株主総会のすべての議案を審議できる法令及び定款上の定足数を満たしている旨を述べ、直ちに議事に入った。

　議案　定款一部変更の件
　　議長は、単元株式数を設定する必要がある理由を詳細に説明し、以下のとおり単元株式数を新設し、定款第○条以下を１条ずつ繰り下げたい旨を述べ、その可否を議事に諮ったところ、満場異議なくこれを承認可決した。
　　なお、効力発生日は平成○○年○○月○○日とする
　　　　　　　　　　　　　記
（単元株式数）
第○条　当会社の単元株式数は、100株とする。

　以上をもって本日の議案が終了したので、議長は閉会を宣言し、午前11時に散会した。
　上記決議を明確にするため、本議事録を作り、議長及び出席取締役がこれに記名押印する。

平成○○年○○月○○日
　　　　株式会社清文商事　臨時株主総会
　　　　　　　　　　　　　議　　　長
　　　　　　　　　　　　　代表取締役　神田 太郎　　　印
　　　　　　　　　　　　　出席取締役　神田 花子　　　印
　　　　　　　　　　　　　出席取締役　神田 三郎　　　印

②　登記の変更

　効力発生日から2週間以内に、本店所在地を管轄する法務局に変更登記を申請します。

（2）例外として定款変更による取締役会決議等による手続き

　以下の場合は、原則の株主総会決議の例外として、取締役会決議（取締役会非設置会社であれば取締役の決定）のみで足ります。

　　・株式分割と同時に行い、かつ、定款変更の前後で各株主の議決権数が減少しない単元株式数の設定又は変更（増加）（会社法191）
　　・単元株式数の変更（縮少）又は廃止（会社法195①）

2　変更（増加）の場合

　「一単元」の増加は定款の変更となり原則として株主総会の特別決議により行います。

3　変更（縮小）又は廃止の場合

　「一単元」の減少又は「単元株式」の廃止は、取締役会決議（取締役会非設置会社であれば取締役の決定）により行います（会社法195①）。

　この場合、会社は定款変更した旨を株主に対し通知又は公告します（会社法195②③）。

第5章　株式を分散したままで株式会社の経営を行うときに利用する方法　　*245*

4　少数株主の保護

　単元未満株主は、会社に対して単元未満株式の買取を請求することができます（会社法192①）。そのため、単元未満株主からの請求があった場合には、会社は単元未満株式の買取に対応しなければなりません。

　単元未満株主は、会社に対して買取請求する単元未満株式の数を明らかにして請求しなければなりません（会社法192②）。

　会社の買取価格は、①市場価格のある株式である場合は、請求の日の最終の市場価格に相当する額、②市場価格のない株式である場合は、譲渡制限株式の会社の買取請求と同様の手続きで決定される額となるため（会社法193）、あわせて第7章■、■をご参照ください。会社として想定外の高値で買い取らなければならなくなるリスクがありますが、一方で分散株式を集約することもできます。

　なお、この自己株式取得については財源規制はありません。

246　　② 単元株制度

3 従業員持株会

1 従業員持株会とは

　従業員が株式を保有している場合、退職や死亡の際にはその保有する株式を会社が買取等して、将来、株主の所在が不明になることは避けなければなりません。そのために利用できる方法の一つが従業員持株会です。上場会社では約9割の会社が従業員持株制度を取り入れていると言われています。

　従業員持株会のメリットとしては、従業員側からすると、従業員の福利厚生や資産形成に寄与するとともに、従業員の経営参加意識の向上を図ることができる点が挙げられます。

　オーナー経営者側からすると、株式の社外流出の防止や相続財産の中でも比較的相続税評価額が高くなる自社株を従業員持株会に譲渡することで、自己の相続財産を減らすことになり、相続税対策として有益なものとなります。

　一方、従業員持株会のデメリットとしては、従業員側からすると会社が倒産した場合は株式の価値がなくなってしまうこと、オーナー経営者側からすると、従業員持株会の運営の負担や公正な運営・配当が維持できないと従業員側からの不満が出る可能性があるなどが挙げられます。

2 一般的な導入手続

1 従業員持株会の形態

　従業員持株会の形態には主としての３つの種類がありますが、民法第667条による組合型の従業員持株会が一般的です。２人以上で規約を作成すればよく、民法上の組合のため設立登記申請は不要です。

　組合である従業員持株会には法人格がないため自ら株式を所有することができず、株式は組合に所属する従業員全員の共有になると考えられます。事務処理上は、株主名簿には組合の名称、住所、代表者及び持株数の記載又は登録が認められています。

2 手続きと運用

（1）　オーナー経営者中心に従業員持株会の検討
①　従業員持株会の設計によるメリット＆デメリットの分析
②　税務プランニング
（2）　会社と従業員との事前話し合い
①　持株会の担当者の選任
②　従業員持株会の設計
・規約・細則（案）作成 　目的・会員資格・理事長への信託と持ち分・株式の名義、議決権の行使・配当金の配当金の処理・退会の精算方法等
・従業員持株会の理事・監事の候補者の選任
・設立契約書（案）作成
・募集条件の決定
・持株会へ譲渡する株を決める

248　③　従業員持株会

（3）　設立発起人会を開催	
①　規約・細則の決定	
②　理事及び監事の選任	
③　設立契約の締結	
（4）　最初の理事会を開催	
①　理事長決定	
②　その他重要なことの決定	
（5）　日常の手続き	
①　従業員の入会 　・入会届出書・会員台帳の作成 ②　日常 　（会社）給料と賞与の給与天引き・奨励金等の支給 　（持株会）買い付け・積立金管理・株式の配分計算等 　・買い付け（理事長名義に名義書き換え） 　・積立金処理 　・買付残金の資金管理 　・配当金の受領・支払調書の作成 ③　決算 　（持株会）決算報告・会員の個別計算書作成 ④　退職時 　（持株会）退会届・規約通りに精算（従業員から持株会が買い取る）	

（1）株主リスト

　平成28年の商業登記規則改正で、株主総会決議や種類株主総会決議が必要となる登記申請には、株主リストが登記申請の添付書類となったことは前述しましたが、従業員持株会のある会社が登記申請をする場合は、持株会構成員である従業員各自の住所・氏名・持株数を記載する必要まではなく、従業員持株会を単独株主として「規約上の名称と所在地又は理事長の住所、持株数等」を記載すれば良いと考えられています。あわせて第4章 2 ④ をご参照ください。

3　従業員持株会の留意点

1　導入時のポイント

　株式分散リスクを防ぐためには、従業員持株会規約において、従業員以外の者に株式を譲渡できない、従業員退職時には理事長が買い取る、などの規定を置いておく必要があります。ただし、売買価格の有効性が問題となる場合もあるので、規約においてあらかじめ明確に定めるなどの手当が必要となります。

2　判例（額面額での買戻しの有効性）

　従業員持株会に規約がある場合には、次の判例のように額面額での買戻しが有効となっています。

> 最判平成21・2・17判（新聞社の持株会・従業員間の持株会から譲り受けた株式を個人的理由により売却する必要が生じたときは持株会が額面額でこれを買い戻す旨の合意の有効性について）

　結論として、「本件株式譲渡ルールに従う旨の本件合意は，会社法第107条及び第127条の規定に反するものではなく，公序良俗にも反しないから有効というべきである」とされました。

3　事務運営の煩雑さ

　従業員持株会は組織として運営をする必要があります。税務上もその実態があることが重要なので、きちんとした会の運営を行ってください。

4 税務上のポイント

1 オーナー経営者一族から株式の移動に関する税務

オーナー経営者の株式を同族関係者へ譲渡する場合には原則的な評価方式ですが、従業員持株会へ株式を譲渡する場合には、配当還元価額によって株式を移動できるスキームを組むことができます。そのため、従業員持株会はいわゆる安定株主となって、オーナー経営者側にとっては、相続財産を圧縮して将来の相続税を減らすことができる税務上のメリットもあります。しかし、税務は従業員持株会の実態があることが重要ですから、従業員持株会の運営をしっかり行い、従業員持株会の組織を実態あるものにすることも大切です。

2 従業員持株会の税務

従業員持株会はもっとも利用される組合組織で、パススルー（pass through）課税となり、従業員持株会を通過して、会員である各従業員が持株を売却した時や配当を受け取った日までに所得税を申告することになります。したがって、従業員持株会に課税はなされません。

③②の額面額での買取により売却した場合も会社法上では問題がなくとも、同族会社であるオーナー会社では税務上計算された株価との税務では調整が必要となる場合もあります。

第5章　株式を分散したままで株式会社の経営を行うときに利用する方法　*251*

4 信託

1 民事信託とは

　本章のテーマとは多少意味合いが異なってしまいますが、信託を使って経営者の株式を後継者に承継させるスキームによる会社経営を行うことをご紹介します。

　信託法は、信託業界の法律という意味合いが強いものでしたが、平成19年に改正信託法が施行され、「民事信託」＝信託の受託者が営利を目的としない信託が可能となり利用しやすくなってきました。親族が受託者となる民事信託を設計するものを「家族信託」と言う場合もあります。一方、信託業免許を持つ信託銀行などが業として報酬を得る目的で受託者となる信託は「商事信託」「営利信託」といいます。

　民事信託の活用の場面として、相続対策、高齢者・障がい者の財産管理、本人亡き後の配偶者や子の生活保障、事業承継の場面などが想定されています。

2 民事信託（自己信託）を使うスキーム

　ここでは信託の仕組みなどの基本事項の説明は省略させてもらい、分散株式の整理の視点から、民事信託を使って、経営者の議決権を後継者に承継させる

252　4 信託

スキームとして自己信託を説明します。

信託を利用することにより、株式を「経営権」と「財産権」に分けることができます。具体的に言うと株主の権利を「議決権」と「受益権（配当などの経済的利益を受ける権利）」に２つに分けられる点を利用します。

例えば、経営者（X）には長男（A）と次男（B）がおり、自分の後継者として長男（A）を考えていますが、経営者（X）が長男が経営者として独り立ちできる状況になるまで、すぐに引退をする気がなく、経営権もしばらくは持ち続けたいという場合に信託の利用が検討できます。

自己信託は、「同一人が委託者と受託者を兼ねる」点が通常の信託と異なります。通常の「信託契約」では異なる当事者（委託者と受託者）間の合意が必要であるのに対し、「自己信託」では単一当事者（委託者）による意思表示（単独行為）で信託が成立することになります。

その設計方法ですが、経営者（X）がその生前に自社株すべてを対象として、「経営者（X）の自己を委託者兼受託者」「後継者である長男（A）を受益者」とする自己信託を設定します。そして、自己の死亡を信託終了事由としておき、信託終了後には長男（A）が確定的に株式を取得して、議決権を取得できるように設計しておきます。

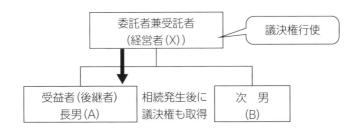

自己信託は、詐害的な自己信託を防止する点から、公正証書等での作成、又は受益者となるべき者に対し確定日付ある証書（信託がされた旨と信託の内容を記載）で通知した時点が、その効力発生時とされています。

このケースでは、自己信託設定時に税務上は自社株が受益者である長男（A）

に贈与されたものとみなされ、贈与税の課税対象になります。このままでは贈与税の負担が重いため自社株評価が低い時点で信託設定を行い、また贈与税の支払等の資金の手当ても必要となります。

3 導入する場合のポイント

　自社株を信託することによって、受託者が株主として当該株式を管理することになるために、その後、経営者が第三者（他の親族等）に株式を処分してしまうリスクを防止することができるとともに、後継者への事業承継を安定的かつ確実に行うことができます。

　自己信託と同様な効果を **1** 種類株式（無議決権付株式、拒否権付株式）を使って実現することも可能です。

＜自己信託を利用するポイント＞

　次のような種類株式のデメリットから、自己信託を利用する方が関係者にとって有利な場合もあります。

① 種類株式の内容が登記事項証明書（会社謄本）に記載されるため第三者に内容を知られてしまうリスクがあります。

② 既発行の株式を種類株式に変更する場合には、登記手続上、すべての株主の同意が必要となります。

③ 経営者死亡時点での株式評価が高額な場合、後継者に多額の相続税が課税されることも考えられます。

④ 遺言書で後継者が株式を相続すると書かれていても、後継者から見ると書き直しされるリスクがあります。

254　④ 信託

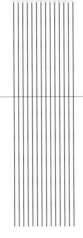

第 6 章

株式会社の株式を分散させないために

分散株式を整理する前に、株式を分散させないことがもっと重要です。
したがって、そのために考えられる方法について、この章で説明します。
例えば、■の株主間契約は、非公開会社のオーナー経営者の会社で、オーナー
経営者と株主が口頭で約束していた事項でも、将来の友好関係が途切れた
時に口頭での約束を立証することは大変難しくなるため、書面の契約書を
しっかり残しておきます。

　行方不明株主対策、株券発行の定め等の非公開会社でも実行しやすい方
法を利用して、株式を分散させない方法を検討します。

1 株主間契約

1 株主間契約とは

　会社運営に関して、株主間契約を利用する場合があります。

　株主間契約とは、株式会社の株主が、株主間の利害調整などの会社運営に関して株主間で締結する契約又は株式会社と株主との間で締結する契約を言います。

　株主間契約を利用する例として、ベンチャー企業が出資を受ける際に投資家との間で締結する、合弁会社を作る際に各企業間で締結する、特定の株主間で株式の取扱いに関して締結する等があります。

　そして、株式を分散させない目的でも非公開会社で株主間契約を利用できます。例えば、オーナー会社で株主が株式を取得する際に額面額で会社等が買取する旨を約束することがありますが、口約束の場合には後からトラブルとなることも多いので、きちんと契約書も残しておきます。

2 株主間契約作成のポイント

1 定款と株主間契約

株主間等で合意した事項については、内容によっては定款に記載しておくこともできますが、あらゆることを定款に記載することはできませんし、定款に記載することで却って強行法規違反として無効となる場合もあります。

一方、株主間契約では、定款に記載すれば強行法規違反として無効になる場合でも、当事者間の債権契約として有効と認められる場合が多くなります。

2 記載する注意点

中小企業において株式の取扱いに関して締結する株主間契約に記載する主な条項としては以下のものがあります。株式分散防止には下記③④⑤が有効な条項となります。

① 役員選任条項

出資比率にかかわらず契約の各当事者が取締役の指名権を有する旨を定めるもの

② 拒否権条項

一定の事項を行う場合に契約の相手側の同意を必要とする旨を定めるもの

③ 譲渡制限条項

契約の相手側の承認なしに株式を譲渡することを禁じる旨を定めるもの

④ 先買権条項

株主が株式を処分しようとする場合、契約の相手側に対し事前の通知義務を負い、通知を受けた契約の相手側が先買権を有する旨を定めるもの

⑤ 売渡強制条項

株主の従業員が退職した場合に契約の相手側が強制的に株式を買い取る旨を定めるもの

図表6-1　株式を買戻すための株主間契約書（例）

株主間契約書

　神田太郎（以下「甲」という。）及び神田三郎（以下「乙」という。）は、甲及び乙が保有する株式会社清文商事（以下「対象会社」という。）の株式に関し、以下の通り株主間契約を締結する（以下「本契約」という。）。

第1条（保有する株式の譲渡）
　　甲又は乙は、自身が対象会社の取締役の地位を退任した場合、相手方に対し、自己が保有する対象会社の株式の全部を譲渡（以下「株式譲渡」という。）する。
2　株式譲渡における1株当たりの譲渡価額は、譲渡株主が譲渡の対象となる対象会社の株式を取得した際の1株当たりの価額と同額とする。
3　前2項に定めるほか、株式譲渡に関する事項については、甲及び乙が別途協議して定める。

第2条（契約の終了）
　本契約は以下のいずれかの事由により終了する。
（1）　甲及び乙の合意により本契約を解除した場合
（2）　甲又は乙が相手方から相手方の保有する株式の譲渡を受けた場合

第3条（他の株主の参加）
　本契約の当事者は、対象会社につき、第三者割当増資、株式譲渡などにより、本契約の当事者以外の株主が出現した場合には、当該株主を本契約の当事者として参加させるよう最善の努力を行わなければならない。

第4条（専属的合意管轄裁判所）
　本契約に関する紛争については、東京地方裁判所を第一審の専属的合意管轄裁判所とする。

　本契約の成立を証するため本契約書を2通作成し、甲乙記名押印の上、各1通を保有する。

平成○○年○○月○○日

甲：住所：東京都千代田区内神田6-6-6
　　氏名：神田太郎　　印
乙：住所：東京都千代田区内神田7-7-7
　　氏名：神田三郎　　印

図表6-2　株式を買戻すための株主間契約書（例）（当初口頭で約束していたものを後日書面にするケース）

株主間契約書

　神田太郎（以下「甲」という。）及び神田三郎（以下「乙」という。）は、甲及び乙が保有する株式会社神田商事（以下「対象会社」という。）の株式に関し、乙が対象会社の取締役に就任した際に口頭にて株式譲渡に関する内容を合意していたが、その内容を明確にするとともに後日の紛争防止を目的に本日以下の通り株主間契約を締結する（以下「本契約」という。）。

第1条（保有する株式の譲渡）
　　甲又は乙は、自身が対象会社の取締役の地位を退任した場合、相手方株主に対し、自己が保有する対象会社の株式の全部を譲渡（以下「株式譲渡」という。）する。
2　株式譲渡における1株当たりの譲渡価額は、譲渡株主が譲渡の対象となる対象会社の株式を取得した際の1株当たりの価額と同額とする。
3　前2項に定めるほか、株式譲渡に関する事項については、甲及び乙が別途協議して定める。

第2条（契約の終了）
　本契約は以下のいずれかの事由により終了する。
　（1）　甲及び乙の合意により本契約を解除した場合
　（2）　甲又は乙が相手方から相手方の保有する株式の譲渡を受けた場合

第3条（他の株主の参加）
　本契約の当事者は、対象会社につき、第三者割当増資、株式譲渡などにより、本契約の当事者以外の株主が出現した場合には、当該株主を本契約の当事者として参加させるよう最善の努力を行わなければならない。

第４条（専属的合意管轄裁判所）
　本契約に関する紛争については、東京地方裁判所を第一審の専属的合意管轄裁判所とする。

　本契約の成立を証するため本契約書を２通作成し、甲乙記名押印の上、各１通を保有する。

　平成○○年○○月○○日

　甲：住所：東京都千代田区内神田６‐６‐６
　　　氏名：神田太郎　　　印
　乙：住所：東京都千代田区内神田７‐７‐７
　　　氏名：神田三郎　　　印

　株主間契約はとても重要な契約になりますから、図表６－１及び６－２をそのまま利用せずに株主間契約を作成する場合には法律の専門家からのアドバイスを受けるようにしてください。また、税務上は公証役場又は法務局で確定日付を受けて、株主間契約がその時点であったことを証明できるようにしておくと、契約の実在性を税務上確認できます。後日書面とする株主間契約書については、税務上では当初からの約束で契約締結していたことを説明できるようにしておく必要もあります。

株式の譲渡制限に関する規定の設定

 株式の譲渡制限とは

　第2章7で簡単に説明しましたが、会社法では株式を自由に譲渡できるのが原則です。しかし、株主数がさほど多くない中小企業においては会社が望まない者が株主となることは好ましくなく、会社は譲渡による株式の取得（相続・合併のような一般承継は含まない）につき、会社の承認を要する旨を定款で定めることができます。このような株式を譲渡制限株式といいます。

　株式の譲渡制限の法制度の過去の変遷は次のようになっています。昭和27年7月1日から昭和41年6月30日当時の商法では株式の譲渡は自由で、定款の定めによっても譲渡を制限できないものとされていました。

　その後、昭和41年の改正によって外資による乗っ取り防止などの目的で株式の譲渡制限の制度が導入されました。

　昭和41年7月1日から平成18年4月30日の間は、株式の譲渡は原則自由で、定款の定めによる取締役会の承認を要する旨の制限が可能と改正されました。しかし、この改正後も定款変更をしないまま定款に株式の譲渡制限に関する規定を設けていない中小企業も多かったため、現在も株式の譲渡制限に関する規定を設けていない中小企業の登記事項証明書（会社謄本）をしばしば見受けます。

　平成18年の会社法施行直後には、定款自治ということで各社の実情にあわせ

て会社の機関設計を中心に定款変更が検討されるケースが増えました。更に「株式の譲渡制限に関する規定のない会社（公開会社）」は、取締役会の設置が強制され、役員の任期を伸長できないなどの制約があります。そのため、公開会社が「取締役会設置会社の定めの廃止」「株券発行の定めの廃止」「株式の譲渡制限に関する規定の設定」等をまとめて登記するケースも多く見受けられました。

会社法では株式の譲渡制限に関する規定を定めることで、取締役や監査役の任期を最長10年に伸ばすこともできるようになります。

② 株式の譲渡制限に関する規定を採用する場合の手続き

株式の譲渡制限に関する規定を新たに定めるためには以下の手続きが必要となります。

1 新規設定の場合

① 定款変更

定款を変更して株式の譲渡制限に関する規定を設定できる会社にしますが、この定款変更には株主総会の「特殊決議^(※)」が必要となります。

株主総会で以下の事由を定めます（会社法107②、108②四）。

・株式を譲渡により取得することについて会社の承認を必要とすること

・一定の場合において会社が株式の譲渡に係る承認をしたものとみなすときは、その旨及び当該一定の場合

・効力発生日（特に定めなければ、総会決議日が効力発生日となる）

※：特殊決議：議決権を行使することができる株主の半数以上（これを上回る割合を定款で定めた場合にあっては、その割合以上）であって、当該株主の議決権の2／3（これを上回る割合を定款で定めた場合にあっては、その割合以上）以上にあたる多数の賛成が必要となります。第2章 5 も参照ください。

第6章 株式会社の株式を分散させないために　　*263*

図表6－3　株式譲渡制限規定を設定するための定款変更の株主総会議事録
　　　　　（例）

臨時株主総会議事録

　平成○○年○○月○○日午前10時30分より、当社本店において臨時株主総会を開催した。

株主の総数	4名
発行済株式の総数	1,000株
議決権を行使できる株主の数	4名
議決権を行使できる株主の議決権の数	1,000個
出席株主の数	4名
出席株主の議決権の数	1,000個

　　　　出席役員
　　　　　取締役　神田太郎、神田花子、神田三郎
　　　　　監査役　山田四郎
　　　　議長兼議事録作成取締役　　取締役　神田太郎

議事の経過の要領及びその結果
　定刻、定款の規定に基づき代表取締役神田太郎は議長席に着き、開会を宣し、本日の出席株主数及びその議決権の数等を報告、本株主総会のすべての議案を審議できる法令及び定款上の定足数を満たしている旨を述べ、直ちに議事に入った。

　議案　　定款一部変更の件
　　議長は、将来における株式分散を防止するために、株式の譲渡制限に関する規定を下記のとおり新設し、定款第○条以下を１条ずつ繰り下げたい旨を説明し、その可否を議事に諮ったところ、満場異議なくこれを承認可決した。
　　なお、効力発生日は平成○○年○○月○○日とする
　　　　　　　　　　　　　　　記
（株式の譲渡制限に関する規定）
第○条　当会の株式を譲渡により取得するには、取締役会の承認を要する。

　以上をもって本日の議案が終了したので、議長は閉会を宣言し、午前11時に散会した。
　上記決議を明確にするため、本議事録を作り、議長及び出席取締役がこれに記名押印する。

平成○○年○○月○○日
株式会社清文商事　臨時株主総会
議　　　長
代表取締役　神田　太郎　　　印
出席取締役　神田　花子　　　印
出席取締役　神田　三郎　　　印

②　株主に対する通知及び反対株主による買取請求

効力発生日の20日前までに株主に対する通知又は公告を行います（会社法116③④）。そして、反対株主による買取請求への対応をします。

③　株券提供公告及び通知

効力発生日の１か月前までに株主及び登録株式質権者に対する株券提供公告及び通知（ただし、株式の全部について株券を発行していない場合は不要）（会社法219①一）します。

④　登記の変更

効力発生日から２週間以内に、本店所在地を管轄する法務局に変更登記を申請します。

2　変更又は廃止の場合

株式の譲渡制限に関する規定の変更又は廃止は株主総会の特別決議により行います。

3　導入する場合のポイント

株式の譲渡制限の規定は株式の分散防止としては基本かつ有効な手段であるので、いまだに設定をしていない株式会社は導入をしておくことをお薦めします。

第6章　株式会社の株式を分散させないために　　*265*

株式の譲渡制限に関する規定は株式の「取得者（譲受人）」を制約するものですが、例えば、従業員に譲渡する場合、取締役に譲渡する場合等の一定の場合においては、株式会社が譲渡による株式の譲渡を承認したものとするみなし規定を置くことが可能です。すべての譲渡に対応するのが煩雑だと考える場合は、この様な規定を定めることが有益です。

図表6－4　株式譲渡制限の定款（例）（みなし規定あり）

（株式の譲渡制限）
第〇〇条　当会社の株式を譲渡により取得するには、取締役会の承認を受けなければならない。
２．次の各号に掲げる場合は、前項の承認があったものとみなす。
　①　株主間の譲渡
　②　会社の取締役又は使用人を譲受人とする譲渡

3 行方不明(所在不明)株主対策

1 会社通知の省略

　会社が株主に対して行う必要のある通知や催告は、株主名簿に記載又は記録された住所(株主が別に通知や催告を受ける場所又は連絡先を会社に通知した場合には、その場所又は連絡先)宛に発すれば足りるとされています(会社法126①)。しかし、株主の所在が不明となりこの通知や催告が株主に到達しないことがあります。

　会社に無用な費用や手間が係らないように、株主の所在が不明となり、会社が発する通知や催告が5年以上継続して到達しない場合は、会社は当該株主に対する通知や催告を要しないものとされています(会社法196①)。

2 株式の競売、売却

　通知や催告が5年以上継続して到達しない株主が、継続して5年間、剰余金の配当を受領しないときは、会社は当該株主その他利害関係人に対して公告及び各別の催告を行った上で、株式を競売又は売却し、その代金を当該株主に交付することができるものとされています(会社法197①②、198)。株式を競売又は売却だけでなく自己株式として取得することも可能です(会社法197③)。

会社が剰余金の配当をしない場合であっても、配当を受領しない期間に含まれます。一方、会社が配当金を振り込みの方法で支払っている場合、所在不明株主の口座に配当金の振り込みができていれば、配当金の不受領には該当しないとされています。

1 競売による売却

　株式の競売手続は民事執行法第195条の手続きによって行われますが、時間やコストがかかり、買受人が現れる可能性が低いために、必ずしも有利な売却方法とは言えません。そのため実務上は次の裁判所の許可による売却の手続きをとることが多くなります。

2 裁判所の許可による売却（会社が自己株式を買取する場合）

　裁判所の許可を得て株式を売却する手続きの流れは次の様になります。

（1）取締役会決議

　会社は、売却する株式の全部又は一部を買い取ることができます。この場合、取締役会決議（取締役会非設置会社は取締役の決定）によって次の事項を定める必要があります（会社法197③）。

① 買い取る株式の数（種類株式発行会社の場合は、株式の種類及び種類ごとの数）

② 買取と引換えに交付する金銭総額

　なお、自己株式の取得には財源規制（第2章11参照）があるので注意が必要です。

（2）公告と催告

　会社は次の事項を公告し、かつ所在不明株主には各別に催告をする必要があります。第2章10もご参照ください。公告と催告後3か月以内に異議がな

かったときは、所在不明株主の株式を競売又は売却することができます。（会社法198、会社法施行規則39）

① 所在不明株主その他の利害関係人が一定の期間（３か月以上）内に異議を述べることができる旨
② 競売対象株式を競売又は売却する旨
③ 競売対象株式の株主として株主名簿に記載された者の氏名又は名称及び住所
④ 競売対象株式の数。種類株式発行会社であれば、競売対象の株式の種類及び種類ごとの数
⑤ 株券が発行されているときは株券の番号

（3）裁判所に対して売却許可の申立て

異議申述期間内に異議がなかった場合、上場企業は市場価格ある株式を市場価格により算定される額で売却することができます（会社法197②）。

非上場会社は市場価格のない株式を売却することになるため、本店所在地を管轄する地方裁判所に株式売却許可を申し立てて、許可決定を受ける必要があります（会社法197②）。したがって、一般的にオーナー経営者の非公開会社は、裁判所に対して売却許可の申立てを行うことになります。なお、株券が発行されている場合は、異議申述期間の末日に株券は無効となります（会社法198⑤）。

（4）売却代金の支払

売却代金は当該株主に支払われる必要があります（会社法197①）が、株主が行方不明（所在不明）であれば受領できないことになります。この場合の会社の対応としては　次の２つの方法があります。

① 株主から支払の請求があった場合に支払えるように準備をしておく（株主の売却代金支払請求権は10年間請求がなければ時効により消滅（民法167））
② 本店の所在地を管轄する供託所に債権者不確知を理由として供託して債務を免れる

第6章　株式会社の株式を分散させないために　　269

会社としては、手続きの負担はありますが供託をした方が良いと考えます。株主の売却代金支払請求権は10年で消滅時効となり、供託をした会社は供託金を取り戻すことができます。

　このように所在不明株主を整理する場合にも、非上場会社は裁判所に対して売却許可の申立てや売却代金の供託を行う法律の手続きが必要であるため、法律の専門家のサポートが必要となります。

4 株券不発行の定め

1 株券不発行の定めとは

　平成18年会社法施行以前は株券発行会社が原則でしたが、施行後は会社は株券不発行が原則となりました（会社法214）。現状においても本来株券の発行が必要なものの、実際には株券を発行していない株券発行会社は多くあります。

　会社法施行以前に設立した会社で、定款に株券を発行しない旨の例外規定がなく、登記事項証明書（会社謄本）に「株券不発行の定め」がない場合には会社法施行後、定款に株券を発行する旨の定めがあるとみなされ（会社法整備法76④）、登記事項証明書（会社謄本）に株券発行の定めが法務局の職権で記載されています（会社法整備法113④）。第2章3①をあわせてご参照ください。

2 株券不発行の定めを採用する場合の手続き

　株券発行会社が株券不発行会社に移行するためには、「株券発行の定めを廃止する」という次の手続きが必要となります。

第6章　株式会社の株式を分散させないために　　*271*

1 定款変更

　定款を変更して株券不発行の会社にします。定款変更として株主総会の特別決議が必要となります。株主総会で以下の事由を定めます。

　・株券を発行する旨の定款の定めを廃止する旨
　・効力発生日（特に定めなければ、株主総会決議日が効力発生日となる）

注：ただし、株券発行の定めを廃止することで定款の「株券」に関する規定の削除や修正が
　　必要となるので、定款の関係箇所の変更を同時に行います。

2 公告及び通知

　次の事項を効力発生日の2週間前までに公告し、かつ株主及び登録株式質権者に各別に通知します（会社法218①）。

　①　株券を発行する旨の定款の定めを廃止する旨
　②　定款変更の効力発生日
　③　上記効力発生日において株券が無効となる旨

注：ただし、株券を発行していない会社では、上記①②を効力発生日の2週間前までに通知、
　　又は公告すればよい（会社法218③④）。

図表6－5　株券不発行の定款変更のための株主総会議事録（例）

臨時株主総会議事録

　平成○○年○○月○○日午前10時30分より、当社本店において臨時株主総会を開催した。

株主の総数	4名
発行済株式の総数	1,000株
議決権を行使できる株主の数	4名
議決権を行使できる株主の議決権の数	1,000個
出席株主の数	4名
出席株主の議決権の数	1,000個

出席役員
　　　　取締役　神田太郎、神田花子、神田三郎
　　　　監査役　山田四郎
　　　議長兼議事録作成取締役　　取締役　神田太郎

議事の経過の要領及びその結果
　定刻、定款の規定に基づき代表取締役神田太郎は議長席に着き、開会を宣し、本日の出席株主数及びその議決権の数等を報告、本株主総会のすべての議案を審議できる法令及び定款上の定足数を満たしている旨を述べ、直ちに議事に入った。

　議案　　定款一部変更の件
　　議長は、当会社の株券を発行する旨の定めを廃止するため、定款第○条を下記のとおり変更したい旨及び株券を発行する旨の定めの廃止に伴い、別紙のとおり定款を一部変更したい旨を説明し、その可否を議事に諮ったところ、満場異議なくこれを承認可決した。
　　なお、効力発生日は平成○○年○○月○○日とする
　　　　　　　　　　　　　　　　記
（株券の不発行）
　第○条　当会社の株式については、株券を発行しない。

　以上をもって本日の議案が終了したので、議長は閉会を宣言し、午前11時に散会した。
　　上記決議を明確にするため、本議事録を作り、議長及び出席取締役がこれに記名押印する。

平成○○年○○月○○日
　　　株式会社清文商事　臨時株主総会
　　　　　　　　　　　　　　議　　　長
　　　　　　　　　　　　　　代表取締役　神田　太郎　　　印
　　　　　　　　　　　　　　出席取締役　神田　花子　　　印
　　　　　　　　　　　　　　出席取締役　神田　三郎　　　印

3 変更登記

効力発生日から2週間以内に、本店所在地を管轄する法務局に変更登記を申請します。

---

3 株券紛失等のリスク

株券を占有している者は適法な所持人と推定されることになるため（会社法131①）、株券をその占有者から譲り受けた者は、占有者がたとえ無権利であっても、悪意又は重過失がない限り、株式を善意取得することができるものとされています（会社法131②）。一方、非上場会社で株券発行してない会社の場合は、株券が存在しないため善意取得は生じません。

そのため、株券を発行している場合、株式の善意取得が成立する場合があるので、株券不発行会社に定款変更しておくことが分散リスクを防止することに繋がります。

5 遺言書

1　遺言書の活用

　遺言書は相続対策として基本的な手段です。会社経営者にとっては遺言書で自分が亡くなった後の株式の帰属を定めておくことで、株式分散リスクや会社経営停滞リスクを抑えることでオーナー経営者の責任を果たすこともできます。

　株式が相続される際に相続人が複数いる場合、遺言書がなければ相続人間で遺産分割協議をして株式の承継者を決める必要があります。

2　相続と共有株式

1　相続による共有株式の問題点

　しばしば、一般の方は勘違いをされやすいのですが、例えば、相続される株式が300株で、法定相続人が3名とすると、「各相続人は100株ずつ相続をするので問題がないのではないか」と考えられることがあります。しかし、正しくはこの例では「300株の株式全部が3名の共有状態」となります（会社法106）。

第6章　株式会社の株式を分散させないために　*275*

このように、株式が共有になった場合、共有者は株式の権利を行使する者を1人定めて、会社に対してその者の氏名又は名称を通知します。もし通知しなければ、株主としての権利を行使することができなくなりますので、行使者が決まらない間は300株については株主総会で議決権を行使することができなくなります。ただし、株式会社側が権利を行使することに同意した場合は、行使を認めることができるとの例外があります（会社法106但書き）。

　なお、相続によって株式が共有になった場合の議決権行使について、「共有に属する株式についての議決権行使は、当該議決権の行使を持って直ちに株式を処分し、又は株式の内容を変更することになるなど特段の事情がない限り、株式の管理に関する行為として民法第252条により、各共有者の持分の価格に従い、その過半数で決せられる」との近年の判例があります（最判H27.2.19）。

　よって、持分価格に従わない権利行使について会社が会社法第106条但書きの同意をしても、当該権利行使は違法なものと判断されます。

　このように相続後の株式の帰属が決まらないと株主総会で議決権を行使することができません。例えば、定時株主総会を控えている場合、新たに取締役の選任する場合に株主総会の決議に必要な議決権数が不足していれば、会社運営に支障をきたす場面が出てくることになります。

　この点は、定款に相続等により株式が共有状態となった場合に、株式を行使する者を記載しておくことで、問題を回避できる可能性もあります。

図表6－6　株式の相続による共有の定款（例）

（株式の相続による共有）
第〇〇条　当会社の株式につき株主の相続により株式が共有状態になった場合、
　共有者から書面による申出があれば、会社は当該共有株式の議決権を共有者
　の法定相続分で割り、その割り切れる数の議決権については、各共有者が単
　独で行使することを認める。

3 遺言書の作成（自筆証書と公正証書）

1 自筆証書遺言

　自筆証書遺言は、自分で気軽に作成できる反面、作成方式違反で遺言書の全部又は一部が無効になるリスク、紛失・隠匿・破棄のリスク、遺言書作成時の意思能力の判定、筆跡鑑定などの裁判になるリスク、家庭裁判所の検認が必要となる手間、などのデメリットがありますので、基本的には公正証書遺言で作成をした方が安心と言えることになります。

　遺言書は何度も書き直しが可能なので、暫定的に最低限の内容を自筆証書遺言で作成しておき、後日、公正証書遺言で作り直すこともあります。

　民法第968条第1項に自筆証書遺言の作成方法が記載されています。その内容は次のとおりです。

遺言書の全文、日付、氏名を自署し、これに印を押さなければならない

　しかし、「誰に、何を、どのくらい」遺すかの記載が明確でなければ法的に意味のある遺言書とはなりません。例えば「私の財産は家族で仲良く分けてください」では遺言者の希望は伝わりますが、法的には意味をなさないものとなりますので注意が必要です（専門家のアドバイスを受けていない時に、一般の方は実際にこのような遺言書を作成してしまうことがあります）。

　遺留分を考慮しないで最低限の内容を残すためには下記のような遺言書を作成しておくことになります。

第6章　株式会社の株式を分散させないために　　*277*

図表6-7　遺言書（例）（最低限の記載内容）

> **遺言書**
>
> 　私は私の有するすべての財産を長男である甲野五郎に相続させる。
>
> 平成○○年○○月○○日
>
> 　　　　　　　　　　　甲 野 一 郎　　印

注1：押印は認印でもかまいません。
注2：住所の記載は必須ではありません。

図表6-8　自筆証書遺言のまとめ

作成方法	全文を自分で書く
長　　所	・自分だけで書ける ・自分以外のものには内容を知られないで作れる ・書き直しが容易 ・費用がかからない
短　　所	・様式を間違えると一部又は全部が無効 ・内容が不明確だと、争いのもとになる ・筆跡鑑定が日付でもめることがある ・未発見、改ざん、破棄の恐れ ・家庭裁判所の検認手続が必要 ・意思能力が問題となる場合がある ・遺留分の減殺請求があるために内容によっては遺言書通りにならないことがある。

2 公正証書遺言

　公正証書遺言は公証人への費用が発生しますが、家庭裁判所に原本が保管されるので紛失・改ざんなどが問題とならず、筆跡鑑定のリスクもなく、家庭裁判所の検認は不要であるなど自筆証書遺言に比べてメリットが多いと言えます。公正証書遺言は、公証人が印字して製本された形で発行されます。

　公正証書遺言については、民法第969条に通常の作成方法が記載されており、

その内容は次のとおりです

図表6-9　公正証書遺言の作成ポイント

1．証人二人以上の立会いがあること。
2．遺言者が遺言の趣旨を公証人に口授すること。
3．公証人が、遺言者の口述を筆記し、これを遺言者及び証人に読み聞かせ、又は閲覧させること。
4．遺言者及び証人が、筆記の正確なことを承認した後、各自これに署名し、印を押すこと。ただし、遺言者が署名することができない場合は、公証人がその事由を付記して、署名に代えることができる。
5．公証人が、その証書は前各号に掲げる方式に従って作ったものである旨を付記して、これに署名し、印を押すこと。

図表6-10　遺言書（例）（公正証書遺言の場合）

遺言公正証書

本公証人は、遺言者Aの嘱託により、証人B、証人Cの立会いをもって次の遺言者自ら口述した遺言の趣旨を次に筆記し、この証書を作成する。

第1条　遺言者は、遺言者の有する下記の不動産を遺言者の長男D（昭和○年○月○日生）に相続させる。
記
（不動産表示）
　　土　　地
　　所　在　○○市○町○丁目
　　地　番　○○番○○
　　地　目　○○
　　地　積　○○．○○平方メートル

第2条　遺言者は、遺言者の有する下記の財産を、遺言者の長女E（昭和○年○月○日生）に相続させる。
記
前条記載の不動産を除き、遺言者が相続開始時において有する動産、現金、預金、貯金、有価証券、家財家具、その他一切の財産

第3条　遺言者は、この遺言の執行者として、前記Dを指定する。

2　遺言執行者は、遺言者の不動産、預貯金、有価証券その他の債権等遺言者名義の遺産のすべてについて、遺言執行者の名において名義変更、解約等の手続をし、また、貸金庫を開扉し、内容物の収受を行い、本遺言を執行するため必要な一切の権限を有するものとする。なお、この権限の行使に当たり、他の相続人の同意は不要である。

3　遺言執行者は、他の者に対してその任務の全部又は一部を行わせることができる。

（付言事項）

　私の思いを遺言書に遺しました。私亡き後も兄妹仲良く、よき人生を歩んで欲しい。今までありがとう。

　　　　　　　　　　　　　　　　　—以下、省略—

　　　　　　　　　　　　　　　　　　　　　　　　　　　　　　　以　上

図表6－11　公正証書遺言のまとめ

作成方法	公証人が作成したものに署名捺印
長　所	・家庭裁判所での検認手続が不要 ・偽造、変造、隠匿のリスクが少ない ・原本は公証役場が保管（検索できる） ・字が書けない場合でも作成できる ・意思能力が問題となることは少ない
短　所	・費用がかかる ・作成に手間がかかる ・公証人と証人に内容が知られる ・書き直しに、費用と手間がかかる ・遺留分の減殺請求があるために内容によっては遺言書どおりにならないことがある。

3　遺言書作成上の注意点「遺留分の減殺請求」

　そもそも遺言書は法定相続分とは異なる相続割合や遺産分割方法を指定する

ものであるため、相続人が受け取る財産額に大きな差が付くこともあり、遺留分を考慮しておかないと争族の原因となる場合もあるため、遺留分対策を取っておくことも大切です。相続対策は早く始めるほど検討する時間もあり対策を取ることも可能となりますが、その後も適時に見直しも必要です。また、遺留分対策や遺産分割の代償金対策として、生命保険を活用することも有効です。

　遺言書がある場合でも相続人によっては、遺留分として、次の額を受ける権利があります（民法1028）。

相続人	遺留分
直系尊属のみが相続人	被相続人の財産の1／3
直系尊属以外の相続人（兄弟姉妹以外）	被相続人の財産の1／2
兄弟姉妹	遺留分なし

　遺留分は、被相続人が相続開始の時において有した財産の価額にその贈与した財産の価額を加えた額から債務の全額を控除して計算されます（民法1029）。

　もし、遺言書が相続人の遺留分を考慮して作成されていない場合に遺留分権利者及びその承継人は自らの遺留分を保全するのに必要限度で遺贈及び民法第1030条に規定する贈与の減殺を請求することができます（民法1031）。

　遺留分についても検討した遺言書を作成しておきましょう。

4　遺言書の活用状況（統計）

　高齢化社会の進展で年々亡くなる方が増えていることは周知の事実です。平成28年には約130万人の方が亡くなっています。

　一方で、公正証書遺言の作成件数は、年間10万件程度です。平成26年に初めて作成件数が10万件を超えたことがニュースになりました。その後一気に作成件数が伸びるのでは、という憶測もありましたが、平成27年は相続税の改正が注目された影響もあり作成件数が増えたと考えられるものの、翌年は作成件数

が減少するなど、さほど作成件数の伸びが見受けられません。

図表6－12　最近の遺言に関する統計分析

集計先	（厚生労働省：人口動態調査）	日本公証人連合会	司法統計
年次	死亡者数	公正証書遺言の作成件数（※1）	家庭裁判所が検認した自筆証書遺言の件数（※2）
平成28年	約130万人	105,350件	－
平成27年	約129万人	110,778件	18,568件
平成26年	約127万人	104,990件	18,447件
平成25年	約126万人	96,020件	17,869件

※1：公正証書遺言は公証役場で作成する遺言書で、手間と時間と費用がかかる反面、後ほどになって遺言の信憑性を疑われないため、確実な遺言となります。
※2：自筆で書かれた遺言書は家庭裁判所で検認の手続きが必要となります。

　以上の統計から日本ではまだまだ遺言書を作成する意識や習慣が根付いていない実情を確認することができます。

　しかし、会社のオーナー経営者は、遺言書を作成することは分散株式を発生させないことや整理するときの有効な手段であることをよく理解されて、後継者、家族、及び会社に関わるもののために検討してみてください。

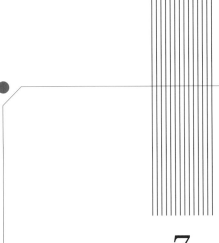

第 7 章

株価の決定方法

3章と4章で株式会社の分散した株式を集約する方法、5章で分散株式を分散したままで株式会社の経営を行うときに利用する方法と6章で株式を分散させない方法を説明してきました。これらの方法を利用するにあたっては、オーナー経営者側とその他の株主が当事者となり、株式に関連する色々な条件を決めていく必要があります。その際の当事者間の大切な条件の一つが「株式の時価」です。株主は原則、現金等を出資して株式を取得することで色々な株主の権利も持つことになります。オーナー経営者側はそれぞれの株主がもつ株価による財産価値を考慮して、分散株式のどのようにするかを検討していく必要があります。

　オーナー経営者以外の株主にとって、自らが持つ財産である株式の株価はなるべく高く評価してもらいたいと思うことも多い半面、オーナー経営者側は株式の売買でなるべく資金的な負担が大きくならないようにすることやそれに伴う税金負担の少なくしたいことなど、それぞれの立場で思惑は異なってきます。

　7章では分散株式の視点より、それぞれの状況における「株式の時価」の意味とその計算方法を説明していきます。そして、前述の立場の違いから、売る側と買う側で裁判所に株式の価格判断を委ねなくてはいけないケースもあり、その場合にはどのような時価が採用されていくかも解説していきます。7章を読まれて「株式の時価」の複雑さと、思ったより高くなりそうな可能性もあることを実感された後に、もう一度、3章から6章のどの方法が自らの会社に適しているかを判断する材料にもなると考えます。

1 分散株式を整理する方法とその株価

1 分散株式を整理する方法

　分散株式を整理する方法を前章までで色々と記載してきましたが、次の4つの方法に分けてみます。

1 贈与、あるいは、相続

　相続は被相続人が亡くなった時に原則、相続人へ株式を引き渡されることとなります。また、贈与は個人間において贈与者が自分の財産である株式を無償で相手方に引き渡しをする契約のことをいいます。

2 任意の売買

　第4章**1**で記載のとおりですが、分散株式を整理する方法で一番利用されることになるのが任意の売買です。第4章**3**の自己株式の取得も任意の自己株式の買取となります。

第7章　株価の決定方法　　*285*

③ スクイーズ・アウトによる強制の買取

第3章②に記載されているスクイーズ・アウト等による買取の方法は、会社法に定められた手続きによる方法で強制的に少数株主から株式を買い取ることができる方法です。

④ その他

名義株式は名義貸与者と名義人との合意ができれば　第4章②③の合意による名義株の解消で記載されたように分散株式を整理できますが、合意ができなければ、第3章②の少数株主から強制的に株式を買い取る方法（スクイーズ・アウト）で名義株も整理することになります。

第5章②の単元株制度の導入を行うことで、単元未満株式を所有する株主から強制買取することもできます。

② 分散株式を整理する時の株価

① 分散株式を整理する方法と株価

前述の①で分散株式を整理する方法をまとめて説明しましたが、それぞれの方法で利用する株価を次の表にまとめてみました。

286　　① 分散株式を整理する方法とその株価

図表7－1　分散株式の整理時の株価

方法		譲渡者		譲受者
贈与相続	贈与	譲渡株主（個人）	時価（時価を財産評価基本通達も利用できる）	取得価格＋購入手数料
	相続	譲渡株主（個人）		
任意買取	基本：合意した時価　ただし、同族関係者間取引は以下の税法上時価も要検討			
	株式譲渡	譲渡株主（個人・法人）	時価（時価を条件付きで財産評価基本通達も利用できる）	取得価格＋購入手数料

方法		譲渡者		譲受者
強制買取	基本：合意した時価			
	例外：強制の買取であり、合意しなかった場合には以下の価格			
	方法	譲渡者		譲受者（※）
	全部取得条項付種類株式による方法	譲渡株主（個人・法人）	公正な価格	取得価格＋購入手数料
	株式併合スキームによる方法	譲渡株主（個人・法人）	公正な価格	取得価格＋購入手数料
	相続が発生した個人株主の株式を会社が強制買取する方法	譲渡株主（個人・法人）	一切の事情を考慮した価格	取得価格＋購入手数料
	特別支配株主の株式等売渡請求制度	譲渡株主（個人・法人）	公正な売買価格（記載不明瞭）	取得価格＋購入手数料
	名義株の整理	譲渡株主（個人・法人）	一切の事情を考慮した価格	取得価格＋購入手数料
	単元未満株主の整理	譲渡株主（個人・法人）	一切の事情を考慮した価格	取得価格＋購入手数料
	一に満たない端数の株式（端株）整理	譲渡株主（個人・法人）	一切の事情を考慮した価格	取得価格＋購入手数料

※：譲受が自己株式の場合は資本取引で　手数料は費用となります。

2 分散株式の整理時に合意する場合の価格

相続と贈与以外のケースでの価格は当事者間が合意した価額が引き渡し価格となりますが、個人も法人も譲渡した側は譲渡損益（＝譲渡価額−取得価額−手数料）が発生するため、原則税金の計算を行うことになります。その際のポイントとして、その譲渡価額が適正な時価であるかが問題になります。

まず、同族会社の場合に同族関係者間の売買ではその時価調整がしやすいと考えられるために、売主が当事者間の売買の合意価額で税金の申告を行ったとしても、税務上で低廉譲渡や高額譲渡とみなされてしまうこともあります。

同族会社の場合には、買取の当事者が同族でなくても当該会社の役員や従業員となれば同族会社のオーナー経営者の思惑も買取に入り込みやすくなり、やはり税務上の時価も比較検討しておく必要があります。

売買の当事者が会社やオーナー経営者と関係ない第三者であれば、合意した価額が適正な時価と考えられますが、売買の当事者がこの時価をどのような方法で計算されたものであるかを説明できる株価計算の資料を残しておかなければなりません。この時価の主な計算方法としては、財産評価基本通達による方法や 3 の企業価値評価による株価を計算する方法等を実務ではよく利用します。

次に、株式の強制買取でも当事者間で協議して同意した価格があれば、それが買取価格となりますが、その当事者間ではどのような方法で計算された株価で同意したかを明らかにする株価計算の資料は必要です。もし、当事者間の同意ができれば、税務上の計算による株価を利用する場合も多いですが、該当会社の企業規模が大きくなるほど、買取価格が高額になり、3 の企業価値評価による株価を計算する方法を利用することも増えています。

結果として、任意の売買では、色々なケースに備えて、後述の 2 の税法による株価の計算方法と 3 の企業価値評価による株価を計算する方法の両方で株価計算を行って、最終的な価格決定を検討していくことが望ましいと考えます。

3 分散株式の整理時に合意できない場合の価格

当事者間が合意できない場合に、会社法の条文には次のような記載があります。

◇裁判所は、株式会社の資産状態その他一切の事情を考慮しなければならない
　　＊第144条第3項　　　　譲渡制限株式の買取請求
　　＊第177条第3項　　　　相続人等に対する売渡しの請求
　　＊第193条第3項　　　　単元未満株式の買取価格の決定
　　＊第194条第4項　　　　単元未満株主の売渡請求

◇反対株主は、株式会社に対し、自己の有する当該各号に定める株式を公正な
　価格で買い取ることを請求することができる
　　＊第107条第1項第1号　全部の株式を譲渡制限株式とする定款の変更
　　＊第108条第1項第4号　種類株式を譲渡制限株式とする定款の変更
　　＊第108条第1項第7号　種類株式を全部取得するとする定款の変更
　　＊第116条第1項第3号　種類株主が損害を及ぼす恐れがあるとき（株式併合・
　　　　　　　　　　　　　分割、株式無償割り当て、単元株式数の定款変更等）
　　＊第172条第1項　　　　全部取得条項付種類株式の取得に反対する株主
　　＊第469条第2項　　　　事業譲渡等、吸収合併等、新設合併等に反対する株
　　　第765条第1項　　　　主
　　　第806条第2項

◇特別支配株主は、売渡株式等の売買価格の決定があるまでは売渡株主等に対
　し、当該特別支配株主が公正な売買価格と認める額を支払うことができる
　　＊第179条の8　　　　　売買価格の決定の申立て

　もし、上記の場合で当事者間の同意が得られなければ、裁判所に価格決定の申立てをすることもありますが、最近の判例ではこの価格が財産評価通達による税務で計算された株価では認められなくなる傾向にあり、企業価値による株価算定方法を利用するケースが多くなってきました。

　このように見てくると会社法の手続きで進める分散株式を整理する時の株価の算定方法は税務上の株価を計算する方法を利用するだけでは十分とはいえ

第7章　株価の決定方法　　*289*

ず、税務上の株価計算方法と企業価値による株価の計算方法の両方を十分に理解した上で最終的な価格を決定していくことにより価格決定リスクを回避していくことになります。

税法による株価の計算方法

 税務の株価計算の方法

 税法の計算方法の比較

　税法は非上場株式の価格を計算する場合にも原則、時価となります。しかし、非上場の株式の時価は上場株式と異なり、税務の視点からの適正と考えられる時価を計算することは簡単ではありません。そのため、財産評価基本通達に記載された計算方法でも時価とすることができるとされています。したがって、実務上、同族会社の場合に税務の申告等で利用する時価はほとんどのケースで財産評価基本通達による株価計算を利用している現状です。

　本節の税務の株価計算は税理士にとっても経験豊富な分野でもあり、この点を解説する本もたくさんあります。したがって、本節では分散株式の整理の視点から、税務の株価計算の方法を検討していきます。

図表7－2　財産評価基本通達による評価方法

原則的評価方法	①　純資産価額方式
	②　類似業種比準方式
	③　①と②の併用方式
特例的評価方式	④　配当還元方式

図表7－3　税法ごとの評価方法

税の種類	関連基本通達	項目
相続税・贈与税	①　財産評価基本通達	178 ～ 189-7
法人税	②　法人税基本通達	9-1-13 ～ 14
所得税	③　所得税基本通達	23－35共通-9

　ここでは　それぞれの通達を読みながら、分析をしてみましょう。

　少し見やすいように抜粋していますので、実際の業務に当たる時は再度読み直してください。

図表7－4　関連基本通達の分析

法人税法の評価		
（上場有価証券等以外の株式の価額）		
法人税基本通達　9-1-13	オーナー経営の非公開企業に該当するか？	関連する（財産評価基本通達）
上場有価証券等以外の株式につき法第33条第2項《資産の評価換えによる評価損の損金算入》の規定を適用する場合の当該株式の価額は、次の区分に応じ、次による。 →評価損計上の場合の株価の通達であり、売買ではない。	──	
(1)　売買実例のあるもの　当該事業年度終了の日前6月間において売買の行われたもののうち適正と認められるものの価額	原則、該当せず	──
(2)　公開途上にある株式	原則、該当せず	
(3)　売買実例のないものでその株式を発行する法人と事業の種類、規模、収益の状況等が類似する他の法人の株式の価額があるもの（(2)に該当するものを除く。）　当該価額に比準して推定した価額	原則、該当せず	──

2　税法による株価の計算方法

(4) (1)から(3)までに該当しないもの　当該事業年度終了の日又は同日に最も近い日におけるその株式の発行法人の事業年度終了の時における1株当たりの純資産価額等を参酌して通常取引されると認められる価額	該当する	――

（上場有価証券等以外の株式の価額の特例）		
法人税基本通達9-1-14	オーナー経営の非公開企業に該当するか？	関連する（財産評価基本通達）
法人が、上場有価証券等以外の株式（9-1-13の(1)及び(2)に該当するものを除く。）について、事業年度終了の時における当該株式の価額につき「財産評価基本通達」の178から189-7まで《取引相場のない株式の評価》の例によって算定した価額によっているときは、課税上弊害がない限り、次によることを条件としてこれを認める。 →評価損計上の場合の株価の通達であり、売買ではない。	――	――
(1) 当該株式の価額につき財産評価基本通達179の例により算定する場合「中心的な同族株主」に該当するときは、当該発行会社は常に同通達178に定める「小会社」に該当するものとしてその例によること。	該当する	179
(2) 当該株式の発行会社が土地又は金融商品取引所に上場されている有価証券を有しているときは、財産評価基本通達185の本文に定める「1株当たりの純資産価額の計算に当たり、これらの資産については当該事業年度終了の時における価額によること。	該当する	185
(3) 財産評価基本通達185の本文に定める「1株当たりの純資産価額（相続税評価額によって計算した金額）」の計算に当たり、同通達186-2により計算した評価差額に対する法人税額等に相当する金額は控除しないこと。	該当する	186-2

所得税法による評価		
（株式等を取得する権利の価額）		
所得税基本通達23 ～ 35共-9	オーナー経営の非公開企業に該当するか？	関連する（財産評価基本通達）
譲渡制限株式の価額等は、次に掲げる場合に応じ、それぞれ次による。 →所得税法施行令84（譲渡制限付株式の価額等）	――	――
(1) これらの権利の行使により取得する株式が金融商品取引所に上場されている場合	原則、該当せず	――
(2) これらの権利の行使により取得する株式に係る旧株が金融商品取引所に上場されている場合において、当該株式が上場されていないとき	原則、該当せず	――

第7章　株価の決定方法　293

(3)　(1)の株式及び(2)の旧株が金融商品取引所に上場されていない場合において、当該株式又は当該旧株につき気配相場の価格があるとき	原則、該当せず	——
(4)　(1)から(3)までに掲げる場合以外の場合　次に掲げる区分に応じ、それぞれ次に定める価額とする。	——	——
イ　売買実例のあるもの　最近において売買の行われたもののうち適正と認められる価額	該当しにくい	——
ロ　公開途上にある株式	原則、該当せず	——
ハ　売買実例のないものでその株式の発行法人と事業の種類、規模、収益の状況等が類似する他の法人の株式の価額があるもの　当該価額に比準して推定した価額	該当しにくい	——
ニ　イからハまでに該当しないもの　権利行使日等又は権利行使日等に最も近い日におけるその株式の発行法人の１株又は１口当たりの純資産価額等を参酌して通常取引されると認められる価額	該当する	

（株式等を贈与等した場合の「その時における価額」）		
所得税基本通達59-6	オーナー経営の非公開企業に該当するか？	関連する（財産評価基本通達）
法第59条第１項の規定の適用に当たって、譲渡所得の基因となる資産が株式等である場合の同項に規定する「その時における価額」とは「財産評価基本通達」178から189-7まで（（取引相場のない株式の評価））の例により算定した価額とする。 →法第59条《贈与等の場合の譲渡所得等の特例》の時に使われる価額	——	——
(1)　財産評価基本通達188の(1)に定める「同族株主」に該当するかどうかは、株式を譲渡又は贈与した個人の当該譲渡又は贈与直前の議決権の数により判定すること。	該当する	188（1）
(2)　当該株式の価額につき財産評価基本通達179の例により算定する場合、株式を譲渡又は贈与した個人が当該株式の発行会社にとって同通達188の(2)に定める「中心的な同族株主」に該当するときは、当該発行会社は常に同通達178に定める「小会社」に該当するものとしてその例によること。	該当する	178・179
(3)　当該株式の発行会社が土地（土地の上に存する権利を含む。）又は金融商品取引所に上場されている有価証券を有しているときは、財産評価基本通達185の本文に定める「１株当たりの純資産価額（相続税評価額によって計算した金額）」の計算に当たり、これらの資産については、当該譲渡又は贈与の時における価額によること。	該当する	185
(4)　財産評価基本通達185の本文に定める「１株当たりの純資産価額（相続税評価額によって計算した金額）」の計算に当たり、同通達186-2により計算した評価差額に対する法人税額等に相当する金額は控除しないこと。	該当する	185・186-2

以上の表を簡単にまとめると、次のようになります。

贈与・相続	個人の売却（所得税法）	法人の売却（法人税法）
財産評価基本通達178〜189-7を利用します	財産評価基本通達を利用できる178〜189-7	財産評価基本通達を利用できる178〜189-7
	（以下を条件として）	（以下を条件として）
	財産評価基本通達188の(1)に定める「同族株主」に該当するかどうかは、株式を譲渡又は贈与した個人の当該譲渡又は贈与直前の議決権の数により判定すること。	___
	179の例により算定する場合、株式を譲渡又は贈与した個人が当該株式の発行会社にとって「中心的な同族株主」に該当するときは、当該発行会社は常に同通達178に定める「小会社」に該当する	179の「中心的な同族株主」に該当するときは「小会社」に該当する
	土地又は金融商品取引所に上場されている有価証券を有しているときは、これらの資産（185）については、当該譲渡又は贈与の時における価額によること。	土地又は金融商品取引所に上場されている有価証券は、これらの資産については当該事業年度終了の時における価額による。
	財産評価基本通達185の本文に定める「1株当たりの純資産価額（相続税評価額によって計算した金額）」の計算に当たり、同通達186-2により計算した評価差額に対する法人税額等に相当する金額は控除しないこと。	財産評価基本通達185の本文に定める「1株当たりの純資産価額（相続税評価額によって計算した金額）」の計算に当たり、同通達186-2により計算した評価差額に対する法人税額等に相当する金額は控除しないこと。

2 | 税法による株価計算とは

（1）税法による株価計算とは

1 に掲載したように個人の譲渡所得や法人の所得を計算する際の非上場株式の時価は、相続税や贈与税の時と主に次の点が異なります。

> ・中心的な株主がいる場合には後述の「小会社」を利用すること
> ・純資産価額方式で含み益がある場合にも評価差額に対する法人税額等に相当する金額は控除しない

そのために、ケースによっては相続税・贈与税の申告に利用する「株価」は所得税や法人税法の申告で利用する「株価」より低くなることあります。前提となる条件も法人税と所得税のそれぞれの基本通達では若干の相違もあって、このように同じ税務の株価であっても、利用するケースで価額は異なってきます。

前述のように相続税法、所得税法と法人税法の条文では株価算定方法は記載されておらず、通達に記載があります。通達とは、国税庁の行政機関内部の文書であり、上級機関が下級機関に対して、条文に関する法令の解釈等を示すものです。例えば、法人税基本通達の9－1－3は上場有価証券等以外の株式につき法第33条第2項《資産の評価換えによる評価損の損金算入》の規定を適用する場合の当該株式の価額についての記載であるため、会社が法人税法の所得の計算上の資産の評価換えによる評価損の計算用の時価を株式譲渡の時価として利用することは類推解釈すぎるとも考えられます。それでも納税者側も税務の計算や株価評価する資料を作成する場合には通達を利用する方が税務上の争いになりにくいので利用する傾向にあります。

（2）分散株式の整理からのポイント

　スクイーズ・アウトのような会社法が規定する法的な手続きにおいて株価の計算根拠として、行政機関内部の文書である基本通達の利用を理論的に説明するのはかなり難しいかもしれません。

　もちろん、当事者間で合意できるのであれば、財産評価基本通達等で計算された株価をベースにすることは問題ありません。この時に、任意の売買でも強制買取でも少数株主の立場を良く理解し、価格に関する話し合いができるような関係を株主と維持しておくことも大切です。

　そして、裁判所が関わる価格決定の局面になった場合には少数株主の権利がさらに配慮されるためにその株価も財産評価基本通達等で計算された株価より高くなるケースも実際に多くなっていきます。このように裁判所がかかわる局面では、裁判費用等の負担もあるため、買取の当事者双方に思わぬ支出となっていきます。

2　分散株式の整理の視点からみた　評価明細書の分析

　分散株式の整理の点から、取引相場のない株式（出資）の評価明細書の一部の表のポイントを検討してみます。平成30年4月30日時点で平成30年1月1日以降用の別表が国税庁HPから発表されています。しかし、⑤第4表の中の類似業種比準価額計算「類似業種の株価」が公表されていないため、この本では平成29年1月1日以降用を利用しています。

第7章　株価の決定方法　　*297*

1 第1表の1　評価上の判定及び会社規模の判定の明細書

（1）　明細書上の重要な点

①　議決権のない株式

　分散株式を考える時、オーナー経営者の一族が経営権の掌握だけでなく株価計算でも議決権の有無は重要な点になります。議決権のない株式は次のとおりになっています。

・自己株式

・単元未満株式

・旧法から存在する端株（端数となる株式）

・相互保有の株式

　　相互保有株式とは、次の条文のように例えばA社がB社の1／4以上の議決権を有する場合にB社が持つA社の株式には議決権がなくなります。

会社法

第308条　株主（株式会社がその総株主の議決権の四分の一以上を有することその他の事由を通じて株式会社がその経営を実質的に支配することが可能な関係にあるものとして法務省令で定める株主を除く。）は、株主総会において、その有する株式一株につき一個の議決権を有する。ただし、単元株式数を定款で定めている場合には、一単元の株式につき一個の議決権を有する。

2　前項の規定にかかわらず、株式会社は、自己株式については、議決権を有しない。

　この相互保有は会社同士の保有の問題であり、オーナー経営者と一族が個人として保有する場合ではありませんが、いくつかの会社を保有するオーナー経営・会社グループでは相互保有の点をうっかりすると議決権が無くなっていたということもあります。

298　　②　税法による株価の計算方法

②　同族株主等と同族株主等の判定基準

<table>
<tr><td rowspan="4">判定基準</td><td colspan="4">納税義務者の属する同族関係者グループの議決権の割合
（⑤の割合）を基として　区分します。</td><td rowspan="3">適　用</td></tr>
<tr><td>区分</td><td colspan="3">筆頭株主グループの議決権割合</td></tr>
<tr><td></td><td>50％超の場合</td><td>30％以上
50％以下
の場合</td><td>30％未満の
場合</td></tr>
<tr><td rowspan="2">⑤の割合</td><td>50％超</td><td>0％以上</td><td>15％以上</td><td>同族株主等</td></tr>
</table>

<table>
<tr><td>50％未満</td><td>30％未満</td><td>15％未満</td><td>同族株主等以
外の株主</td></tr>
</table>

（2）第1表の1「評価上の株主の判定及び会社規模の判定明細書」の記載例

同族会社の判定は、言葉で説明していくのは難しいですが、この表を埋めていくことが一番やりやすいです。

第1表の1　評価上の株主の判定及び会社規模の判定の明細書

整理番号	

（取引相場のない株式（出資）の評価明細書）

会　社　名	（電話 03　-0000-0000　） 株式会社　神田商事	本店の所在地	千代田区内神田8-8-8
代表者氏名	甲野五郎	事業内容	取扱品目及び製造、卸売、小売等の区分：各種商品小売業　業種目番号：80　取引金額の構成比：100.00%
課税時期	平成 29 年　12 月　31 日		
直前期	自 平成 28 年　8 月　1 日 至 平成 29 年　7 月　31 日		

（平成二十九年一月一日以降用）

1．株主及び評価方式の判定

氏名又は名称	続柄	会社における役職名	④ 株式数 （株式の種類） 株	⑪ 議決権数 個	⑪議決権割合 （⑪/④） %
	納税義務者				
自己株式					
納税義務者の属する同族関係者グループの議決権の合計数			②		⑤(②/④)
筆頭株主グループの議決権の合計数			③		⑥(③/④)
評価会社の発行済株式又は議決権の総数			①	④	100

納税義務者の属する同族関係者グループの議決権割合（⑤の割合）を基として、区分します。

区分の基準	筆頭株主グループの議決権割合（⑥の割合）			株主の区分
	50％超の場合	30％以上50％以下の場合	30％未満の場合	
⑤の割合	50%超	30%以上	15%以上	同族株主等
	50%未満	30%未満	15%未満	同族株主等以外の株主

同族株主等 （原則的評価方式等）	同族株主等以外の株主 （配当還元方式）

「同族株主等」に該当する納税義務者のうち、議決権割合（⑪の割合）が5％未満の者の評価方式は、「2．少数株式所有者の評価方式の判定」欄により判定します。

2．少数株式所有者の評価方式の判定

項　目	判　定　内　容
氏　名	
⑤役員	である〔原則的評価方式等〕・でない（次の⑧へ）
⑧納税義務者が中心的な同族株主	である〔原則的評価方式等〕・でない（次の⑨へ）
⑨納税義務者以外に中心的な同族株主（又は株主）	がいる（配当還元方式）・がいない〔原則的評価方式等〕 （氏名　　　　　　　　　）
判　定	原則的評価方式等　・　配当還元方式

※所得税基本通達59-6（株式等を贈与等した場合の「その時における価額」）に基づき評価計算を行っています。

300　　2　税法による株価の計算方法

＜注意点＞

① 同族株主とは

原則：株主グループの有する議決権割合が30％以上である場合のその株主の１人と同族関係者を同族株主という。この場合には30％以上のグループが最大３つある。

特例：株主グループの有する議決権割合が50％超の場合は、その50％超の株主及び同族関係者をいう。

30％以上の議決権をもっているグループでも50％超のグループでなければ、同族株主以外となる。

② 中心的な同族株主

同族株主のいる会社の株主で、同族株主の範囲（図表７－５の網かけ部分）の者の合計議決権数が25％以上である場合のその株主

③ 中心的な株主

同族株主のいない会社の株主で、同族株主の範囲（図表７－５の網かけ部分）者の合計議決権数が15％以上である場合のその株主

④ 役 員

役員には、使用人兼務役員だけでなく、平取締役も含まずに次のようになります。

・社長、理事長、代表取締役、代表執行役、代表理事、副社長、専務、常務その他これらに準ずる職制上の地位を有する役員

・取締役（委員会設置会社の場合）、会計参与、監査役並びに監事

⑤ その他

同族関係者については、（法人税法施行令４）にて確認してください。

財産評価基本通達188をあわせて確認してください。

図表 7 - 5　同族関係者に該当する親族一覧表（民法725）と中心的な同族株主判定の基礎となる同族株主の範囲（財産評価基本通達188）（表中の網かけ部分）

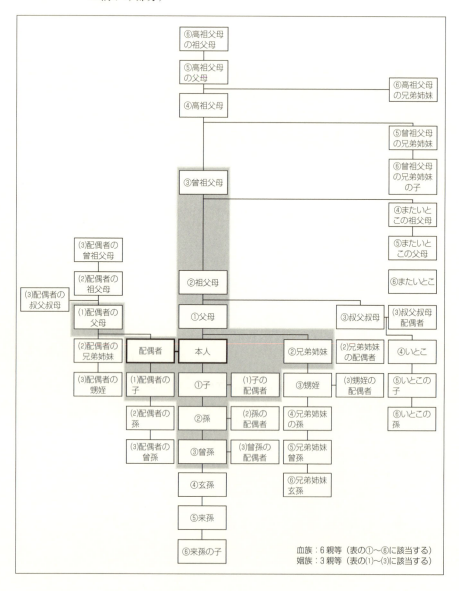

[2]　税法による株価の計算方法

2 # 第1表の2　評価上の株主の判定及び会社規模の判定の明細書（続）

第1表の2　評価上の株主の判定及び会社規模の判定の明細書（続）　　会社名 株式会社　神田商事

（取引相場のない株式（出資）の評価明細書）

（平成二十九年一月一日以降用）

3．会社の規模（Lの割合）の判定

項　　目	金　　額	項　　目	人　　　数	
直前期末の総資産価額 （帳簿価額）	千円 300,000	直前期末以前1年間における従業員数	15.00人 〔従業員数の内訳〕	
直前期末以前1年間の取引金額	千円 300,000		（継続勤務 従業員数）　（継続勤務従業員以外の従業員の労働時間の合計時間数） （　15人　）＋（　時間　） 　　　　　　　　　　1,800時間	

判定基準

⑦　直前期末以前1年間における従業員数に応ずる区分　　70人以上の会社は、大会社（⑥及び⑧は不要）

70人未満の会社は、⑦及び⑨により判定

⑥　直前期末の総資産価額（帳簿価額）及び直前期末以前1年間における従業員数に応ずる区分				⑨　直前期末以前1年間の取引金額に応ずる区分			会社規模とLの割合（中会社）の区分
総　資　産　価　額　（　帳　簿　価　額　）			従業員数	取　　引　　金　　額			
卸　売　業	小売・サービス業	卸売業、小売・サービス業以外		卸　売　業	小売・サービス業	卸売業、小売・サービス業以外	
20億円以上	15億円以上	15億円以上	35人超	30億円以上	20億円以上	15億円以上	大　会　社
4億円以上 20億円未満	5億円以上 15億円未満	5億円以上 15億円未満	35人超	7億円以上 30億円未満	5億円以上 20億円未満	4億円以上 15億円未満	0.90　中
2億円以上 4億円未満	2億5,000万円以上 5億円未満	2億5,000万円以上 5億円未満	20人超 35人以下	3億5,000万円以上 7億円未満	2億5,000万円以上 5億円未満	2億円以上 4億円未満	0.75　会
7,000万円以上 2億円未満	4,000万円以上 2億5,000万円未満	5,000万円以上 2億5,000万円未満	5人超 20人以下	2億円以上 3億5,000万円未満	6,000万円以上 2億5,000万円未満	8,000万円以上 2億円未満	0.60　社
7,000万円未満	4,000万円未満	5,000万円未満	5人以下	2億円未満	6,000万円未満	8,000万円未満	小　会　社

・「会社規模とLの割合（中会社）の区分」欄は、⑥欄の区分（「総資産価額（帳簿価額）」と「従業員数」とのいずれか下位の区分）と⑨欄（取引金額）の区分のいずれか上位の区分により判定します。

判定	大　会　社	中　　会　　社			小　会　社	
		L　の　割　合				
		0.90	0.75	0.60		

4．増（減）資の状況その他評価上の参考事項

※所得税基本通達59-6（株式等を贈与等した場合の「その時における価額」）に基づき評価計算を行っています。

第7章　株価の決定方法　　*303*

株式の売買の時に、売却した株主（個人の株主あるいは法人株主）が、第1
表の1で中心的な同族株主に該当する場合には、小会社に該当します。

　＊大会社、中会社、小会社の判定について

　　　業績の良い企業で法人税等を支払ってきた会社は純資産価額方式による
　　株価が一般的に高くなる傾向にある一方で、類似業種比準方式による株価の
　　方が低くなる傾向にあります。したがって、税務上の株価を安くするために
　　大会社なら中会社以下へ、中会社なら小会社の区分へ移す方法が株式を譲
　　渡するものや贈与を受けるものにとって節税しやすいと言われています。

図表7－6　会社の株価による類似業種比準方式と純資産価額方式の有利性

		会社A	会社B	会社C
類似業種比準方式	①	10,000	10,000	30,000
純資産価額方式	②	30,000	10,000	10,000

会社区分	L方式		会社A	会社B	会社C
大会社		③＝（①又は②の低い方）	10,000	10,000	10,000
中会社	0.9	③×0.9	9,000	9,000	9,000
		②×0.1	3,000	1,000	1,000
		計	12,000	10,000	10,000
	0.8	③×0.75	7,500	7,500	7,500
		②×0.25	7,500	2,500	2,500
		計	15,000	10,000	10,000
	0.7	③×0.6	6,000	6,000	6,000
		②×0.4	12,000	4,000	4,000
		計	18,000	10,000	10,000
小会社		①×0.5	5,000	5,000	15,000
		②×0.5	15,000	5,000	5,000
		計	20,000	10,000	20,000

この表のケースでは、次のように会社の区分でもそれぞれの業績によった結果となります。

・会社Aの場合（純資産価額方式株価＞類似業種比準方式株価）
　小会社＞中会社L0.6＞中会社L0.75＞中会社L0.9＞大会社

・会社Bの場合（純資産価額方式株価＝類似業種比準方式株価）
　小会社＝中会社L0.6＝中会社L0.75＝中会社L0.9＝大会社

・会社Cの場合（純資産価額方式株価＜類似業種比準方式株価）
　小会社＞中会社L0.6＝中会社L0.75＝中会社L0.9＝大会社

　例えば、設立から間もなく業績の良い会社はCのケースも多く見られますから、会社の業績次第で株価計算の結果もその節税対策それぞれとなります。

　したがって、節税の方法についてもまずはこのような表で計算してから、分散株式を整理する継続的な方向性を検討することが重要となります。

③ 第2表　特定の評価会社の判定の明細書

第2表　特定の評価会社の判定の明細書　　　会社名　株式会社　神田商事

（取引相場のない株式（出資）の評価明細書）

（平成二十九年一月一日以降用）

1．比準要素数1の会社

	判　定　要　素						判定基準	（1）欄のいずれか2の判定要素が0であり、かつ、（2）欄のいずれか2以上の判定要素が0
	（1）直前期末を基とした判定要素			（2）直前々期末を基とした判定要素				である（該当）・でない（非該当）
	第4表の ⑥の金額	第4表の ⓒの金額	第4表の ⓓの金額	第4表の ⑥の金額	第4表の ⓒの金額	第4表の ⓓの金額	判定	該　当　　　（非該当）
	円　銭 15　0 0	円 50	円 300	円　銭 12　5 0	円 50	円 265		

2．株式保有特定会社

	総　資　産　価　額 （第5表の①の金額）	株式及び出資の価額の合計額（第5表の④の金額）	株式保有割合 （②／①）	判定基準	③の割合が50%以上である	③の割合が50%未満である
	① 千円 350,000	② 千円	③ %	判定	該　当　　　（非該当）	

3．土地保有特定会社

	判　定　要　素			
	総　資　産　価　額 （第5表の①の金額）	土地等の価額の合計額 （第5表の◯の金額）	土地保有割合 （⑤／④）	会社の規模の判定 （該当する文字を◯で囲んで表示します。）
	④ 千円 350,000	⑤ 千円 150,000	⑥ % 42	大会社・中会社・（小会社）

小会社
（総資産価額（帳簿価額）が次の基準に該当する会社）

・卸売業 20億円以上	・卸売業 7,000万円以上20億円未満		
・小売・サービス業 15億円以上	・小売・サービス業 4,000万円以上15億円未満		
・上記以外の業種 15億円以上	・上記以外の業種 5,000万円以上15億円未満		

判定基準	会社の規模	大　会　社		中　会　社		小　会　社	
	⑥の割合	70%以上	70%未満	90%以上	90%未満	70%以上	70%未満	90%以上	（90%未満）
	判　定	該当	非該当	該当	非該当	該当	非該当	該当	（非該当）

4．開業後3年未満の会社等

（1）開業後3年未満の会社

判　定　要　素		判定基準	課税時期において開業後3年未満である	課税時期において開業後3年未満でない
開業年月日	年　月　日	判定	該　当	（非該当）

（2）比準要素数0の会社

判定要素	直前期末を基とした判定要素			判定基準	直前期末を基とした判定要素がいずれも0	
	第4表の ⑥の金額	第4表の ⓒの金額	第4表の ⓓの金額		である（該当）・	（でない（非該当））
	円　銭 15　0 0	円 50	円 300	判定	該　当	（非該当）

5．開業前又は休業中の会社

開業前の会社の判定		休業中の会社の判定		6．清算中の会社	判　定	
該　当	（非該当）	該　当	（非該当）		該　当	（非該当）

7．特定の評価会社の判定結果

1．比準要素数1の会社　　　　2．株式保有特定会社
3．土地保有特定会社　　　　4．開業後3年未満の会社等
5．開業前又は休業中の会社　　6．清算中の会社

［ 該当する番号を◯で囲んでください。なお、上記の「1．比準要素数1の会社」欄から「6．清算中の会社」欄の判定において2以上に該当する場合には、後の番号の判定によります。 ］

306　② 税法による株価の計算方法

特定の評価会社の判定では株価の算定が一般的に高くなる傾向にあります。以下の表のように形式的な要件で特定の評価会社に該当します。

図表7－7　特定評価会社の判定表

1. 比準要素係数1の会社				株価算定方法	同族株主等が取得した場合			同族株主等以外の株主
比準要素		直前期	直前々期		議決権50%超		議決権50%以下	
		いずれか2つがゼロ	いずれか2つ以上がゼロ		原則	特例		
配当､利益､純資産				類似業種比準方式	0	0.25	0	
				純資産価額方式	1	0.75	0.8	
				配当還元方式				1
2. 株式保有特定会社				株価算定方法	同族株主等が取得した場合			同族株主等以外の株主
	大会社	中会社	小会社		議決権50%超		議決権50%以下	
株式等の割合	50%以上	50%以上	50%以上		原則	特例		
				類似業種比準方式	0	S1+S2方式	0	
				純資産価額方式	1		0.8	
				配当還元方式				1
3. 土地保有会社				株価算定方法	同族株主等が取得した場合			同族株主等以外の株主
（土地等の割合）					議決権50%超		議決権50%以下	
大会社	70%以上							
中会社	90%以上			類似業種比準方式	0		0	
小会社	（大会社クラス70%以上）			純資産価額方式	1		0.8	
	（中会社クラス90%以上）			配当還元方式				1
4. 開業3年未満等の会社 ① 開業3年未満の会社				株価算定方法	同族株主等が取得した場合			同族株主等以外の株主
					議決権50%超		議決権50%以下	
				類似業種比準方式	0		0	
				純資産価額方式	1		0.8	
				配当還元方式				1

② 比準要素係数0の会社		株価算定方法	同族株主等が取得した場合		同族株主等以外の株主
比準要素	直前期		議決権50%超	議決権50%以下	
配当、利益、純資産	すべてがゼロ	類似業種比準方式	0	0	
※直前々期の数値は使わず		純資産価額方式×1	1	0.8	
		配当還元方式			1
5. 開業前又は休業中の会社		株価算定方法	すべての株主		
＊設立後開業していない		類似業種比準方式			
＊休業中		純資産価額方式			1
		配当還元方式			
6. 清算中の会社		株価算定方法	すべての株主		
清算登記を行い、清算結了前		清算分配額			1

（1） 分散株式を整理する場合の株価計算の留意事項

① 比準要素係数1の会社について

　類似業種比準方式の比準要素係数で配当、利益と純資産価額がゼロとなる場合があります。利益は非経常的な利益には調整がありますが、非経常的な費用や損失の調整はありません。また、配当についても、税務上の計算の配当還元方式は配当金額がゼロでも期末資本金等利用して計算もされるため、原則、株価が0円になりません。一方で税法による方法でなく、企業価値評価方法（3参照）では配当金額が0円の場合には原則配当還元方式の株価は0円となるため、少数株主が持つ株式でも株価配当還元方式外の方法を利用する株価で評価されることになります。

　したがって、分散株式の株価算定の視点から見ると、類似業種比準方式の比準要素係数が配当、利益と純資産価額がゼロとならないように、税法による方法でも企業価値評価方法でも計画的に経営していくことが重要です。

② 株式保有特定会社及び土地保有会社について

　1株当たりの純資産価額を計算明細書の数値は直前の決算期の1期だけとなるため、会社の業績や会計処理次第では想定外に株式保有特定会社及び土地保

有会社に該当する場合もあります。

③　その他

　分散株式を整理する場合、オーナー経営者は株価を低く抑えたいと考えますが、この特定の評価会社に該当しないように継続的に注意しておく必要があります。

4 ## 第3表　一般の評価会社の株式及び株式に関する権利の価額の計算明細書

第3表　一般の評価会社の株式及び株式に関する権利の価額の計算明細書　会社名 株式会社　神田商事

（取引相場のない株式（出資）の評価明細書）	1株当たりの価額の計算の基となる金額	類似業種比準価額（第4表の㉖、㉗又は㉘の金額）① 円	1株当たりの純資産価額（第5表の⑪の金額）② 100,000 円	1株当たりの純資産価額の80%相当額（第5表の⑫の記載がある場合のその金額）③ 円

（平成二十九年一月一日以降用）

		区　分	1 株 当 た り の 価 額 の 算 定 方 法	1株当たりの価額
1．原則的評価方式による価額	1株当たりの価額の計算	大会社の株式の価額	①の金額と②の金額とのいずれか低い方の金額（②の記載がないときは①の金額）	④ 円
		中会社の株式の価額	①と②とのいずれか低い方の金額　Lの割合　　　②の金額（③の金額があるときは③の金額）　Lの割合 （　　円 0.　）＋（　　円×(1−0.　)）	⑤ 円
		小会社の株式の価額	②の金額（③の金額があるときは③の金額）と次の算式によって計算した金額とのいずれか低い方の金額　②の金額（③の金額があるときは③の金額） ①の金額 （　　円×0.50）＋（　100,000 円×0.50＝　　50,000 円）	⑥ 100,000 円
	株式の価額の修正	課税時期において配当期待権の発生している場合	株式の価額　　　　1株当たりの（④、⑤又は⑥）　配当金額 円−　　　　円　銭	修正後の株式の価額 ⑦ 円
		課税時期において株式の割当てを受ける権利、株主となる権利又は株式無償交付期待権の発生している場合	株式の価額　割当株式1株　1株当たりの　　1株当たりの（④、⑤又は⑥　たりの払込金額　割当株式数　　割当株式数又（があるときは⑦）　　　　　　　　　　　は交付株式数 円＋　　円×　　株）÷(1株＋　株)	修正後の株式の価額 ⑧ 円

2．配当還元方式による価額	1株当たりの資本金等の額、発行済株式数等	直前期末の資本金等の額⑨ 千円	直前期末の発行済株式数⑩ 株	直前期末の自己株式数⑪ 株	1株当たりの資本金等の額を50円とした場合の発行済株式数（⑨÷50円）⑫ 株	1株当たりの資本金等の額（⑨÷(⑩−⑪)）⑬ 円

	直前期末以前2年間の年配当金額	事業年度	⑭年配当金額	⑮左のうち非経常的な配当金額	⑯差引経常的な年配当金額（⑭−⑮）	年平均配当金額
		直前期	千円	千円	㋑ 千円	⑰(㋑+㋺)÷2 千円
		直前々期	千円	千円	㋺ 千円	

	1株(50円)当たりの年配当金額	年平均配当金額(⑰)　　千円 ÷	⑫の株式数　　株 ＝	⑱ 円　銭	この金額が2円50銭未満の場合は2円50銭とします。
	配当還元価額	⑱の金額　⑬の金額 円　銭　　　円 10%　×　50円 ＝	⑲ 円	⑳ 円	⑲の金額が、原則的評価方式により計算した価額を超える場合には、原則的評価方式により計算した価額とします。

3．株式に関する権利の価額	1及び2に共通	配当期待権	1株当たりの予想配当金額　源泉徴収されるべき所得税相当額 （　円　銭）−（　円　銭）	㉑ 円　銭	4．株式及び株式に関する権利の価額（1.及び2.に共通）	
		株式の割当てを受ける権利（割当株式1株当たりの価額）	⑧（配当還元方式の場合は⑳）の金額　割当株式1株当たりの払込金額 円−　　　円	㉒ 円	株式の評価額	円 100,000
		株主となる権利（割当株式1株当たりの価額）	⑧（配当還元方式の場合は⑳）の金額（課税時期後にその株主となる権利につき払い込むべき金額があるときは、その金額を控除した金額）	㉓ 円		
		株式無償交付期待権（交付される株式1株当たりの価額）	⑧（配当還元方式の場合は⑳）の金額	㉔ 円	株式に関する権利の評価額	（　円　銭）

310　2　税法による株価の計算方法

5 第4表 類似業種比準価額等の計算明細書

第4表 類似業種比準価額等の計算明細書　　会社名 株式会社 神田商事

（平成二十九年一月一日以降用）

（取引相場のない株式（出資）の評価明細書）

1.1株当たりの資本金等の額等の計算

	直前期末の資本金等の額	直前期末の発行済株式数	直前期末の自己株式数	1株当たりの資本金等の額（①÷（②−③））	1株当たりの資本金等の額を50円とした場合の発行済株式数（①÷50円）
	① 10,000千円	② 150株	③ 150株	④ 円	⑤ 200,000株

2.比準要素等の金額の計算

1株（50円）当たりの年配当金額

事業年度	⑥年配当金額	⑦左のうち非経常的な配当金額	⑧差引経常的な年配当金額（⑥−⑦）	年平均配当金額		比準要素数1の会社・比準要素数0の会社の判定要素の金額
直前期	3,000千円	0千円	⑨ 3,000千円	⑨（⑨+⑩）÷2 3,000千円	⑪	⑪ 15円0銭
直前々期	3,000千円	0千円	⑩ 3,000千円	⑩（⑩+㋑）÷2 2,500千円	⑫	⑫ 12円5銭
直前々期の前期	2,000千円	千円	㋑ 2,000千円		1株（50円）当たりの年配当金額（Ⓑ）の金額	Ⓑ 15円00銭

1株（50円）当たりの年利益金額

事業年度	⑪法人税の課税所得金額	⑫非経常的な利益金額	⑬受取配当等の益金不算入額	⑭左の所得税額	⑮損金算入した繰越欠損金の控除額	差引利益金額⑪−⑫+⑬−⑭+⑮		比準要素数1の会社・比準要素数0の会社の判定要素の金額
直前期	10,000千円	0千円	千円	千円	0千円	⑯ 10,000千円	⑯	⑯ 50
直前々期	10,000千円	0千円	千円	千円	千円	⑰ 10,000千円	⑰	⑰ 50
直前々期の前期	10,000千円	千円	千円	千円	千円	㋺ 10,000千円	Ⓒ	Ⓒ 50

直前期末（直前々期末）の純資産価額

事業年度	⑰資本金等の額	⑱利益積立金額	⑲純資産価額（⑰+⑱）		比準要素数1の会社・比準要素数0の会社の判定要素の金額
直前期	10,000千円	50,000千円	⑱ 60,000千円	⑱	⑱ 300
直前々期	10,000千円	43,000千円	⑲ 53,000千円	⑲	⑲ 265
			1株（50円）当たりの純資産価額（Ⓓ）の金額	Ⓓ	Ⓓ 300

3.類似業種比準価額の計算

各種商品小売業

類似業種と業種目番号 (No. 80)

				区分	1株（50円）当たりの年配当金額	1株（50円）当たりの年利益金額	1株（50円）当たりの純資産価額	1株（50円）当たりの比準価額
類似業種の株価	課税時期の属する月	12 ㋺	341	評価会社	Ⓑ 15円0銭	C 50円	D 300円	㉑×㉒×0.7
	課税時期の属する月の前月	11 ㋩	320	類似業種	B 2円9銭	C 25円	D 185円	※
	課税時期の属する月の前々月	10 ㋥	314	要素別比準割合	5.17	2.00	1.62	中会社は0.6 小会社は0.5 とします。
	前年平均株価	㋭	269	比準割合	Ⓑ/B + C/C + D/D ÷3		= 2.93	㉓ 394円0銭
	課税時期の属する月以前2年間の平均株価	㋬	286					
	A ㋺、㋩、㋥、㋭及び㋬のうち最も低いもの	㉑	269					

小売業

類似業種と業種目番号 (No. 79)

				区分	1株（50円）当たりの年配当金額	1株（50円）当たりの年利益金額	1株（50円）当たりの純資産価額	1株（50円）当たりの比準価額
類似業種の株価	課税時期の属する月	12 ㋺	399	評価会社	Ⓑ 15円0銭	C 50円	D 300円	㉒×㉔×0.7
	課税時期の属する月の前月	11 ㋩	380	類似業種	B 3円9銭	C 27円	D 198円	※
	課税時期の属する月の前々月	10 ㋥	371	要素別比準割合	3.84	1.85	1.51	中会社は0.6 小会社は0.5 とします。
	前年平均株価	㋭	302	比準割合	Ⓑ/B + C/C + D/D ÷3		= 2.40	㉔ 362円4銭
	課税時期の属する月以前2年間の平均株価	㋬	327					
	A ㋺、㋩、㋥、㋭及び㋬のうち最も低いもの	㉒	302					

1株当たりの比準価額	比準価額（㉓と㉔とのいずれか低い方）	円0銭 × ④の金額 ÷50円	㉕ 円

比準価額の修正

直前期末の翌日から課税時期までの間に配当金交付の効力が発生した場合	比準価額（㉕）	1株当たりの配当金額	修正比準価額
	円 −	円 銭	円

直前期末の翌日から課税時期までの間に株式の割当て等の効力が発生した場合	比準価額（㉕）（㉖があるときは㉖）	割当株式1株当たりの払込金額	1株当たりの割当株式数	1株当たりの割当株式数又は交付株式数	修正比準価額
	（ 円 + 円 銭 × 株）÷（1株 + 株）				円

第7章 株価の決定方法 **311**

（1） 種類株式を評価する場合

国税庁の文書回答事例にて、種類株式の評価方法は「相続等により取得した種類株式の評価について（照会）」（文書回答事例：贈与税：平成19・02・07中庁第1号）に記載されています。

株の所有状況により、特例的評価方法（配当還元方式）で評価する場合と原則的評価方法（類似業種批准方式と純資産価額方式）で評価する場合があります。

① 特例的評価方法（配当還元方式）による方法…少数株主のケース

（A） 配当優先株式の評価方法

第3表一般評価会社の株式及び株式に関する権利価額の計算明細書の「2.配当還元方式による価額」の個所で計算することになります。この場合、配当優先株式と配当優先しない株式で年配当額が異なるため、株式の種類ごとに計算することになります。

（B） 無議決権株式の評価方法

【原則】

無議決権株式については、原則として、議決権の有無を考慮せずに評価することとなります。

【例外】

分散株式の整理する手続きで、相続あるいは贈与を用いる時に、次の条件を元に選択適用することができます。

＜条件＞

＊遺産分割協議書の確定

当該会社の株式について、相続税の法定申告期限までに、遺産分割協議が確定していること。

＊次の届け出を提出する

当該相続又は遺贈により、当該会社の株式を取得したすべての同族株主から、相続税の法定申告期限までに、無議決権株式の評価の取扱いに係る選択届出書を提出すること。

当該相続又は遺贈により同族株主が取得した無議決権株式の価額について、調整計算前のその株式の評価額からその価額に５パーセントを乗じて計算した金額を控除した金額により評価するとともに、当該控除した金額を当該相続又は遺贈により同族株主が取得した当該会社の議決権のある株式の価額に加算して申告することを届出書に記載する。

＊「取引相場のない株式（出資）の評価明細書」で計算する

次の算式に基づく無議決権株式及び議決権のある株式の評価額の算定根拠を適宜の様式に記載し、添付していること。

［算式］

無議決権株式の評価額（単価）＝ A × 0.95

$$議決権のある株式への加算額 = \left(A \times \frac{無議決権株式の株式総数^{(※1)}}{} \times 0.05\right) = X$$

$$議決権のある株式の評価額（単価） = \left(B \times \frac{議決権のある株式の株式総数^{(※1)}}{} + X\right) \div \frac{議決権のある株式の株式総数^{(※2)}}{}$$

A…調整計算前の無議決権株式の１株当たりの評価額

B…調整計算前の議決権のある株式の１株当たりの評価額

※１：「株式総数」は、同族株主が当該相続又は遺贈により取得した当該株式の総数をいう（配当還元方式により評価する株式及び社債類似株式を除く。）。

※２：「A」及び「B」の計算において、当該会社が社債類似株式を発行している場合は、社債類似株式として議決権のある株式及び無議決権株式を評価した後の評価額

（C）　拒否権付き株式の評価方法

普通株式と同じに評価を行います。

②　原則的評価方法（類似業種比準方式と純資産価額方式）による方法

…オーナー経営者と同族関係者のケース

（A）　配当優先株式の評価方法

イ　類似業種比準方式により評価する場合

第４表　類似業種比準価額等の計算明細書「１株当たりの年配当金額」が配当の優先の有無で配当金額が異なるため、株式の種類ごとに計算して評価します。

ロ　純資産価額方式により評価する場合

配当優先の有無にかかわらず、同じく評価します。

(B)　無議決権株式の評価方法

①（B）の無議決権評価方法をご参照ください。

(C)　拒否権付き株式の評価方法

普通株式と同じ評価を行います。

（2）第4表の「類似業種比準価額の計算」について

国税庁の法令解釈通達、「類似業種比準価額計算上の業種目及び業種目別株価等について」は（法令解釈通達：課評2－26平成29・6・13、（最終改正）平成30・1・17課評2－1）では、第4表の算定に必要となる業種目別の1株当たりの配当金額、利益金額、簿価純資産価額及び株価について定めています。

これは、上場会社における業績や財務状態を反映させて、非上場株式を計算する仕組みとなっているため、非上場会社の業績の動向とは関係なく、上場会社の株価に影響をされることになります。最近は上場株式の株価が上昇しており、非上場株式の株価が高くなる傾向にあったため、平成29年の税制改正でこの点の改正が次のように行われました。

【改正後の類似業種比準方式の計算方法】

$$A \times \frac{\dfrac{Ⓑ}{B} + \dfrac{Ⓒ}{C} + \dfrac{Ⓓ}{D}}{3} \times 斟酌率 \times \frac{1株当たりの資本金の額}{50円}$$

A：類似業種の株価
Ⓑ：評価会社の直前期末における1株当たりの配当金額
Ⓒ：評価会社の直前期末以前1年間における1株当たりの利益金額
Ⓓ：評価会社の直前期末における1株当たりの簿価純資産価額
B：課税時期の属する年の類似業種の1株当たりの年配当金額 ⎫
C：課税時期の属する年の類似業種の1株当たりの年利益金額 ⎬ 連結決算を反映させた金額となる
D：課税時期の属する年の類似業種の1株当たりの簿価純資産価額 ⎭
斟酌率：大会社0.7　中会社0.6　小会社0.5

平成29年税制改正
① 平成29年1月1日以降の相続に該当します。
② 類似業種の株価に課税時期の属する月以前2年間平均したものも追加されました。
③ 計算式が上の表のようになりました。

　また、相続税の申告書作成の場合と違って株価を計算する場合に、類似業種の株価が公表されていない場合もあります。その場合公表されている類似業種の直近の株価等を用いるようになります。

6 ## 第5表　1株当たりの純資産価額（相続税評価額）の計算明細書

第5表 1株当たりの純資産価額（相続税評価額）の計算明細書　　会社名 株式会社　神田商事

（取引相場のない株式（出資）の評価明細書）

1. 資産及び負債の金額（課税時期現在）

（平成二十九年一月一日以降用）

資　産　の　部				負　債　の　部			
科　　目	相続税評価額	帳簿価額	備考	科　　目	相続税評価額	帳簿価額	備考
現　　　金	千円 200,000	千円 200,000		その他の流動負債	千円 250,000	千円 250,000	
土　　　地	150,000	100,000					
合　　　計	① 350,000	② 300,000		合　　　計	③ 250,000	④ 250,000	
株式及び出資の価額の合計額	㋺	㋑					
土地等の価額の合計額	㋩ 150,000						
現物出資等受入れ資産の価額の合計額	㋥	㋭					

2. 評価差額に対する法人税額等相当額の計算

相続税評価額による純資産価額 （①－③）	⑤	千円 100,000
帳簿価額による純資産価額 （（②＋（㋭－㋩）－④）、マイナスの場合は0）	⑥	千円 50,000
評価差額に相当する金額 （⑤－⑥、マイナスの場合は0）	⑦	千円 50,000
評価差額に対する法人税額等相当額 （⑦×37%）	⑧	千円

3. 1株当たりの純資産価額の計算

課税時期現在の純資産価額 （相続税評価額）　　　（⑤－⑧）	⑨	千円 100,000
課税時期現在の発行済株式数 （第1表の1の①－自己株式数）	⑩	株 1,000
課税時期現在の1株当たりの純資産価額 （相続税評価額）　　　（⑨÷⑩）	⑪	円 100,000
同族株主等の議決権割合（第1表の1の⑤ の割合）が50%以下の場合　（⑪×80%）	⑫	円 80,000

※所得税基本通達59-6（株式等を贈与等した場合の「その時における価額」）に基づき評価計算を行っています。

316　　2　税法による株価の計算方法

（1） 第5表の計算方法

次のような方法で計算されます

① 株式の取得者とその同族関係者の有する議決権の合計数が評価会社の議決権総数の50%超である場合

Ⓐ ＋ 　課税時期における各資産 → 通達に定めるところにより評価した価額（図表7－8参照）

→ 評価会社が課税時期前3年以内に取得又は新築した土地及び土地の上に存する権利 → 課税時期における通常の取引価額に相当する金額によって評価するもの

→ 課税時期における通常の取引価額に相当すると認められる場合には、当該帳簿価額に相当する金額によって評価することができるものとする。

→ 家屋及びその附属設備又は構築物（以下「家屋等」という。）の価額

Ⓑ △ 　課税時期における各負債の金額の合計額 → 通達に定めるところにより評価した価額（図表7－8参照）

Ⓒ △ 　評価差額に対する法人税額等に相当する金額

Ⓓ ＝Ⓐ－Ⓑ－Ⓒ 差し引き額

Ⓔ 　課税時期における発行済株式数

Ⓕ ＝Ⓓ÷Ⓔ 課税時期現在の一株当たりの純資産価額（Ⓔで除して計算した金額とする。）

② 株式の取得者とその同族関係者の有する議決権の合計数が評価会社の議決権総数の50%以下である場合

Ⓖ ＝Ⓗ×0.8 課税時期現在の一株当たりの純資産価額

それでは、資産と負債の科目ごとの評価の方法を確認してみます。

第7章 株価の決定方法 　317

図表 7 - 8　純資産価額の計算書の勘定科目による評価額

勘定科目名	相続税評価額	財産評価基本通達
現金	現金有高	—
普通預金	課税時期現在の既経過利子の額が少額なものに限り、同時期現在の預入高によって評価する	203　預貯金の価額は、課税時期における預入高と同時期現在において解約するとした場合に既経過利子の額として支払を受けることができる金額（以下203≪預貯金の評価≫において「既経過利子の額」という。）から当該金額につき源泉徴収されるべき所得税の額に相当する金額を控除した金額との合計額によって評価する。
定期預金	預金残高＋既経過利子	ただし、定期預金、定期郵便貯金及び定額郵便貯金以外の預貯金については、課税時期現在の既経過利子の額が少額なものに限り、同時期現在の預入高によって評価する。（昭55直評20外改正）
受取手形	支払期限到来したもの〜課税時期から6か月経過する日までの支払期限の到来→券面額 上以外について、割引を行った倍に回収できると認める金額	206　受取手形又はこれに類するもの（以下「受取手形等」という。）の価額は、次による。前項の定めは、この場合について準用する。 (1)　支払期限の到来している受取手形等又は課税時期から6か月を経過する日までの間に支払期限の到来する受取手形等の価額は、その券面額によって評価する。 (2)　(1)以外の受取手形等については、課税時期において銀行等の金融機関において割引を行った場合に回収し得ると認める金額によって評価する。
電子記録債権 売掛金 短期貸付金 未収入金 仮払金 長期貸付金 前渡金 立替金 敷金 不渡手形 不渡電子記録 債権	返済されるべき金額＋既経過利息-回収不能額	204　貸付金、売掛金、未収入金、預貯金以外の預け金、仮払金、その他これらに類するもの（以下「貸付金債権等」という。）の価額は、次に掲げる元本の価額と利息の価額との合計額によって評価する。 (1)　貸付金債権等の元本の価額は、その返済されるべき金額 (2)　貸付金債権等に係る利息（208≪未収法定果実の評価≫に定める貸付金等の利子を除く。）の価額は、課税時期現在の既経過利息として支払を受けるべき金額 205　前項の定めにより貸付金債権等の評価を行

318　[2]　税法による株価の計算方法

勘定科目名	相続税評価額	財産評価基本通達
		う場合において、その債権金額の全部又は一部が、課税時期において次に掲げる金額に該当するときその他その回収が不可能又は著しく困難であると見込まれるときにおいては、それらの金額は元本の価額に算入しない。（平12課評2-4外・平28課評2-10外改正） (1) 債務者について次に掲げる事実が発生している場合におけるその債務者に対して有する貸付金債権等の金額（その金額のうち、質権及び抵当権によって担保されている部分の金額を除く。） 　　イ　手形交換所（これに準ずる機関を含む。）において取引停止処分を受けたとき 　　ロ　会社更生法（平成14年法律第154号）の規定による更生手続開始の決定があったとき 　　ハ　民事再生法（平成11年法律第225号）の規定による再生手続開始の決定があったとき 　　ニ　会社法の規定による特別清算開始の命令があったとき 　　ホ　破産法（平成16年法律第75号）の規定による破産手続開始の決定があったとき 　　ヘ　業況不振のため又はその営む事業について重大な損失を受けたため、その事業を廃止し又は6か月以上休業しているとき (2) 更生計画認可の決定、再生計画認可の決定、特別清算に係る協定の認可の決定又は法律の定める整理手続によらないいわゆる債権者集会の協議により、債権の切捨て、棚上げ、年賦償還等の決定があった場合において、これらの決定のあった日現在におけるその債務者に対して有する債権のうち、その決定により切り捨てられる部分の債権の金額及び次に掲げる金額
前払費用 長期前払費用	①返済されるべき金額 　+既経過利息 　-回収不能額 ②未経過分で財	イ　弁済までの据置期間が決定後5年を超える場合におけるその債権の金額 (3) 当事者間の契約により債権の切捨て、棚上げ、年賦償還等が行われた場合において、それが金融機関のあっせんに基づくものであるなど真正

勘定科目名	相続税評価額	財産評価基本通達
	産性のないものは計上しない	に成立したものと認めるものであるときにおけるその債権の金額のうち(2)に掲げる金額に準ずる金額
商品、製品等棚卸資産	右の評価方法による	133　たな卸商品等の評価は、原則として、次に掲げる区分に従い、それぞれ次に掲げるところによる。ただし、個々の価額を算定し難いたな卸商品等の評価は、所得税法施行令第99条≪たな卸資産の評価の方法≫又は法人税法施行令第28条≪たな卸資産の評価の方法≫に定める方法のうちその企業が所得の金額の計算上選定している方法によることができる。（昭41直資3-19・平12課評2-4外改正） (1)　商品の価額は、その商品の販売業者が課税時期において販売する場合の価額から、その価額のうちに含まれる販売業者に帰属すべき適正利潤の額、課税時期後販売までにその販売業者が負担すると認められる経費（以下「予定経費」という。）の額及びその販売業者がその商品につき納付すべき消費税額（地方消費税額を含む。以下同じ。）を控除した金額によって評価する。 (2)　原材料の価額は、その原材料を使用する製造業者が課税時期においてこれを購入する場合の仕入価額に、その原材料の引取り等に要する運賃その他の経費の額を加算した金額によって評価する。 (3)　半製品及び仕掛品の価額は、製造業者がその半製品又は仕掛品の原材料を課税時期において購入する場合における仕入価額に、その原材料の引取り、加工等に要する運賃、加工費その他の経費の額を加算した金額によって評価する。 (4)　製品及び生産品の価額は、製造業者又は生産業者が課税時期においてこれを販売する場合における販売価額から、その販売価額のうちに含まれる適正利潤の額、予定経費の額及びその製造業者がその製品につき納付すべき消費税額を控除した金額によって評価する。

勘定科目名	相続税評価額	財産評価基本通達
有価証券、投資有価証券、出資金	上場株式の評価は時価	上場株式、気配株式等の評価（169-177-２）
	非上場株式の評価	取引上の相場のない株式の評価（178 ～ 196）
法人税額等控除不可株式	純資産価格方式で評価する場合には法人税額等控除をしない	純資産価格方式で評価する場合には法人税額等控除をしない
建物	家屋は固定資産税評価額	89　家屋の価額は、その家屋の固定資産税評価額（地方税法第381条（（固定資産課税台帳の登録事項））の規定により家屋課税台帳もしくは家屋補充課税台帳に登録された基準年度の価格又は比準価格をいう。以下この章において同じ。）に別表1に定める倍率を乗じて計算した金額によって評価する。
建物付属設備	①家屋と構造上一体となっている場合→家屋の価額に含める②家屋と構造上一体となっていない場合には固定資産取得額－減価償却累計額	92　附属設備等の評価は、次に掲げる区分に従い、それぞれ次に掲げるところによる。（平16課評２-７外・平20課評２-５外改正）(1)　家屋と構造上一体となっている設備　　家屋の所有者が有する電気設備（ネオンサイン、投光器、スポットライト、電話機、電話交換機及びタイムレコーダー等を除く。）、ガス設備、衛生設備、給排水設備、温湿度調整設備、消火設備、避雷針設備、昇降設備、じんかい処理設備等で、その家屋に取り付けられ、その家屋と構造上一体となっている　ものについては、その家屋の価額に含めて評価する。
土地借地権	右の評価方法による	第２章　土地及び土地の上に存する権利（７ ～ 87-７）

勘定科目名	相続税評価額	財産評価基本通達
3年以内取得建物	→課税時期における通常の取引価額に相当する金額によって評価するもの	185　一株当たりの純資産は、課税時期における各資産と負債をこの通達で評価します。しかし、3年以内取得の建物・土地については左記の方法となります。
3年以内取得土地	→課税時期における通常の取引価額に相当すると認められる場合には、当該帳簿価額に相当する金額によって評価することができるものとする。	
構築物	固定資産価額－減価償却累計額	97　構築物の価額は、その構築物の再建築価額から、建築の時から課税時期までの期間（その期間に1年未満の端数があるときは、その端数は1年とする。）の償却費の額の合計額又は減価の額を控除した金額の100分の70に相当する金額によって評価する。この場合における償却方法は、定率法によるものとし、その耐用年数は耐用年数省令に規定する耐用年数による。
機械及び装置船舶車両運搬具工具、器具及び備品減価償却累計額ソフトウェア		129　一般動産の価額は、原則として、売買実例価額、精通者意見価格等を参酌して評価する。ただし、売買実例価額、精通者意見価格等が明らかでない動産については、その動産と同種及び同規格の新品の課税時期における小売価額から、その動産の製造の時から課税時期までの期間（その期間に1年未満の端数があるときは、その端数は1年とする。）の償却費の額の合計額又は減価の額を控除した金額によって評価する。（昭41直資3-19・平20課評2-5外改正）

勘定科目名	相続税評価額	財産評価基本通達
建設仮勘定	建設中の家屋については費用原価の70%	91　課税時期において現に建築中の家屋の価額は、その家屋の費用現価の100分の70に相当する金額によって評価する。
のれん	「平均利益金額」にて評価する	166　前項の「平均利益金額」等については、課税時期の属する前年以前3年間の平均による。
電話加入権	右の評価方法による	161　電話加入権の評価は、次に掲げる区分に従い、それぞれ次に掲げるところによる。（昭41直資3-19改正） (1)　取引相場のある電話加入権の価額は、課税時期における通常の取引価額に相当する金額によって評価する。 (2)　(1)に掲げる電話加入権以外の電話加入権の価額は、売買実例価額等を基として、電話取扱局ごとに国税局長の定める標準価額によって評価する。
ゴルフ会員権	右の評価方法による	211　ゴルフ会員権（以下「会員権」という。）の価額は、次に掲げる区分に従い、それぞれ次に掲げるところによる。 　なお、株式の所有を必要とせず、かつ、譲渡できない会員権で、返還を受けることができる預託金等（以下「預託金等」という。）がなく、ゴルフ場施設を利用して、単にプレーができるだけのものについては評価しない。（平11課評2-2外追加、平11課評2-12外改正） (1)　取引相場のある会員権 　課税時期における通常の取引価格の70%に相当する金額によって評価する。 　この場合において、取引価格に含まれない預託金等があるときは、次に掲げる金額との合計額によって評価する。 ロ　課税時期から一定の期間を経過した後に返還を受けることができる預託金等 イ　株主でなければゴルフクラブの会員（以下「会員」という。）となれない会員権 　その会員権に係る株式について、この通達の定めにより評価した課税時期における株式

第7章　株価の決定方法　　*323*

勘定科目名	相続税評価額	財産評価基本通達
		の価額に相当する金額によって評価する。
		その会員権について、株式と預託金等に区分し、それぞれ次に掲げる金額の合計額によって評価する。
		(2)のイに掲げた方法を適用して計算した金額
		(1)のイ又はロに掲げた方法を適用して計算した金額
		ハ　預託金等を預託しなければ会員となれない会員権
		(1)のイ又はロに掲げた方法を適用して計算した金額によって評価する。
		2)　取引相場のない会員権
		イ　株主でなければゴルフクラブの会員（以下「会員」という。）となれない会員権
		その会員権に係る株式について、この通達の定めにより評価した課税時期における株式の価額に相当する金額によって評価する。
		ロ　株主であり、かつ、預託金等を預託しなければ会員となれない会員権
		その会員権について、株式と預託金等に区分し、それぞれ次に掲げる金額の合計額によって評価する。
		㈠　株式の価額
		(2)のイに掲げた方法を適用して計算した金額
		㈡　預託金等
		(1)のイ又はロに掲げた方法を適用して計算した金額
		ハ　預託金等を預託しなければ会員となれない会員権
		(1)のイ又はロに掲げた方法を適用して計算した金額によって評価する。

勘定科目名	相続税評価額	財産評価基本通達
繰延税金資産 長期繰延税金資産 繰延資産 貸倒引当金	資産性のないものは評価せず	―
支払手形 電子記録債務 買掛金 短期借入金 未払金 未払費用 前受金 預り金 前受収益 仮受金 仮受消費税等 カード未払金 割引手形 割引電子記録債権 社債 長期借入金 長期未払金	回収されるべき金額 -支払いしない額	―
未払法人税等 未払消費税等 未払事業税 未払地方税	未払金額を計上	186　前項の課税時期における１株当たりの純資産価額（相続税評価額によって計算した金額）の計算を行う場合には、貸倒引当金、退職給与引当金（平成14年改正法人税法附則第８条（（退職給与引当金に関する経過措置））第２項及び第３項の適用後の退職給与引当金勘定の金額に相当する金額を除く。）、納税引当金その他の引当金及び準備金に相当する金額は負債に含まれないものとし、次に掲げる金額は負債に含まれることに留意する（次項及び186-3≪評価会社が有する株式等の純資産価額の計算≫において同じ。）。 (1)　課税時期の属する事業年度に係る法人税額、消費税額、事業税額、道府県民税額及び市町村

勘定科目名	相続税評価額	財産評価基本通達
		民税額のうち、その事業年度開始の日から課税時期までの期間に対応する金額（課税時期において未払いのものに限る。） (2) 課税時期以前に賦課期日のあった固定資産税の税額のうち、課税時期において未払いの金額 (3) 被相続人の死亡により、相続人その他の者に支給することが確定した退職手当金、功労金その他これらに準ずる給与の金額
未払 固定資産税	課税以前の賦課期日のあった固定資産税の税額のうち、課税時期において未払額	―
未払退職金	未払金額を計上	―
繰延税金負債 長期 繰延税金負債 賞与引当金	評価しない	―
退職給付 引当金	評価しない （平成14年改正法人税法附則第8条（（退職給与引当金に関する経過措置））第2項及び第3項の適用後の退職給与引当金勘定の金額に相当する金額を除く。	―

326　　2 税法による株価の計算方法

（2）　分散株式を評価するときの注意点

　分散株式を整理する場合、少数株主が株式を譲渡する場面が多くなります。少数株主の中には、税務上のリスクに無関心のものもいることが想定されるため①②（1）税法による株価計算とはをご参照ください。

　また、企業価値評価方法の純資産方式による評価方法（③④②（9）参照）とここで説明している「第5表　1株当たりの純資産価額（相続税評価額）の計算明細書」では株価の評価方法は異なっている点も理解するようにしてください。

3 企業価値評価による株価を計算する方法

1 企業価値評価による株価とは

　分散株主を整理する場合には企業価値評価による株価計算も検討します。分散株式を整理する時にこの整理される予定の株主にとっては納得いかない場合も少なくありません。例えば、第3章 2 に記載したスクイーズ・アウトによる強制買取のような場合、会社法は少数株主を保護するような規定を多く設けています。そのため、少数株主が裁判所に価格決定の申立てをすることになれば、「裁判所が関わった株価」として会社法に規定されている時価による株式の譲渡となってきます。この会社法による時価は実務上で「企業価値評価による算定された株価」を原則に考えられます。

　ところで、企業価値評価による株価は 2 の税法による株価計算方法と異なり、法律や条文や通達もなく、公的な機関が発表した「基準」や「マニュアル」もありません。現時点で発表されているもので参考になるのは次の2つのガイドラインがあります。

名称	経営承継法による非上場株式等評価ガイドライン	企業価値評価ガイドライン
公表機関	中小企業庁	日本公認会計士協会　経営研究調査会研究報告第32号
目的	経営承継法における固定合意を利用される際の非上場株式の評価方法	企業価値評価に関する評価実務をまとめた研究報告
位置づけ	「非上場株式の評価の在り方」検討結果後の評価のメルクマール	ガイドラインで基準やマニュアルではない
法的拘束力	なし	なし 保証業務でない
対象となる会社	中小企業 非上場会社	株式評価が困難な非上場会社を対象
算定する株価の利用	経営承継法における固定合意を利用される際の非上場株式の評価	取引目的 裁判目的

　上記ガイドライン以外にも参考にできる文献はたくさんあります。企業価値評価の専門家により書かれた本はその経験に基づき、理論的でしっかり説明されている良い本がたくさんあります。上記のガイドラインを作成する際も専門家の本やその学説を参考に完成されたガイドラインであると思います。

　ところで、企業価値評価の文献は私達にとってはなかなか難しいものです。この本のポイントとして、中小企業の分散株式を整理するにあたって、なるべくわかりやすい記述を心がけてきましたが、本章でも実務の論点だけに絞って、中小企業の非上場株式を評価計算できるように具体的に説明していきます。本節の内容は私見が多く含まれていることもあらかじめご了承ください。

第7章　株価の決定方法　　*329*

2　企業価値評価の方法と分析

1　評価の方法

　企業価値を評価する方法は色々とありますが、一般的には広義な分類すると
インカム・アプローチ、マーケット・アプローチ、ネットアセット・アプロー
チの3つになります。

　図表7－9に記載されているようにこれらの評価方法にはそれぞれの長所と
短所があります。そのことを理解した上で、株価算定を行う事案の目的とその
背景、会社の規模や状況、株主及び株の譲渡者や譲受者の状況等を総合的に検
討し、最も適した評価方法を選択していきます。

図表7－9　企業評価方法種類並びに採用した法

評価方法		客観性	市場での取引環境反映	将来の収益獲得能力の反映	固有の性質の反映	評価方法	その理由	
インカム・アプローチ	評価会社から期待される利益あるいはCFに基づいて価値を評価する方法	問題となるケースあり	良い	優れている	優れている	フリー・キャッシュフロー法（DCF法）	一般的によく利用される	最近の判例でDCF法の採用を認めている
						調整現在価値法	DCF法がより一般的である。	
						残余利益法		
						その他		
						配当還元法		
						利益還元法		
マーケット・アプローチ	上場している同業他社や評価対象会社で行なわれた類似取引事例など、類似する会社、事業、あるいは取引事例と比較することによって、相対的な価値を評価する方法	優れている	優れている	良い	問題となるケースあり	市場株価法	①上場企業でないために、上場企業の類似業種を選択しにくい。	
						類似上場会社法		
						類似取引法		
						取引事例法		
ネット・アプローチ	主として、評価対象の貸借対照表記載の純資産に着目して価値を評価する方法	優れている	問題となるケースあり	問題となるケースあり	良い	簿価純資産方法	含み損益を反映しない	
						時価純資産方法	営業権の評価が重要	
						その他	一般的でない	

第7章　株価の決定方法　*331*

2 裁判例の分析

（1）裁判例の分析

　次の表は買取価格の主な裁判例から、評価方法の簡単な分析をしてみます。
上記2つのガイドラインにおいても、裁判例を説明しています。

図表7-10　株式買取価格等　裁判例

| | 備考 | 重複
（※） | 配当
還元
方式 | インカム
アプローチ | | 純資
産価
額方
式 | 類似
業種
方式 | 結果の算式 |
				DCF 法	収益 還元 法			
最新判例			割合	割合	割合	割合	割合	
E）東京地裁平成20年3月24日判	カネボウ	経営 承継	－	100	－	－	－	
D）福岡高裁平成21年5月25日判			－	30	－	70	－	
C）広島地裁平成21年4月22日判			50	50	－	－	－	
B）東京高裁平成20年4月4日判	ベンチャー 企業	経営 承継	－	－	100	－	－	
A）東京地裁平成21年1月17日判			－	－	－	－	－	併用方式
企業価値評価ガイドライン（H19.5.16　日本公認会計士協会）			割合	割合	割合	割合	割合	
①千葉地決平成3年9月26日判タ773 号246頁		経営 承継	50	－	－	50	－	
②東京高裁決平成2年6月15日金商 853号30頁、		経営 承継	70	－	－	30	－	左の折衷方 式と売買事 例の案分
③東京高決平成元年5月23日判タ731 号220頁		経営 承継	60	－	20	20	－	
④大阪高決平成元年3月28日判タ712 号229頁		経営 承継	100	－	－	－	－	

備考	重複(※)	配当還元方式	インカムアプローチ		純資産価額方式	類似業種方式	結果の算式
			DCF法	収益還元法			
⑤東京高決昭和63年12月12日金商820号32頁 備考:資産保有会社	経営承継	−	−	30	70	−	
⑥福岡高決昭和63年1月21日判タ662号207頁	経営承継	基礎	−	加味	−	加味	
⑦京都地決昭和62年5月18日金商778号41頁	経営承継	20	−	20	40	20	
⑧東京高決昭和59年10月30日金商710号13頁		−	−	−	50	50	
⑨東京高決昭和59年6月14日金商703号3頁 備考:不動産あり		−	−	−	100	−	
⑩大阪高決昭和58年1月28日金商685号16頁		50	−	−	25	25	
⑪名古屋高決昭和54年10月4日判タ404号147頁 備考:原判決棄却		−	−	−	−	−	併用方式
⑫東京高決昭和51年12月24日判タ349号248頁		−	−	50	50	−	
⑬東京高決昭和46年1月19日判タ261号343頁		−	−	−	−	100	
⑭大阪地堺支部決昭和43年9月26日金商363号11頁		−	−	−	−	100	類似業種方式
⑮東京地決昭和46年4月19日商法560号28頁		−	−	−	−	100	
経営承継法における非上場株式等評価ガイドライン（H21.2中小企業庁）		割合	割合	割合	割合	割合	
イ) 札幌地裁平成16年4月12日判		25	50	−	25	−	
ロ) 東京地裁平成4年9月1日判		−	−	−	100	−	減額修正70%
ハ) 大阪高裁平成11年6月17日判		−	−	−	1/3	2/3	

備考	重複 (※)	配当還元方式	インカムアプローチ		純資産価額方式	類似業種方式	結果の算式
			DCF法	収益還元法			
ニ) 大阪地裁平成15年3月5日判		–	–	1/3	2/3	–	
ホ) 東京地裁平成6年3月28日判		100	–	–	–	–	

※：「経営承継法による非上場株式等評価ガイドライン」にも記載されています。

（2） 主な裁判例のポイント

① 単独方式と併用方式

　まず、ポイントとして、株価を最終段階で計算する方法としては評価方法を1つだけ利用する単独方式と複数を組み合わせる併用方式があります。それは、1の評価の方法にはそれぞれに長所と短所があるために、該当事案の会社を評価するにあたって1つの評価方法では決めにくい場合が多く、評価方法を適切と考えられる2つから3つを選択する併用方法を取ることが判例でも多くなってきています。

② 比準方式の類似業種方式

　また、最近の買取価格の裁判例では企業価値評価で用いられる比準方式の類似業種方式はほどんど利用されておらず、その判例の要旨によると「類似業種比準方式を利用しない理由」は事案の非上場の中小企業の場合には比較できるような類似の上場企業を探すことができないと判断しているからです。一方で、相続税の申告等で用いられる財産評価通達を利用する国税庁方式の類似業種比準方式は株価計算がしやすいですが、会社法の裁判では企業価値評価として採用されません。それは、企業価値評価の株価計算で該当する事案の会社に類似した上場企業を探すことは難しく、もし、「類似した上場企業」と決める判断には合理的な根拠が少なく、計算上の恣意性も入りやすく今ではあまり利用されなくなりました。

③ 比準方式の取引事例方式

　分散株式を整理する場合、過去に売買した取引事例があることも多いため、比準方式としての取引事例法は一応参考にします。

　そして、取引事例価格を採用する場合又は採用しない場合でそれぞれの理由を説明します。過去の取引事例は株価計算としては恣意性が入った価格が多いため、売買当事者にとっては利用したい価格であるために、内容を検討した上で、価格として適正かを判断します。

④ 配当還元法方式

　次に配当還元法も裁判例の株価算定で利用されることが多くあります。それは、従前から少数株主は株式数が少ないために経営に参画はできませんが配当を受け取ることを期待する株主であると考えられており、少数株主の株式は配当還元法による株価で計算されることが多く見られます。

　ところで、企業価値評価による配当還元法は、税務の配当還元方式と異なり、過去に配当がなくて、今後の配当を予測できなければ、原則、配当還元法による株価を算定することはできません。したがって、分散株式の整理を検討した際にはまずは配当を実施しておくことも後々の株価評価につなげるためにも重要なポイントです。

⑤ 純資産方式

　純資産方式を採用しない場合の裁判例として、会社を清算することを前提とした評価方法であり、清算を予定しない非上場の会社の株の評価には適さないということと説明しています。しかし、不動産や株式を多額に所有している会社の場合には清算を予定しなくてもその会社の企業価値は純資産で評価することも必要とした裁判例もありました。

⑥ 収益方式（ＤＣＦ方式他）

　最後に最近の裁判例では、少数株主でもDCF法等の収益方式だけで株価算定される判例も多くなってきました。私見としては、DCF方式は基本として、その他の評価方法も併用するような株価計算になる傾向にあると思われます。

3　株価算定する前に

1　前提

（1）最初に読んでおく資料

　前述の最初にご説明した2つのガイドラインを入手して、まずは読んでみてください。

　＜経営承継法における非上場株式等評価ガイドライン＞

　＜経営研究調査会研究報告第32号「企業価値評価ガイドライン」の改正について」の公表について＞

　また、次に裁判の判例やその要旨も読んでおいてください。

　これらの文献を読んでいただくのは、株価評価に必要な知識を得るためだけでなく、該当する事案の状況を勘案して、いくつもある株価評価方法を選択した理由を自らが株価評価書に記載するには参考資料が必要です。

　したがって、株価計算するためにはこれらの文献を読めば十分であると思いますが、この本の特徴としては初めての方が株価算定をするための実務的なヒントのいくつかを説明させていただきます。

（2）公平な視点からの株価算定を行う

　譲受予定の株主が友好的な株主であり、両者の合意で株価を決定することができる場合には株価計算の根拠を企業価値評価で行わなくても問題はありません。友好的な株主かどうかわからない場合に、分散株式の整理を行う会社やオーナー経営者は株式を整理される側の株主へ譲渡の株価や譲渡先や譲渡時期等を提示する必要があります。ここで合意が得られなかった場合に、次に考えられる局面は、裁判所への価格の申立てです。その場合に会社が当初に提示し

336　　③　企業価値評価による株価を計算する方法

た価格が企業価値評価による方法を取らずにさらに少数株主の保護する視点もなく、オーナー経営者側の立場だけで考えられている株価であるならば、株価は合理的な価格であると説明しにくく、裁判所の価格算定の過程で当初のオーナー経営者側が提示した株価をそのまま利用してもらうことは難しいと思われます。

そのため依頼者側に全面的に立つ弁護士と異なり、会計の専門家である税理士・公認会計士はあるべき株価はいくらか？というバランスの取れた視点も含めた株価算定を最初から行っていくことが　最終的には顧問先企業のためになると思われます。

（3）色々な方法のやり方で計算してみる

非上場の中小企業の場合には、株価計算はこの評価方法が適切と考えた場合でも、実際の計算結果では、極端に高すぎる価格あるいは安すぎる株価となってしまう場合があります。例えば、会社の財務数値や割引率等による原因あるいは株価計算の時期によっても株価が大きく異なる場合があります。もちろん、計算する人が合理的な計算方法と考えても、計算された株価が極端な価格になると譲受側あるいは譲渡側のどちらか一方は受け入れ難い状況になります。また、裁判所としても少数株主の権利や法令に従ったすべての株主の公平さが株価に反映されているかも見ていくと考えます。

私見ですが、著者の場合には、色々な方法で株価計算を検討してから、その計算結果の状況を分析しながら、極端な株価とならないように最終的な株価計算書を作成するようにしています。

（4）株主が入手できる資料と株式評価で利用できる資料

① 株主が入手できる資料

（A）すべての株主が入手できる資料

＊計算書類と事業報告

定時株主総会で会計監査人非設置会社は計算書類と事業報告を承認することになります。その際に取締役会設置会社は株主総会の招集通知に計算

書類と事業報告を添付して、株主へ送られてきます。取締役会非設置会社の場合は招集通知が口頭や電話でも問題なく、招集通知に会議の目的事項や記録を残す必要もなく、計算書類と事業報告も添付する必要はないために株主総会に出席して決算書等を入手することになります。

＊株主名簿

　株主と債権者は、閲覧等を請求する理由を明らかにしたうえで、現在の株主名簿を閲覧することができます（会社法125②）。

（Ｂ）少数株主権利として入手できる資料

＊対象となる株主

→総株主の議決権の100分の3以上の議決権を有する株主

→発行済株式の100分の3以上の数の株式を有する株主

＊対象となるもの

　株主は、株主と債権者は、閲覧等を請求する理由を明らかにしたうえで、会計帳簿及びこれに関する資料を閲覧できます。この場合に、法人税の申告書や勘定科目内訳明細書は含まれません。

＊閲覧請求権を以下の場合には拒否できます。

　・当該請求を行う株主（以下「請求者」という）がその権利の確保又は行使に関する調査以外の目的で請求を行ったとき。

　・請求者が当該株式会社の業務の遂行を妨げ、株主の共同の利益を害する目的で請求を行ったとき。

　・請求者が当該株式会社の業務と実質的に競争関係にある事業を営み、又はこれに従事するものであるとき。

　・請求者が会計帳簿又はこれに関する資料の閲覧又は謄写によって知り得た事実を利益を得て第三者に通報するため請求したとき。

　・請求者が、過去二年以内において、会計帳簿又はこれに関する資料の閲覧又は謄写によって知り得た事実を利益を得て第三者に通報したことがあるものであるとき。

338　　③　企業価値評価による株価を計算する方法

② 株式評価計算に利用できる資料

　M&A等の場合の取引のための株価を算定する場合には当事者が友好的な状況で、株価を計算する会社も積極的に協力してくれるために株価算定をしやすい状況にあります。ところが、分散株式の整理をする場合の株価算定に必要な資料を入手することは実務で株価計算を行う時に簡単にはうまくいかないこともあります。結局、当該事案で株を発行している会社がどれだけ株価算定に協力をしてくれるかで変わってきます。もし、敵対する譲渡側の株主又は裁判所の依頼による場合には「①株主が入手できる資料」以外の資料の提供を拒否されることもあります。また、当該事案の会社の顧問税理士ならば、「①株主が入手できる資料」以外も入手できますが、それを株価算定に利用した方が良いかは関係者で検討する必要があります。それは、株価算定書でどんな資料を利用して計算したかを説明するため、譲渡側の株主が株価算定書で「①株主が入手できる資料」以上の今まで知らなかった情報を株価計算で利用した情報として入手できることになるからです。一方で、オーナー経営者側に有利になるように評価していくと、譲受側と譲渡側のバランスを欠く株価になった場合には、合意できない価格となったり、裁判になるとここで評価した価格を利用されないことにもなり難しい判断もあります。

　当該事案の会社から資料が提供されない場合にその会社のHPから分析したりとか、株価算定に協力してくれる株主から資料を入手したりもできますが、それが本当に正しい財務数値であるかを証明しにくいところがあります。

　それぞれの事案で入手できる資料も大きく異なるために、株価算定書では、限られた情報により株価計算が行われていることを明記しておきます。

4　株価算定書の参考例

　前述のガイドラインでもそれぞれ、株価計算書の様式は記載されています。株価算定する当事者としては望ましいことではありませんが、株価算定書の参考例はインターネットなどで公表されてしまったものとして、また、有名な裁

判の事案で拡散されてしまった株価算定書等を参考にすることもできます。

　これらの資料を参考にしながら、著者が実際に作成した算定書を参考例として説明していきますが読者の方が株価算定される場合には、ご自身がかかわる事案をよく分析して、他の事例も参考しつつ、事案に即した株価計算書を作成しなければなりません。

　また、この参考例は著者の私見により作成されているものであることだけでなく、事案ごとに前提となる条件や判断も異なることをご理解していただいた上で、ご参照ください。

340　　③　企業価値評価による株価を計算する方法

図表 7 - 11　株式鑑定書参考例

株式鑑定評価書

対象会社名

○○株式会社

提出日　平成○年○月○日

I　鑑定評価意見

1．鑑定評価額

　○○株式会社の株式の鑑定株価は次の通りと考える。

譲渡予定者	鑑定対象株式数	一株当たり評価額	鑑定評価総額
○田○郎	10株	円	円

2．鑑定評価の対象となった事項

（1）対象会社及び株式

　① 　対象会社

　　○○株式会社

　　千代田区○番町

　　代表取締役　○川△郎（敬称略）

　② 　対象株式

　　○○株式会社

　　普通株式　10株　　所有者：　○田○郎　（敬称略）

（2）鑑定評価基準日

　① 　鑑定評価基準日

　　鑑定おいては、次の日を鑑定日とする。

　　鑑定評価基準日　平成○年○月○日

　② 　鑑定評価を行った日

　　次の日を鑑定評価を行った日とする。

第7章　株価の決定方法　　*341*

鑑定評価基準日　平成○年○月○日
（3）鑑定評価の目的
　　① 　本事案の当事者
　　② 　鑑定評価の目的

3．鑑定評価の手続き

　「7．本鑑定に参考とした情報等について」に記載している情報を利用して、その財務内容の調査や必要なヒアリングを行い、さらに私が必要と認めた手続きを実施し、本件の株価評価に影響を及ぼす特殊な事情に検討を加え評価意見を形成した。また、当該入手した情報の精査を行わずに利用している。　また、本鑑定の留意点としては本鑑定評価書の最後に記載した「7．本鑑定に参考とした情報等について（2）鑑定に利用するために依頼したが提出されなかった情報」があるために十分な資料が入手できずに採用できなかった評価方法があった。

4．利害関係

　私は、○○、○○、○○株式会社との間において、公認会計士法の規定する特別の利害関係はない。

Ⅱ　鑑定評価意見の説明

1．鑑定評価意見の形成

2．株式鑑定評価にあたっての留意点
（1）取引目的による価値評価業務
　　① 　会社又は指定買取人による譲渡制限株式の買取が必要となる場合
　　② 　「譲渡等承認請求の時における株式会社の資産状態その他一切の事情」の意味

3．本鑑定の株式評価の前提となる事項
（1）「○○会社」に関連すること
　　① 　「○○会社」は継続企業であること
　　② 　「○○会社」は非上場会社であり、株式の譲渡には取締役会の承認が必要となる
（2）「譲渡予定者」に関連すること
　　① 　「譲渡予定者」の株主としての地位は、発行済み株式の約○％となる10株を所有している
　　② 　「譲渡予定者」からのヒアリングによれば、「譲渡予定者」は○○の時に

342　　③ 　企業価値評価による株価を計算する方法

○○会社の株式を取得をしたが、株式取得時には株式買戻契約等の特別な契約を行っていない。

4．株式鑑定評価方法の選定

（1）採用されなかった株式評価方法

　株価算定上で良く利用される株式鑑定評価方法のうち、本鑑定で採用しなった理由は次の通りである。

　① マーケット・アプローチ

　　A）取引事例方式

　　　（その理由を説明する）

　　B）類似会社比準方式

　　　（その理由を説明する）

　② インカム・アプローチ

　　A）DCF法

　　　（その理由を説明する）

　③ ネットアプローチ方式

　　　（その理由を説明する）

（2）採用した株式評価方法

　① 収益還元法

　インカム・アプローチは評価対象会社から期待される利益、ないしキャッシュ・フローに基づいて価値を評価する方法で、その代表的な方法はDCF法と収益還元法がある。インカム・アプローチとしては、DCF法は既に説明したように必要な資料が入手できなかったために採用できなかったが、収益還元法については入手した資料により算定することができた。

　収益還元方式には評価方法の簡便性があり、古くからの企業価値評価の方法として採用されてきており、過去の利益からの見積もった予想利益を基に評価する方法である。収益還元方式は、一定の利益が将来に渡り永遠に続くものと仮定して、予想利益を決めた後に資本還元率を適用して株式価格を算定する方法である。本鑑定では、収益還元方式の計算方法について代表的な次の2つの方法で検討していく。

　　【予想される利益】

　　【予想期間】

　　【割引率と成長率】

　　【継続価値（終値又はTVという）】

　② 配当還元方式

　③ 修正簿価純資産方式

　④ コントロール・プレミアムや非流動性ディスカウント等の検討

第7章　株価の決定方法　　**343**

５．株式鑑定価格の鑑定評価について

（１）採用した株式鑑定価格の鑑定評価による評価額
　　株式鑑定評価額の計算の結果は以下の通りになる。
　① 収益還元方式　　一株当たり　　円
　② 配当還元方式　　一株当たり　　円
　③ 純資産方式　　　一株当たり　　円
　　計算の詳細は　別紙に記載している。

（２）株式鑑定価格の併用方式による評価額

（３）鑑定評価額の算定

評価方法	一株当たり株価	併用割合	併用法による一株当たりの株価
収益還元方式	円	％	円
配当還元方式	円	％	円
純資産方式	円	％	円
計	－	－	円

以上の算定結果により　次の通りの鑑定評価額となった。

譲渡予定者	鑑定対象株式数	一株当たり評価額	鑑定評価総額
○田○郎	10株	円	円

６．添付資料

　別紙（Ａ）　鑑定評価額　計算資料
　別紙（Ｂ）　割引率の計算
　別紙（Ｂ）　割引率　リスクフリーレート
　別紙（Ｃ）　純資産方式の計算資料
　別紙（Ｃ）　純資産方式の計算資料（株式の時価）
　別紙（Ｄ）　株式買取価格等の裁判例（併用法の参考資料）

７．鑑定に参考とした情報等について

（１）鑑定するために入手できた情報
　① ○○会社
　　（Ａ）平成○年○月期　第○回定時株主総会招集通知
　　（Ｂ）平成○年○月期　第○回定時株主総会招集通知
　② ○○○社が発行する以下の資料
　　（Ａ）エクィティ・リスク・プレミアム、サイズ・リスク・プレミアム

344　③　企業価値評価による株価を計算する方法

（○年○月版）
　　（B）企業別/業種別β、全企業Levererdβ/Unlevererdβ（○年○月版）
（2）鑑定に利用するために依頼したが提出されなかった情報
　①　取引事例法を検討するために次の資料
　②　財務情報
　　・直近の3期分の法人税申告書　・第○回定時株主総会招集通知
　　・会社のパンフレット　・株主名簿　・従業員数
（3）鑑定するにあたって参考にした資料
　①　企業価値評価ガイドライン（平成25年7月3日版　日本公認会計士協会）
　②　経営承継法における非上場株式等評価ガイドライン（平成21年2月中小企業庁）

1 株価算定書を作成するにあたってのポイント

（1）計算書の名称

　経営承継法による非上場株式等評価ガイドラインは経営承継法における固定合意を利用される際の非上場株式の評価を目的としているため、「非上場株式の評価における証明書例」と記載されています。企業価値評価ガイドラインでは、取引目的による場合は「評価報告書」であり、裁判目的による場合には「鑑定書」となっています。例えば、株式でなく、企業価値を評価する場合などのそれぞれに応じて、株式算定書の名称もそれそれの事案で変わっていきます。

（2）算定の目的

　分散株式を整理するための株価は、目的もそれぞれで異なっています。例えば、裁判所からの依頼であれば、裁判所からの命令書に記載された内容になりますし、弁護士からの依頼であれば具体的な目的も相談して明確にします。
　以下はよくある例として、その目的の書き方を簡単に記載しておきます。

第7章　株価の決定方法　*345*

図表 7 - 12　株式鑑定評価書（算定の目的）参考例

> 　本報告書の鑑定評価の目的は、平成○年（○）第○号　株式買取価格決定申立裁判における　○○○（以下「○氏」という）が所有する○○株式会社の○○株に関する譲渡制限会社の譲渡承認請求による買取価格を決定することを目的としております。
>
> 　本報告書の鑑定評価の目的は、会社法第174条の相続人等に対する売渡請求において、売渡価格を決定することを目的としております。

　報告書の目的によって、評価する方法やその判断も変わってきますから、事案にそった目的を明らかにすることは大変重要です。

（3）前提となる条件：対象となる株主と株数

　対象となる株式について、どの株主でどのくらいの株数を持つかが重要です。それは、経営に関与する権利がある株主なのか？　あるいは、少数株主で配当を得ることを目的とするのか？　等々の株主の立場で株価の計算は異なります。また、普通株式や種類株式等の株式の種類でも株価計算は少し変わってきます。

（4）前提となる条件：対象となる会社

　対象となる会社が非上場会社であることや株式の譲渡制限のある会社であり、その会社の業種や特殊性もあれば記載した上で評価の検討を行います。

（5）評価基準日と評価を行った日

　評価基準日はその時点の株式の価格を決定しますが、例えば、「株式の譲渡承認」では会社法の条文に「譲渡承認請求日の事情を考慮する」と書かれており、譲渡承認請求日を利用することもできます。それぞれケースで評価する基準日も異なってきますので　株価算定の時には依頼される方と相談しておきます。また、評価を行った日とは実際に評価を行った日となるため、評価基準日

346　　③　企業価値評価による株価を計算する方法

の後の日付となります。もし評価日以降に対象となる会社に前述の「前提となる条件」が大きく異なった場合には株価も変わるため株価算定を再度行う必要もあります。

（6）評価方法としての取引事例法のポイント

対象会社の過去の取引事例が合理的な方法で計算されている場合には参考にすることができます。これは、過去の取引事例がある会社からは、オーナー経営者側に有利な価格でもあるため過去の取引事例を参考にしてほしいという要望もあります。しかし過去の取引事例の価格が合理的な株価であることを証明する資料がなければ、その取引事例を全面的には利用しにくいと考えます。また、合理的な価格である取引事例であっても、過去時点の評価であるため本事案の株価算定する評価時点までの調整も必要となります。

（7）評価方法としてのインカム・アプローチのDCF法と収益還元方式によるポイント

著者がインカム・アプローチについて、一番の難しいと思うところはそれぞれの専門本や前述のガイドラインでインカム・アプローチに関する記述に少しづつ違いがあるという点です。これは、インカム・アプローチが評価方法の欠点を補いつつ、いまだに進化しているような株価計算方法のためと考えられます。

非上場の中小企業の株価を評価する時にも、インカム・アプローチのDCF法と収益還元法のような複雑な計算方式を利用することは株価計算する作業の難しい点です。

① インカム・アプローチとは

インカムアプローチとは、将来に生み出すと期待されるキャッシュフローに基づいて評価対象会社の価値を評価する方法で　次の２つが一般的に利用されています。

（収益還元法）

一般的に企業価値を算定するにあたり、一定の利益が継続して、現在価値に割り引く方法をいいます。

（DCF法）

一般的に企業価値を算定するにあたって、評価会社が将来獲得することが期待されるフリーキャッシュフロー（以下、FCFという）の現在価値を計算する方法です。

② 計算式

収益還元法は後述の（イ）の基本方式と（ロ）予想期間の利益の現在価値法方式の2つの計算式で一般的に利用されています。

DCF法は（ロ）予想期間の利益の現在価値法方式を一般的に利用しています。

（イ）と（ロ）で事業価値の計算方法が異なってきます。

（イ）基本方式

株主価値　＝　企業価値　－　有利子負債等の他人資本

企業価値　＝　事業価値＋非事業価値資産

$$事業価値 \ = \ \frac{NI \ (将来予想される利益)}{k \ (割引率) \ - g \ (成長率)}$$

（ロ）予想期間の利益の現在価値法方式

株主価値　＝　企業価値　－　有利子負債等の他人資本

企業価値　＝　事業価値＋非事業資産

$$事業価値 \ = \ \frac{1年目の利益}{(1+割引率)} + \frac{2年目の利益}{(1+割引率)^2} + \cdots + \frac{n年目の利益}{(1+割引率)^n}$$
$$+ 継続価値$$

③ ②計算式の「予想される利益」と「○年目の利益」とは

（収益還元法）
　予想される利益　＝　○年目の利益＝税引き後利益
　あるいは、
　予想される利益　＝　過去の営業利益の平均値（A）
　　　　　　　　　　　　－（A）×実効税率（法人税等相当額）

（DCF法）
　　○年目の利益＝各年の将来獲得することが期待されるFCF
　　　　　　　　＝事業計画による営業利益によるFCF
　　FCF＝営業利益(B)－ ｛(B)×実効税率(法人税等相当額)｝＋減価償却費
　　　　　－資本的支出± 運転資本（※）の増減額
　　資本的支出＝設備投資予算額＋修繕に関する資本的支出
　　運転資本の増減額＝売上債権増減＋棚卸資産増減－仕入債務増減

※：運転資本とは、事業活動を行っていく上で必要な運転資金を言い、運転資本の増減額は
　　上の式のようになります。

【ポイント】
　収益還元法は、過去の営業利益を利用するため、どのような会社も算出することができます。
　一方で、DCF法は将来の事業計画に基づいた利益のFCF計算するため、将来の事業計画を作成する必要があります。簡便的に過去の営業利益を利用する場合もあります。
　上記の計算による営業利益が営業損失となった場合やFCFがマイナスとなった場合には収益還元法やDCF法を算出することができないと考えられています。赤字であれば、収益還元法の（イ）の方法はマイナスとなり、（ロ）の方法も継続価値の考え方でマイナスとなったりあるいは 「時価純資産×（1－実行税率)」が赤字の予想される利益の分だけマイナスになります。このような結果からは、赤字の場合にはこれらの方法で評価はしにくくなります。

④ 計算式の「予想期間」とは

　予想期間は会社ごとに選択されますが、中期事業計画とも考えられるので非公開の中小企業では原則的には3年から5年となります。

⑤ 計算式の「割引率と成長率」とは

割引率として一般的に利用されている「株主資本コスト」と「WACC＝加重平均資本コスト」 を計算してみます。

株主資本コスト（rE）

＝ Rf ＋ β ×（Rm － Rf）

　Rf：リスクフリーレート（安全利子率）

　β：ベータ値

　Rm-Rf：株式リスクプレミアム（市場リスクプレミアム）

加重平均資本コスト（WACC）

＝ rE × E÷（E+D）＋{D÷（E+D）}×{（1−r）×rd}

　E＝資本　（株主資本時価総額）

　D＝負債　（有利子負債額）

　rE＝株主資本コスト

　（1−r）×rd ＝ 負債コスト

　（有利子負債コスト率＝有利子負債利率）

【ポイント】

割引率の計算は株価評価に大きく影響を与えることになりますが、株価計算を最初に行う時は、この割引率の計算をどのように計算したら良いかを悩みます。それは、色々と調べてみると割引率の用語も少しずつ異なっていたり、高等数学を理解しないとわからない数値も多く、専門で行っていない者にとって難しいです。

ここでは　私見として、計算した事例をご参考としてご説明しますが、実際の株価算定を行う時には事案ごとに十分な検討したうえで割引率を算定してください。したがって、毎回の株価算定で過去の割引率をそのまま使うことなく、その割引率が本事案に利用するために正しいものであるかを毎回見直しながら、株価算定を行わなければなりません。

350　　③　企業価値評価による株価を計算する方法

＜株主資本コストの計算に利用する数値の参考例＞

・リスクフリーレートとしては、一般的によく利用される10年国債の利回りを採用することが多いようです。

・β値は対象評価会社の類似業種の数社の平均値で求めます。類似業種のβ値は有料で計算時点の明確なものを入手することができます。インターネット上でも無料で調べることはできますが、本事業の評価時点に比較して、選択したβ値がいつ時点となるかが無料のサイトからはわかりにくかったりします。

・株式リスクプレミアムの数値は日本で入手できる先は少なく、判例からも外資系の「イボットソン・アソシエイツ・ジャパン」社から発表されているデータを利用することも多いようです。もちろん、この会社以外からも株式リスクプレミアムの関連データを購入することができます。株価計算を行う人がファイナンスの専門家でない場合には　データを購入するのが無難と思いますが、それなりの高価な資料であり、株価評価する作業にはデータの入手に費用もかかります。

・例えば株式リスクプレミアムは裁判例でイボットソン・アソシエイツ・ジャパンを利用されたケースがありますが、その場合でも株式評価を行う人が「株式リスクプレミアム（市場リスクプレミアム）」の数値は「西暦○○年から西暦○×年までの○○年間」の市場リスクのプレミアム率として自ら選択することになります。

＜加重平均資本コストで利用する数値の参考例＞

・Eの資本は、株主資本時価総額となっている記載されていることもありますが、時価のない非上場株式の場合には株主資本の簿価を利用することになります。

・Dは負債と書かれている場合も、有利子負債と書かれている場合もありますが、「$(1-r) \times rd ＝負債コスト$」を有利子負債利子率としてみる場合には、Dも有利子負債と考えた方がわかりやすいかと思います。

⑥ 計算式の「継続価値（終値又はTVという）」とは

　継続価値は次の一般的に利用されている（イ）と（ロ）にて検討してみましたが、2つの方法では計算結果に大きな差がでる場合があります。したがって、著者は、結果からの判断ですが、両方の方法で計算してからどちらの結果が正しいかを選択した事例もありました。

（イ）FCF方式のTV　＝　n+1期以降の純利益をn期末時点に割り引いた価値
（ロ）清算価値方式のTV　＝時価純資産×（1－実行税率）

---

⑦　その他の留意点「事業価値、企業価値及び株主価値」

事業価値＝DCF法あるいは収益還元価値法で計算された額
企業価値＝事業価値＋非事業資産
株主価値＝企業価値－有利子負債

　非事業資産は有休固定資産や余剰資金投資の投資有価証券の処分価額ですが、これを計算するための資料を入手できないケースには非事業資産を事業価値に加算できずに企業価値を利用することになります。

　株主価値は企業価値から有利子負債を控除した金額となります。実際のケースで何とか企業価値まで算出できても、有利子負債額がすごく大きかったため、企業価値がマイナスになってしまったこともありました。

（8）評価方法としての配当還元方式のポイント

　インカム・アプローチの配当還元方式は株主が将来受け取ることが期待される配当金に基づいて株式を評価する方法で、評価方法としては（イ）ゴードン方式と（ロ）基本方式があります。最近の裁判例としても、日本の非上場企業の場合には内部留保が多くなり、実際の配当が少なくなる場合が多いため　その分を加味した計算方法となるゴードン方式を採用している場合が多いようです。

① 計算方法

（イ）ゴードン方式
　　１株の価格＝将来予測される年間配当金÷（資本還元率－配当期待率）
（ロ）基本方式
　　１株の価格＝将来予測される年間配当金÷（資本還元率＝株主資本コスト）

---

② 計算式の「将来予測される年間配当金」とは

　これは事業計画に基づいて　予測される配当金を計算します。もし事業計画がなければ、簡便的に過去の配当金の平均値を利用しました。

③ 計算式の「配当期待率」とは

　配当期待率は、計算する方法もいくつかありますが「投資利益率×内部留保率」で計算したものを利用しました。

　それぞれの数値も次のような計算で算出しています。

　投資利益率＝当期純利÷　｛（期首総資本＋期末総資本）÷２｝

　内部留保率＝　［｛当期純利益－（中間配当額＋配当金）｝÷当期純利益］

④ 分散株式の整理の視点から見たポイント

　国税庁の財産評価通達による配当還元法は無配当でも計算できますが、企業価値評価による配当還元法は過去の配当が実施されてない場合に将来の配当を予想できない時は、原則評価しにくいと考えられます。分散株式を整理する場合には配当還元方式を利用した株価を算定したいと考えることもあるため、あらかじめ配当を行っておくことも重要です

（9）　評価方法としての純資産方式のポイント

　純資産方式は簿価方式と簿価を修正した時価方式がありますが、正確な時価に関する資料をどれだけ入手できるかで純資産方式の評価の結果も大きく変わってきます。

　財産評価基本通達による純資産価額方式で計算できれば参考になると思いますが、もし、十分な資料があるなら、不動産・有価証券等については財産評価基本通達より売買に近い時価で評価することが望まれます。

（参考例）

	H29.3	H30.3	
	簿価	簿価	修正簿価
純資産額	45,000,000	50,000,000	60,000,000
株数	1000	1000	1000
平均単価	45,000	50,000	60,000

※：次の表では、事例として仮に簿価と時価を記載しています。実際の事案ごとに可能な限り入手できた資料から科目ごとに評価していきます。

勘定科目名	H29.3	H30.3		
	簿価	簿価	修正簿価	適要
現金				簿価
当座預金				簿価
普通預金				簿価
定期預金				簿価
定期積金				簿価
受取手形				簿価
売掛金				簿価
商品				簿価
貯蔵品				簿価
仮払消費税等				簿価
前払費用				簿価
短期貸付金				簿価
未収入金				簿価
未収還付法人税等				簿価
立替金				簿価
仮払金				簿価
繰延税金資産				簿価
貸倒引当金　　（△）				簿価
前渡金				簿価
建物				簿価
設備造作				簿価
車両・運搬具				簿価
工具・器具・備品				簿価
土地				固定資産税評価額÷.0.8
機械・装置				簿価
ソフトウェア				簿価
電話加入権				価値なし
投資有価証券				時価(評価差額計上している)

354　　③　企業価値評価による株価を計算する方法

勘定科目名	H29.3 簿価	H30.3 簿価	H30.3 修正簿価	適用
出資金				簿価
敷金				簿価
保証金				簿価
長期貸付金				簿価
長期前払費用				簿価
諸会員権等				簿価
役員退職引当保険				簿価
従業員退職引当保険				簿価
長期繰延税金資産				簿価
貸倒引当金　　（△）				簿価
資産の部合計				簿価

勘定科目名	H29.3 簿価	H30.3 簿価	H30.3 修正簿価	適用
買掛金				簿価
短期借入金				簿価
１年以内返済長期借入金				簿価
未払金				簿価
未払費用				簿価
未払法人税等				簿価
預り金				簿価
未払消費税等				簿価
繰延税金負債				簿価
前受金				簿価
仮受金				簿価
長期借入金				簿価
退職給付引当金				簿価
役員退職慰労引当金				簿価
長期繰延税金負債				簿価
負債の部合計				簿価
資本金				簿価
利益準備金				簿価
別途積立金				簿価
繰越利益剰余金				簿価
株主資本計				簿価
その他有価証券評価差額金				簿価
評価・換算差額等計				簿価
純資産の部合計				簿価
負債・純資産の部合計				簿価

（10）　株式算定価格の併用方式による評価額

　株式評価方法には、それぞれに長所と短所があるために、ひとつの評価方法だけを選ぶことが難しいため、併用方式を利用することが実務でも多くみられます。その場合の併用方式でそれぞれの評価方法の併用割合が重要ですが、ケースバイケースで個々の案件毎に検討していかなければなりません。その際に参考にしやすいのは裁判例ですから、その内容も事前に十分に検討しておいてください。一方で同じような事案の裁判例を見つけたとしてもその併用割合による計算の結果でも財務数値が異なるために極端な株価になってしまうこともあります。私見ですが、併用割合は色々なケースを想定して、計算してから合理的な説明をすることのできる併用割合を求めるようにしています。結局株価算定はこの段階で職業的な感だったり、恣意性が入りやすいところでもあるからこそ、やはり裁判例を参考にしながら、自らが理論的に利用した併用割合を説明できるようにすることが大切です。また、結果が極端な価格になりすぎると、計算された価格も合意しにくい場合もあり、注意が必要です。

評価方法	一株当たり株価	併用割合	併用法による一株当たりの株価
収益還元方式	円	％	円
配当還元方式	円	％	円
純資産方式	円	％	円
計	－	－	円

　以上の算定結果により　次の通りの鑑定評価額となった。

譲渡予定者	鑑定対象株式数	一株当たり評価額	鑑定評価総額
○田○郎	10株	円	円

❖著者紹介

山田 美代子（やまだ みよこ）

公認会計士・税理士

山田公認会計士事務所所長。1987年公認会計士2次試験合格。1998年開業後、中小企業を中心とした税務顧問、財務や会社法に関連する税務会計コンサルティング業務等を取り扱う。あすか相続相談東京センターにて相続・贈与税に関する業務にも従事。企業の社外役員・公的機関の監事等を歴任。

　＜主な著書など＞

　『会計税務便覧〈平成20年度版〉』（編著、清文社、2008年）

　『新版・労働関係法改正にともなう就業規則変更の実務』（共著、清文社、2013年）

　『同族会社実務大全』（編集代表、清文社、2015年）

　『Q&A 中小企業経営に役立つ会社法の実務相談事例』（共著、ぎょうせい、2016年）

　『民法成年年齢引下げが与える重大な影響』（編集代表、清文社、2017年）

小田桐 史治（おだぎり ふみはる）

司法書士

小田桐司法書士事務所所長。1994年司法書士合格。2006年小田桐司法書士事務所開業。登記業務を主体としながら、中小企業の経営支援、事業承継、企業法務等のサポートに力を入れている。2013年より、『詳細　登記六法』（きんざい）編集委員を務める。

　＜主な著書など＞

　『士業専門家による中小企業支援のてびき』（共著、民事法研究会、2011年）

　『不動産オーナーの法人活用と相続対策』（共著、中央経済社、2014年）

　『法人設立・生命保険による相続対策』（共著、中央経済社、2016年）

―オーナー経営者の視点から―
「株式分散」問題と集約をめぐる整理・対策ポイント

2018年7月5日　発行

著　者　　山田　美代子／小田桐　史治 ⓒ

発行者　　小泉　定裕

発行所　　株式会社 清文社

東京都千代田区内神田１－６－６　（MIFビル）
〒101-0047　電話03（6273）7946　FAX03（3518）0299
大阪市北区天神橋２丁目北２－６　（大和南森町ビル）
〒530-0041　電話06（6135）4050　FAX06（6135）4059
URL　http://www.skattsei.co.jp/

印刷：大村印刷㈱

■著作権法により無断複写複製は禁止されています。落丁本・乱丁本はお取り替えします。
■本書の内容に関するお問い合わせは編集部までFAX（03-3518-8864）でお願いします。
■本書の追録情報等は、当社ホームページ（http://www.skattsei.co.jp/）をご覧ください。

ISBN978-4-433-62678-5